心一堂術數古籍珍本叢刊

書名：蔣大鴻嫡傳天心相宅秘訣全圖 附 陽宅指南等秘書五種
系列：心一堂術數古籍珍本叢刊 堪輿類 蔣徒張仲馨三元真傳系列 第二輯 179
作者：【清】蔣大鴻原著、【清】楊臥雲、汪云吾、劉樂山批註
主編、責任編輯：陳劍聰
心一堂術數古籍珍本叢刊編校小組：陳劍聰 素聞 梁松盛 鄒偉才 虛白盧主

出版：心一堂有限公司
通訊地址：香港九龍旺角彌敦道六一〇號荷李活商業中心十八樓〇五—〇六室
深港讀者服務中心·中國深圳市羅湖區立新路六號羅湖商業大厦負一層〇〇八室
電話號碼：(852)67150840
網址：publish.sunyata.cc
電郵：sunyatabook@gmail.com
網店：http://book.sunyata.cc
淘寶店地址：https://shop210782774.taobao.com
微店地址：https://weidian.com/s/1212826297
臉書：https://www.facebook.com/sunyatabook
讀者論壇：http://bbs.sunyata.cc/

版次：二零一七年二月初版
平裝

定價：港幣 三百八十八元正
新台幣 一千四百九十八元正

國際書號：ISBN 978-988-8317-47-9

香港發行：香港聯合書刊物流有限公司
地址：香港新界大埔汀麗路36號中華商務印刷大廈3樓
電話號碼：(852)2150-2100
傳真號碼：(852)2407-3062
電郵：info@suplogistics.com.hk

台灣發行：秀威資訊科技股份有限公司
地址：台灣台北市內湖區瑞光路七十六巷六十五號一樓
電話號碼：+886-2-2796-3638
傳真號碼：+886-2-2796-1377
網絡書店：www.bodbooks.com.tw
台灣國家書店讀者服務中心：
地址：台灣台北市中山區松江路二〇九號一樓
電話號碼：+886-2-2518-0207
傳真號碼：+886-2-2518-0778
網絡書店：http://www.govbooks.com.tw

中國大陸發行 零售：深圳心一堂文化傳播有限公司
深圳地址：深圳市羅湖區立新路六號羅湖商業大厦負一層〇〇八室
電話號碼：(86)0755-82224934

心一堂微店二維碼

心一堂淘寶店二維碼

心一堂術數古籍 珍本叢刊 整理 總序

術數定義

術數，大概可謂以「推算（推演）、預測人（個人、群體、國家等）、事、物、自然現象、時間、空間方位等規律及氣數，並或通過種種『方術』，從而達致趨吉避凶或某種特定目的」之知識體系和方法。

術數類別

我國術數的內容類別，歷代不盡相同，例如《漢書・藝文志》中載，漢代術數有六類：天文、曆譜、五行、蓍龜、雜占、形法。至清代《四庫全書》，術數類則有：數學、占候、相宅相墓、占卜、命書、相書、陰陽五行、雜技術等，其他如《後漢書・方術部》、《藝文類聚・方術部》、《太平御覽・方術部》等，對於術數的分類，皆有差異。古代多把天文、曆譜、及部分數學均歸入術數類，而民間流行亦視傳統醫學作為術數的一環；此外，有些術數與宗教中的方術亦往往難以分開。現代民間則常將各種術數歸納為五大類別：命、卜、相、醫、山，通稱「五術」。

本叢刊在《四庫全書》的分類基礎上，將術數分為九大類別：占筮、星命、相術、堪輿、選擇、三式、讖諱、理數（陰陽五行）、雜術（其他）。而未收天文、曆譜、算術、宗教方術、醫學。

術數思想與發展——從術到學，乃至合道

我國術數是由上古的占星、卜筮、形法等術發展下來的。其中卜筮之術，是歷經夏商周三代而通過「龜卜、蓍筮」得出卜（筮）辭的一種預測（吉凶成敗）術，之後歸納並結集成書，此即現傳之《易

經》。經過春秋戰國至秦漢之際，受到當時諸子百家的影響、儒家的推祟，遂有《易傳》等的出現，原本是卜筮術書的《易經》，被提升及解讀成有包涵「天地之道（理）」之學。因此，《易・繫辭傳》曰：「易與天地準，故能彌綸天地之道。」

漢代以後，易學中的陰陽學說，與五行、九宮、干支、氣運、災變、律曆、卦氣、讖緯、天人感應說等相結合，形成易學中象數系統。而其他原與《易經》本來沒有關係的術數，如占星、形法、選擇，亦漸漸以易理（象數學說）為依歸。《四庫全書・易類小序》云：「術數之興，多在秦漢以後。要其旨，不出乎陰陽五行，生尅制化。實皆《易》之支派，傅以雜說耳。」至此，術數可謂已由「術」發展成「學」。

及至宋代，術數理論與理學中的河圖洛書、太極圖、邵雍先天之學及皇極經世等學說給合，通過術數以演繹理學中「天地中有一太極，萬物中各有一太極」（《朱子語類》）的思想。術數理論不單已發展至十分成熟，而且也從其學理中衍生一些新的方法或理論，如《梅花易數》、《河洛理數》等。

在傳統上，術數功能往往不止於僅僅作為趨吉避凶的方術，及「能彌綸天地之道」的學問，亦有其「修心養性」的功能，「與道合一」（修道）的內涵。《素問・上古天真論》：「上古之人，其知道者，法於陰陽，和於術數。」數之意義，不單是外在的算數、歷數、氣數，而是與理學中同等的「道」、「理」--心性的功能，北宋理氣家邵雍對此多有發揮：「聖人之心，是亦數也」、「萬化萬事生乎心」、「心為太極」。《觀物外篇》：「先天之學，心法也。……蓋天地萬物之理，盡在其中矣，心一而不分，則能應萬物。」反過來說，宋代的術數理論，受到當時理學、佛道及宋易影響，認為心性本質上是等同天地之太極。天地萬物氣數規律，能通過內觀自心而有所感知，即是內心也已具備有術數的推演及預測、感知能力；相傳是邵雍所創之《梅花易數》，便是在這樣的背景下誕生。

《易・文言傳》已有「積善之家，必有餘慶；積不善之家，必有餘殃」之說，至漢代流行的災變說及讖緯說，我國數千年來都認為天災，異常天象（自然現象），皆與一國或一地的施政者失德有關；下至家族、個人之盛衰，也都與一族一人之德行修養有關。因此，我國術數中除了吉凶盛衰理數之外，人心的德行修養，也是趨吉避凶的一個關鍵因素。

術數與宗教、修道

在這種思想之下，我國術數不單只是附屬於巫術或宗教行為的方術，又往往是一種宗教的修煉手段——通過術數，以知陰陽，乃至合陰陽（道）。「其知道者，法於陰陽，和於術數。」例如，「奇門遁甲」術中，即分為「術奇門」與「法奇門」兩大類。「法奇門」中有大量道教中符籙、手印、存想、內煉的內容，是道教內丹外法的一種重要外法修煉體系。甚至在雷法一系的修煉上，亦大量應用了術數內容。此外，相術、堪輿術中也有修煉望氣（氣的形狀、顏色）的方法；堪輿家除了選擇陰陽宅之吉凶外，也有道教中選擇適合修道環境（法、財、侶、地中的地）的方法，以至通過堪輿術觀察天地山川陰陽之氣，亦成為領悟陰陽金丹大道的一途。

易學體系以外的術數與的少數民族的術數

我國術數中，也有不用或不全用易理作為其理論依據的，如揚雄的《太玄》、司馬光的《潛虛》。也有一些占卜法、雜術不屬於《易經》系統，不過對後世影響較少而已。

外來宗教及少數民族中也有不少雖受漢文化影響（如陰陽、五行、二十八宿等學說。）但仍自成系統的術數，如古代的西夏、突厥、吐魯番等占卜及星占術，藏族中有多種藏傳佛教占卜術、苯教占卜術、擇吉術、推命術、相術等；北方少數民族有薩滿教占卜術；不少少數民族如水族、白族、布朗族、佤族、彝族、苗族等，皆有占雞（卦）草卜、雞蛋卜等術，納西族的占星術、占卜術，彝族畢摩的推命術、占卜術……等等，都是屬於《易經》體系以外的術數。相對上，外國傳入的術數以及其理論，對我國術數影響更大。

曆法、推步術與外來術數的影響

我國的術數與曆法的關係非常緊密。早期的術數中，很多是利用星宿或星宿組合的位置（如某星在某州或某宮某度）付予某種吉凶意義，并據之以推演，例如歲星（木星）、月將（某月太陽所躔之宮次）等。不過，由於不同的古代曆法推步的誤差及歲差的問題，若干年後，其術數所用之星辰的位置，已與真實星辰的位置不一樣了；此如歲星（木星），早期的曆法及術數以十二年為一周期（以應地支），與木星真實周期十一點八六年，每幾十年便錯一宮。後來術家又設一「太歲」的假想星體來解決，是歲星運行的相反，週期亦剛好是十二年。而術數中的神煞，很多即是根據太歲的位置而定。又如六壬術中的「月將」，原是立春節氣後太陽躔娵訾之次而稱作「登明亥將」，至宋代，因歲差的關係，要到雨水節氣後太陽才躔娵訾之次，當時沈括提出了修正，但明清時六壬術中「月將」仍然沿用宋代沈括修正的起法沒有再修正。

由於以真實星象周期的推步術是非常繁複，而且古代星象推步術本身亦有不少誤差，大多數術數除依曆書保留了太陽（節氣）、太陰（月相）的簡單宮次計算外，漸漸形成根據干支、日月等的各自起例，以起出其他具有不同含義的眾多假想星象及神煞系統。唐宋以後，我國絕大部分術數都主要沿用這一系統，也出現了不少完全脫離真實星象的術數，如《子平術》、《紫微斗數》、《鐵版神數》等。後來就連一些利用真實星辰位置的術數，如《七政四餘術》及選擇法中的《天星選擇》，也已與假想星象及神煞混合而使用了。

隨着古代外國曆（推步）、術數的傳入，如唐代傳入的印度曆法及術數，元代傳入的回回曆等，其中我國占星術便吸收了印度占星術中羅睺星、計都星等而形成四餘星，又通過阿拉伯占星術而吸收了其中來自希臘、巴比倫占星術的黃道十二宮、四大（四元素）學說（地、水、火、風），並與我國傳統的二十八宿、五行說、神煞系統並存而形成《七政四餘術》。此外，一些術數中的北斗星名，不用我國傳統的星名：天樞、天璇、天璣、天權、玉衡、開陽、搖光，而是使用來自印度梵文所譯的：貪狼、巨門、祿存、文曲，廉貞、武曲、破軍等，此明顯是受到唐代從印度傳入的曆法及占星術所影響。如星命術中的《紫微斗數》及堪輿術中的《撼龍經》等文獻中，其星皆用印度譯名。及至清初《時憲曆》，置閏之法則改用西法「定氣」。清代以後的術數，又作過不少的調整。

此外，我國相術中的面相術、手相術，唐宋之際受印度相術影響頗大，至民國初年，又通過翻譯歐西、日本的相術書籍而大量吸收歐西相術的內容，形成了現代我國坊間流行的新式相術。

陰陽學——術數在古代、官方管理及外國的影響

術數在古代社會中一直扮演着一個非常重要的角色，影響層面不單只是某一階層、某一職業、某一年齡的人，而是上自帝王，下至普通百姓，從出生到死亡，不論是生活上的小事如洗髮、出行等，大事如建房、入伙、出兵等，從個人、家族以至國家，從天文、氣象、地理到人事、軍事，從民俗、學術到宗教，都離不開術數的應用。我國最晚在唐代開始，已把以上術數之學，稱作陰陽（學），行術數者稱陰陽人。（敦煌文書、斯四三二七唐《師師漫語話》：「以下說陰陽人謾語話」，此說法後來傳入日本，今日本人稱行術數者為「陰陽師」）。一直到了清末，欽天監中負責陰陽術數的官員中，以及民間術數之士，仍名陰陽生。

古代政府的中欽天監（司天監），除了負責天文、曆法、輿地之外，亦精通其他如星占、選擇、堪輿等術數，除在皇室人員及朝庭中應用外，也定期頒行日書、修定術數，使民間對於天文、日曆用事吉凶及使用其他術數時，有所依從。

我國古代政府對官方及民間陰陽學及陰陽官員，從其內容、人員的選拔、培訓、認證、考核、律法監管等，都有制度。至明清兩代，其制度更為完善、嚴格。

宋代官學之中，課程中已有陰陽學及其考試的內容。（宋徽宗崇寧三年〔一一零四年〕崇寧算學令：「諸學生習……並曆算、三式、天文書。」「諸試……三式即射覆及預占三日陰陽風雨。天文即預

定一月或一季分野災祥，並以依經備草合問為通。」

金代司天臺，從民間「草澤人」（即民間習術數人士）考試選拔：「其試之制，以《宣明曆》試推步，及《婚書》、《地理新書》試合婚、安葬，並《易》筮法，六壬課、三命、五星之術。」（《金史》卷五十一・志第三十二・選舉一）

元代為進一步加強官方陰陽學對民間的影響、管理、控制及培育，除沿襲宋代、金代在司天監掌管陰陽學及中央的官學陰陽學課程之外，更在地方上增設陰陽學課程（《元史・選舉志一》：「世祖至元二十八年夏六月始置諸路陰陽學。」）地方上也設陰陽學教授員，培育及管轄地方陰陽人。（《元史・選舉志一》：「（元仁宗）延祐初，令陰陽人依儒醫例，於路、府、州設教授員，凡陰陽人皆管轄之，而上屬於太史焉。」）自此，民間的陰陽術士（陰陽人），被納入官方的管轄之下。

至明清兩代，陰陽學制度更為完善。中央欽天監掌管陰陽學，明代地方縣設陰陽學正術，各州設陰陽學典術，各縣設陰陽學訓術。陰陽人從地方陰陽學肄業或被選拔出來後，再送到欽天監考試。（《大明會典》卷二二三：「凡天下府州縣舉到陰陽人堪任正術等官者，俱從吏部送（欽天監），考中，送回選用；不中者發回原籍為民，原保官吏治罪。」）清代大致沿用明制，凡陰陽術數之流，悉歸中央欽天監及地方陰陽官員管理、培訓、認證。至今尚有「紹興府陰陽印」、「東光縣陰陽學記」等明代銅印，及某某縣某某之清代陰陽執照等傳世。

清代欽天監漏刻科對官員要求甚為嚴格。《大清會典》「國子監」規定：「凡算學之教，設肄業生。滿洲十有二人，蒙古、漢軍各六人，於各旗官學內考取。漢十有二人，於舉人、貢監生童內考取。附學生二十四人，由欽天監選送。教以天文演算法諸書，五年學業有成，舉人引見以欽天監博士用，貢監生童以天文生補用。」學生在官學肄業、貢監生肄業或考得舉人後，經過了五年對天文、算法、陰陽學的學習，其中精通陰陽術數者，會送往漏刻科。而在欽天監供職的官員，《大清會典則例》「欽天監」規定：「本監官生三年考核一次，術業精通者，保題升用。不及者，停其升轉，再加學習。如能黽勉供職，即予開復。仍不及者，降職一等，再令學習三年，能習熟者，准予開復，仍不能者，黜退。」除定期考核以定其升用降職外，《大清律例》中對陰陽術士不準確的推斷（妄言禍福）是要治罪的。《大清律例・一七八・術七・妄言禍福》：「凡陰陽術士，不許於大小文武官員之家妄言禍福，違者杖一百。其依經推算星命卜課，不在禁限。」大小文武官員延請的陰陽術士，自然是以欽天監漏刻科官員或地方陰陽官員為主。

官方陰陽學制度也影響鄰國如朝鮮、日本、越南等地，一直到了民國時期，鄰國仍然沿用着我國的多種術數。而我國的漢族術數，在古代甚至影響遍及西夏、突厥、吐蕃、阿拉伯、印度、東南亞諸國。

術數研究

術數在我國古代社會雖然影響深遠，「是傳統中國理念中的一門科學，從傳統的陰陽、五行、九宮、八卦、河圖、洛書等觀念作大自然的研究。……傳統中國的天文學、數學、煉丹術等，要到上世紀中葉始受世界學者肯定。可是，術數還未受到應得的注意。術數在傳統中國科技史、思想史，文化史、社會史，甚至軍事史都有一定的影響。……更進一步了解術數，我們將更能了解中國歷史的全貌。」（何丙郁《術數、天文與醫學中國科技史的新視野》，香港城市大學中國文化中心。）

可是術數至今一直不受正統學界所重視，加上術家藏秘自珍，又揚言天機不可洩漏，「（術數）乃吾國科學與哲學融貫而成一種學說，數千年來傳衍嬗變，或隱或現，全賴一二有心人為之繼續維繫，賴以不絕，其中確有學術上研究之價值，非徒癡人說夢，荒誕不經之謂也。其所以至今不能在科學中成立一種地位者，實有數因。蓋古代士大夫階級目醫卜星相為九流之學，多恥道之；而發明諸大師又故為惝恍迷離之辭，以待後人探索；間有一二賢者有所發明，亦秘莫如深，既恐洩天地之秘，復恐譏為旁門左道，始終不肯公開研究，成立一有系統說明之書籍，貽之後世。故居今日而欲研究此種學術，實一極困難之事。」（民國徐樂吾《子平真詮評註》，方重審序）

現存的術數古籍，除極少數是唐、宋、元的版本外，絕大多數是明、清兩代的版本。其內容也主要是明、清兩代流行的術數，唐宋或以前的術數及其書籍，大部分均已失傳，只能從史料記載、出土文獻、敦煌遺書中稍窺一鱗半爪。

術數版本

坊間術數古籍版本，大多是晚清書坊之翻刻本及民國書賈之重排本，其中豕亥魚魯，或任意增刪，往往文意全非，以至不能卒讀。現今不論是術數愛好者，還是民俗、史學、社會、文化、版本等學術研究者，要想得一常見術數書籍的善本、原版，已經非常困難，更遑論如稿本、鈔本、孤本等珍稀版本。在文獻不足及缺乏善本的情況下，要想對術數的源流、理法、及其影響，作全面深入的研究，幾不可能。

有見及此，本叢刊編校小組經多年努力及多方協助，在海內外搜羅了二十世紀六十年代以前漢文為主的術數類善本、珍本、鈔本、孤本、稿本、批校本等數百種，精選出其中最佳版本，分別輯入兩個系列：

一、心一堂術數古籍珍本叢刊

二、心一堂術數古籍整理叢刊

前者以最新數碼（數位）技術清理、修復珍本原本的版面，更正明顯的錯訛，部分善本更以原色彩色精印，務求更勝原本。并以每百多種珍本、一百二十冊為一輯，分輯出版，以饗讀者。

後者延請、稿約有關專家、學者，以善本、珍本等作底本，參以其他版本，古籍進行審定、校勘、注釋，務求打造一最善版本，方便現代人閱讀、理解、研究等之用。

限於編校小組的水平，版本選擇及考證、文字修正、提要內容等方面，恐有疏漏及舛誤之處，懇請方家不吝指正。

心一堂術數古籍 珍本 整理 叢刊編校小組

二零零九年七月序

二零一四年九月第三次修訂

天元第四歌陽宅篇　　　天元餘義陽宅三格辨

歸厚録陽基篇　　　陽宅揁南篇

八宅天元賦　　　天心相宅秘訣全圖 計五十三頁

禁言

地理經書實先賢傳心之作惜為諸家偽說淆亂正

旨遂為蔽匿一經我

太鴻先師註疏分晰一理貫徹萬派歸源俾埋玉呈

潔天寶垂光吾儕得之當謹肅誠心什襲珍藏不可

拋擲案側隨人作閒書翻弄亂道至於開讀之時必

須清凈無事洗心滌慮屏去煩囂之念端整敬對如

有事寧俟其畢不得曉亂紛謀酒食污穢之所醉眼迷邪傲慢笑謔之時信手翻閱褻玩靈文必犯天責尤當戒愼至天心相宅一書眞天宮之秘非人世所有倘獲傳此書雖千兩紫金不得鬻賣必師師相授始得安然享用若盜得此書必遭雷火或輕示匪人更當罪過丹陽張仲馨識

陽宅指南篇序

予自束髮時即聞雲間有蔣大鴻先生與周勒卣夏彝仲陳海士李舒章諸公相與頡頏唱和其著述多載幾社文選中讀其詩文想見其人而恒以不得一見為憾既而先生鴻飛鳳逸為汗漫之遊所歷名山大川扶輿流峙浩浩落落入其胸中者蓋八九而先生之學益進矣先生與越山陰天水氏有舊悦其地

家秘本

巖壑秀美遂卜居焉歲壬戌來遊於蕪余始得識先生蕪人士有知先生精景純之術者咸往就問時予適欲為先君子營窀穸相延相視下窆而封樹遂得共數晨夕先生因示予所撰歸厚録天元歌醒心篇及辨正一書皆闡揚楊曾之秘為前人所未發其淵奥諺博非淺學所能窺測時從遊而得傳者獨稱山陰蒞淵張子然平居亦不輕以所得語人頗即語人

而人多不之解也戊寅初冬予方養痾鳳城山署張子來遊於粵以所註先生陽宅指南遠携見示發微闡賾不減向郭疏莊反覆紬繹頓開茅塞沉痾為之立起覺從來雲霧迷蒙豁然披去如日月之在中天名曰指南不亦宜乎夫居無求安吾夫子嘗言之矣則規規焉以居室自謀者似非君子之志雖然聖人特為學道者訓耳豈真謂居之不必安耶故孟子亦

藜照臺傳

嘗引安宅以喻仁矣則安宅為人所共頴可知詩有相陰陽觀流泉之句而書亦有相宅疋休之文晉魏元陽亦有當為外家成此宅相之語則古人於居處又何嘗不計其休咎爭但世人習而不察知而弗詳不得其傳貿貿從事為可惜耳是怏也吉凶禍福之機驗於左券捷於影響間嘗按其所言以質己事皆歷歷不爽張子既疏解之且剞劂之以廣其傳使天

下人人咸知趨避得處安宅共適於順吉之區是張
子之存心視夫萬間之庇更有加焉予嘉其意因爲
記數語於簡端以告世之相宅者俾知張子之傳述
有本又以見大鴻先生固非經生章拘文義僅能爲
章句之言者比亦非今昔形家者流可與同日而語
也張子歸試更以予言質諸同學賈子是亦能領會
先生之旨蘊者或亦不至河漢斯言乎

藜照堂傳

康熙戊寅嘉平月吳門緝菴弟何熈拜手識

地理淵源記書後

靖江韓子御黄得我郡大鴻蔣先生之真傳見予三字青囊經及郭氏葬書註釋大加許可謂予曰蔣公固以浪洩爲禁戒而子與予同一宗派不相嫌也盡畫傾所得予予曰尚有辨正發微願以易陽宅真本韓子欣然諾之而同訂發微者爲同邑劉子樂山亦聞議踊躍然徘徊久之卒未能交手相付予謂韓子有悔心韓子曰夫豈然乎是道不可以無師余實兩事師而始得陽宅之全竊見世之挾是道以規利者往往假借依附冒認名師以相扇惑更出僞書欺世而竟滅絶其授受之所自來今子

以蔣公為師而不復事師得之易必洩之易將不免犯蔣公之禁戒而予亦無以對吾師也地理淵源記子其觀之余觀之而不禁喟然歎也韓子可謂不忘其本矣夫偽書多出於偽人余於韓子既已重其人敢不益重其書

旹

乾隆甲子孟秋中澣十日上海云吾子汪宜耀士雲氏拜手跋

地內之炁。陰宅宜乘其凝結。地上之氣。陽宅宜受其衍敷。

四倚之地四句。論水便是論地。下文乃重在門上。

八宅以生炁為貪狼。天醫為巨門。禍害為祿存。六煞為文昌。五鬼為廉貞。延年為武曲。絕命為破軍。伏位

歸厚録陽基篇

杜陵中陽子蔣平階大鴻氏著

檇李門人沈億年秬承氏註

大輿之理。豈惟藏形。伊古聖哲。建都作京。
襟江帶河。九野孕靈。兆民萃處。百堵聿興。
維宅之基。與墓合符。墓氣凝結。宅氣衍敷。
四倚之地。廣廈不移。移宮換步。在隩及隅。
爰有五幾。實惟宗要。一地。二門。三衢。四嶠。
五曰隅空。八風自竅。獨遵西風。徽發如曜。

為左輔右弼。此地局九星也。其吉星止於貪巨武輔。楊公借九星以標三元氣運。不必星之吉為吉。凶天元九星也。此篇既已獨遵三元。又以司天所頒開列男女宮數。明其宮男女宜住某宮宅舍。似不可忽。故立向仍以地局九星為主。蓋取向臨宅主之天醫生炁方。然此特遊年卦例之類。以之參年神方位而斷吉凶。必天醫生炁臨旺門。而後有吉應。絕命五鬼臨衰門。而後有凶應。則其禍福雖係於九星。而實係於三元。亦可知矣。

地符繞貫。謂宮星四面環之。

家秘本

遊年卦例。禍福不兆。墓氣從地。宅氣從門。一門易向。榮落轉輪。門通大道。氣入閨壼。前後旁側。分勢均形。重門協吉。與路相仍。轉步衰位。美惡相爭。男女居室。曰維大倫。房闥是主。堂階作賓。祠廟之宇。神靈相憑。建置不失。人鬼教寧。置宅廣原。地符繞貫。比廬則聚。單舍恒渙。若在都邑。無尤水遠。爰獲沾濡。厥功無算。深山之宅。八國蔽藏。山形凹缺。風來集方。轍跡所至。氣動舒陽。

是為主治餘理則常墓氣及骨宅氣及身此如枝條彼如沃根根榮以歲條茂及辰墓吉宅凶蕃齒食貧墓凶宅吉殃在後人墓宅並吉介福千春能不失馭邁種之英

此章言輿軸之地不惟坟土藏形而已即古聖王理國經野大而京師小而郡邑以至邨落市鎮莫不有形勢分會焉其九龍立局之法與墓同符而不無小異葢墓氣止取一勻元辰之水而京都

分會謂分大幹之形勢而會於都邑分小枝之形勢而會於市鎮也　分會一本作風會

郡邑則取大江大湖為局大水在南作坎大水在北作離大勢衰旺此其樞也至於各家宅氣又就其所倚小水而分九局且陰地取其結聚陽基取其數衍格局有廣狹之異四倚者或前或後或左或右專依一水也倚一水則局真雖作廣廈其氣皆不變若隩隅之地掛角立宅止中宮大勢收氣不雜前後帶收氣則有改變矣如掛角艮宅西南二方

貼水。則前帶左廂近南水屬坎。後帶右廂近西水屬震矣。一宅分房。便殊衰旺。陰宅氣在地中。止穴內一氣。陽宅氣在地。上。不。專。以。地。中。之。氣。為。主。兼。取。門。氣。蓋氣本橫行。而無途入宅。門戶一啟。氣即從門而入。其力與地氣相敵。地衰門旺。地旺門衰。吉凶參半。須門地並旺。然後可以召諸福也。門地之外。又論道路。直。來。者。作。來。氣。斷。如乾方有路來朝。則城堞與橫路同斷。橋梁與朝路同斷。

宅受乾氣也。橫。截。者。作。止。氣。斷。如坤方有橫街。則宅受艮氣也。朝。路。比。來。龍。而。橫。路。比。界。水。所謂三衢四嶠同斷。嶠者鄰居高峻處。如艮方有高屋。則氣被障斷。反從艮方回向我宅。黃白二氣篇所謂回風反氣。自高及下者也。高屋多則氣厚。高屋少則氣淺。若遠方高屋迢遞而來。漸近漸低。歸結到宅。氣尤百倍矣。隅空者。方隅空缺。或在宅外。或在宅中。

九星即是三元。微。精微之謂。微參。猶云詳參。蓋言陽基以三元之衰旺為廢興。當詳參九曜何者是三吉。何者是輔弼。以斷此宅之衰旺廢興。至於遊年卦例。無關禍福。今註謂微參言不甚重也。恐非蔣公本旨。書此以質高明。

偶見一本云、一四同宮、准發科名之顯、九七共處、常為回祿之憂、五黃正煞損人、（正煞謂戊己都天）二黑病符多疾、五主孕婦受災、黃遇黑時出寡婦、一主宅母多咎、黑逢黃至出鰥夫、六會九、則長房血症、而七九之會更凶、八逢四、則小口殞身、而三八之逢更惡、此數語論飛宮、殆即蔣公所謂遊年卦例也、取之以參元運之吉凶、或有一得、其餘論運論方論間錯亂圖書、乖離星卦、貽誤無窮。

能引八風從空而入。最關利害。此五幾者。惟以三元之衰旺而為廢興。而立向（八卦即九宮。九宮即元運。若不合九星。即）則仍以地局九星為主。然都有不合九（是不合元運。豈運與星各自為衰旺耶）星不害其為吉者。故曰微參言不甚重也、至於遊年卦例。止參值年神煞以斷吉凶之應而已。其實禍福不係乎此。若宅氣旺。雖絕命五鬼。何害於吉。若宅氣衰。雖天醫生炁。何救於凶。相宅者只將五幾。按三元以定衰旺。義盡此矣。從地從門。申言門之尤重。蓋地乃不定之物不能改。移門則可隨方而改。儘有失元之地。改一旺門便能起衰得元之地。行一衰門便至減福。尺寸之間。榮枯頓異。不可不慎也。門以通大路者為重。蓋氣在大道中。隨人往來。一開門便從門入。前門後門。傍側便門。或吉或凶。分遠近大小動靜冷熱而論興廢。一宅止一門獨旺。則全美無瑕。若諸門皆旺。層遞而步步從旺方引入閨闥。步步字要玩。若門引旺氣。而路有衰脈。亦足為累。

補註
古人營室。宗廟為先。香火之地。須在吉方。人鬼俱寧。方為安宅。

入。皆由吉路。則諸美畢臻矣。若轉入衰路凶門。美惡相爭。不能歸一。亦以長短親疎分別勝負。至於宅中內門。則尤以房門為重。蓋一陰一陽之謂道。家道興廢。在夫婦配合之際。生男育女。繼祖承祧。皆原於此。宅內重門道路。步步從旺方引入闥闈。更開吉門迎之。則五福全收矣。若中堂正屋。乃賓客酬酢之所。非歸根復命之鄉。不甚重也。若在荒郵空曠之鄉立宅。則五幾之中。專以地氣為重。與陰宅相似。然猶必比屋聚廬。而後可以會合風氣。收攬陽和。極小屋必二進三進。始有蓄聚。一帶直屋。及散布數椽。氣皆渙散。地雖吉。不驗也。若在城市。五幾竝重。不專以水為局。雖遠水亦有乘旺發福者。更能近水沾染生氣。福力非常可比。若近水衰地。其禍尤甚。深山之宅。八方高蔽。水氣輕微。但以山形空缺處為風門。其人跡車馬往來之路尤重。蓋山國純陰。一有動氣。即為陽生。能司禍福。故山中之宅。專以風路二氣為主。治之要。其餘理氣。皆屬平常。不甚持權也。末段總言陰陽二宅。不可偏廢。蓋墓氣從亡者之骨。蔭及生人。力深而緩。宅炁即在本身。力浮而速。朝種暮熟。知者固不得以陽而廢陰。亦何可重陰而忽陽也哉。

家秘本

玉函真義天元第四歌陽基

杜陵中陽子蔣平階大鴻氏著

人生最重是陽基。却與墳塋福力齊。宅氣不寧招禍咎。骨埋真穴貴難期。建國定都關治亂。築城置鎮係安危。試看田舍豐盈者。半是陽基偶合宜。

此章言陽宅與陰地並重。故建都立邑。關係甚大。

陽基擇地水龍同。不用前篇議論重。但比

陰基宜濶大不爭秀麗喜粗雄大蕩大江收氣厚涓流滴水不關風若得亂流如織錦不分元運也亨通

此章言陽宅水法一如水龍故不復論但取局面濶大乃可容受若在多水曲折之地即不合本元亦可發福

宅龍論地水神裁尤重三門八卦排又取兩兩連歷氣到他又宜是脆脇一門乘旺兩門因少有吉祥不可留兩門交慶一門

休大事歡欣小事愁○須用門門都吉位○全家福禄永無憂三門先把正門量後門房門一樣裝別有傍門并側戶一通外氣即分張設若便門無好位〻門獨出始為強

此章言陽宅門氣○

門為宅骨路為筋〻骨交連骨肉均若是吉門兼惡路酸潑入酪不堪斟內路常兼外路看○宅深內路抵門闌○外路迎神并界氣○迎風界水兩重關○

家秘本

此章言陽宅路氣○
更有風門通八氣○墻空屋缺皆難避○若遇○
○○○○○○○○○○○
祥風福頓增如遇煞風殃立至○
此章言陽宅風氣○
直頭直頭高高名嶠星樓臺殿宇一同評○或在
身傍或遠應能廻八氣到家庭○嶠壓旺方○○○
能受蔭嶠壓凶方鬼氣侵○○○○○○○○○○○
此章言陽宅嶠氣○
衝橋衝路莫輕猜須與元龍一例排○衝○起○

樂宮無價寶衝起因宮化作灰

此章言陽宅衝氣

村居曠蕩無關鎖地水兼門一同取城巷稠居地水寬路衢門嶠並司權

此章言陽宅有城市鄉村之異

一到分房宅氣移一門恒作兩門推有時內路作外路入室私門是握機當辨親疎并遠近抽爻換象出神奇

此章言陽宅分房之異

家秘本

論屋神祠理最嚴。古人營室廟為先。夫婦。內房尤特重陰陽配合宅根源。

此章言陽宅以神祠寢室為最重。

八宅因門坐向空。反見衰旺定真蹤。運遇遷流宅氣改。人家興廢巧相逢。

此章言八宅以門而定。不重坐向。即氣口反為初之義。而歸重於天元衰旺。故宅有隨時興廢之巧。

此是周公真八宅。無着大士流傳的。天醫

福德莫安排。只好遊年斷時日。逢輿鬼絕

更昌隆。遇替生延皆困迫。太歲神煞若加

臨。禍福當關如霹靂。門內間間有宅神。值

神值星交互測。此是遊年剖斷機。不合天

元總虛擲。

此章言小遊年翻卦。必合天元氣運。乃

斷吉凶。

九星層進論高低。間架先天卦數推。雖有

書傳都不驗。漫勞大匠用心機。

此章言層進九星間架之非○

山龍宅法有何功四面山圍亦辨風或有〻

山溪来界合○兼風兼水兩相從〻若論来龍

休論結○〻龍藏穴不藏宮縱使皇都并郡○

會只審開洋不審龍俗言龍去結陽宅此○

是時師識見庸○待取陽居釀家福○山居不

及澤居雄○

此章言山居宅法○

陰基蔭骨及兒孫○陽宅氤氳養此身○偶爾

僑居并客館。庵堂香火有神靈。關着天元輪轉氣。吉凶如響不容情。透明此卷天元宅。一到人家識廢興。

此章言陽宅蔭生人。比陰地較速。凡有棲身。不可不慎。

家秘本

天元餘義陽宅三格辨

杜陵中陽子蔣公著

人生禍福之數○陰宅居其半○陽宅居其半○若陰宅不沾凶氣○一遇陽宅吉祥○輙致顯榮○若住基正屬衰危○縱有佳扦○亦難發達○陽宅之不可不重如此○予為辨之○亦有三格○一曰井邑之宅○二曰曠野之宅○三曰山谷之宅○井邑之宅○或居城郭○或居市廛○萬井爨烟○重闠比戶○地脉朝向○大畧相同○而

考其吉凶判然各別此其為用街巷道路為先方隅風門為要而水局次之蓋車馬人跡咽咽闐闐響振塵飛無非動氣此其嘘枯吹生醱逼影激不同岑寂之鄉若更獨得水局舟艕交橫尤為出格之宅得其元者百萬驟至卿相立躋蓋此宅也曠埜之宅以水為主而風門方隅次之道路又次之若大江大河則其應亦大小溝小澗則其應亦小此與平原龍法體格合一而

徼有細大之殊各擅一方氣鍾於特若元運綿長奕世承祧子姓不替蓋此宅也山谷之宅以風為主而餘皆次之蓋其風摩空而下障之者萬尋而漏之者千仞萬竅怒呺排山拔木其吹祥也發不旋踵其吹咎也殄無遺跡非真得元龍之氣我不敢居也嗚呼安得三元不替之深山窟宅而世其麻乎雞犬桑麻與世迥絕擬於仙都蓋此宅也凡此三宅皆擇堂氣開舒水泉

平行之地而築之而不關龍脈之結聚世人謂龍脈結成陽宅○此說非也○即大而郡邑○更大而京師亦擅氣局非關龍脈其所謂聚○勢聚而已○豈有金針玉線○纏綿絡繹而入我之戶牖哉○蓋山龍之氣○一縷靈光○如花房含露○香味細滑○但與人之骨體相沾○不堪遍灑於堂階門闥○凡陽宅之所收者○外氣而已○山川風物○挹攬光華○雲奔電轉○其作用在土泉之表○非求之地絡之陰○

至於翻卦遊年。此占年之小數。非定宅之正經。苟知楊公真八宅之旨。則槪可畧也。此皆昔人未發之義。予特為辨晰。以告世之工於相宅者。

家秘本

八宅天元賦

玄天垂象○九霄開梵炁之中○大輿炳靈○九野肇坤維之紀○龍馬以河圖啟瑞○神龜以洛書効珍○剖混沌之先幾○昭乾坤之大法○自然妙化○聖人由之○建都邑以御萬邦○授室廬以綏兆姓○明堂九室○見於月令之文○方井八家○考諸徹田之制○粵稽黄帝始敘合宮○我祖文公○爰營雒邑○當時著為憲令○後世稟其遺規○生民日用而不知○聖人先

知而不議○秦火之後○典籍蕩然○千聖不傳之心○一綫寄諸喆士○黃石授書圯上○乃出青囊○蕭相功成未央○大開北闕○逮於管郭微言莫稽○比及楊公○正術始顯○嗣是僞書雜出○異軌争馳○家〻造滅蠻之經○人〻排掌中之卦○辭能害志○妄且亂真○斯固世運之衰微○抑亦天機之隐秘○不得雲陽之訣○豈知慕講之傳○萬古洪荒○一朝剖破○坐山定宅○宅既不真○東西分宮○宮亦全謬○五鬼

六害豈皆絕命之神生炁天醫不盡延年
之路貪狼巨門高聳未是吉星廉貞破軍
昂頭豈真凶曜若執遊年卦法斷無取驗
機關欲明八宅之真先識九宮之數年分
甲子運轉三元上元一白為君震坤更輔
中元四綠居首五六相承七赤統下元艮
離遞旺氣春榮秋落莫問出元之龍陽往
陰來須遇本宮之水正偏曲直惟貴路清
廣狹淺深只求路的形局之模糊猶可方

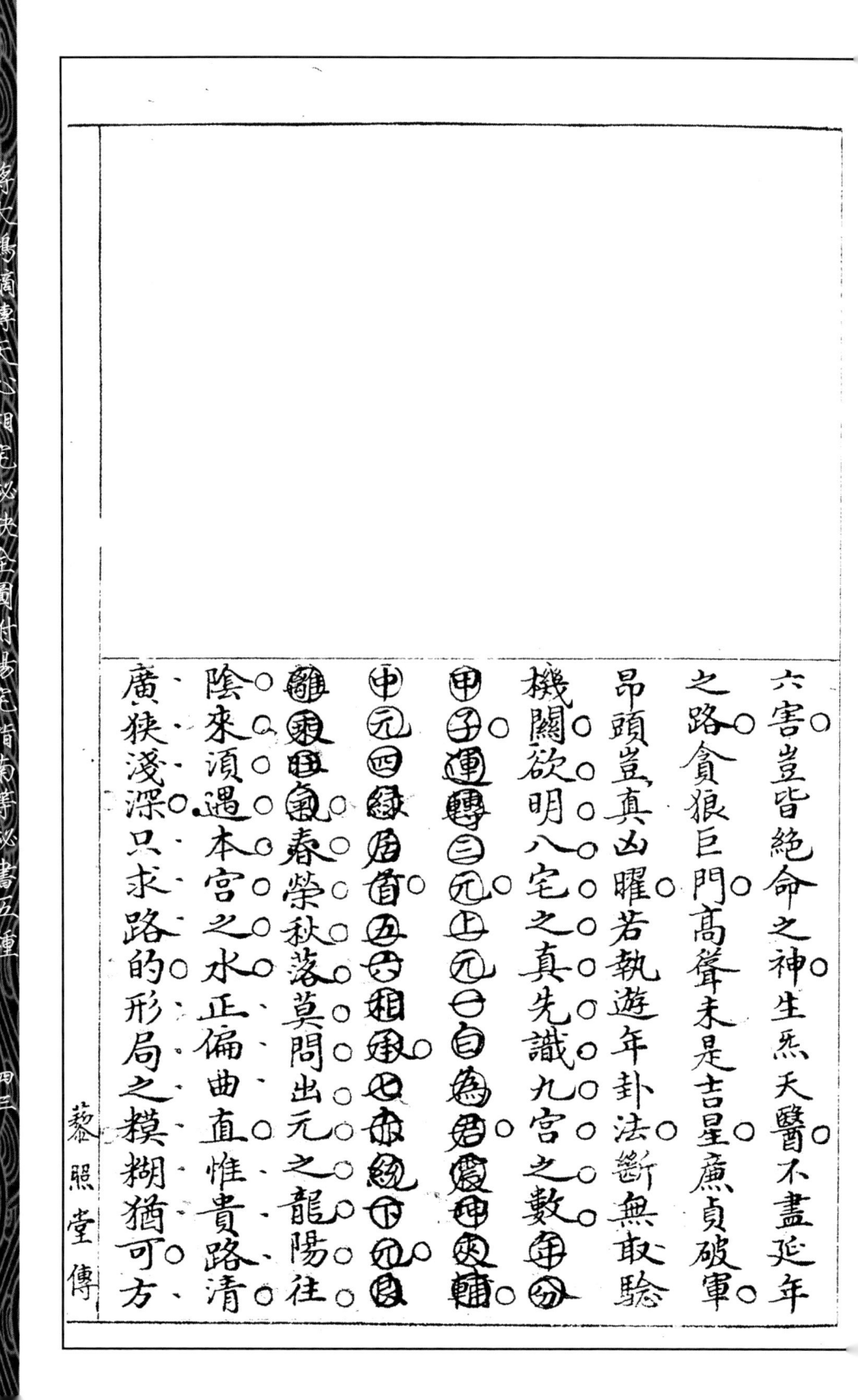

隅之雜亂難言曠野平原端取流神結體
闕廂邨鎮都將衢路分踪城隅依城為憑
山國傍山立局高樓峻宇嶠星借插於鄰
家閘堰橋梁動氣交衝爭轍迹墻籬皆能
障蔽竹木亦可攔當總之水為引氣之元
精察其來又看兜抱風是送氣之神物性
主散須用遮攔噓吸雖辨陰陽化機總歸
一物風之所送即是水之所交陽之所噓
即是陰之所吸交如牝牡類影隨形應若

宮商似響斯答水氣在土膚之上嘗以光交風氣來空虛之際但隨質取光交親憑目覩質取變有多端若逢空缺即為來一有遮攔旋作止辨明来止二氣方知噓吸真機更論宅神尤多妙用權衡内外銖兩吉凶蓋外氣是宅外之風水内氣是宅内之方隅内外俱吉是安居内外俱凶成廢宅外凶内吉僅許小康外吉内凶難除瑕玷此言曠野一家之宅非言城市比屋之

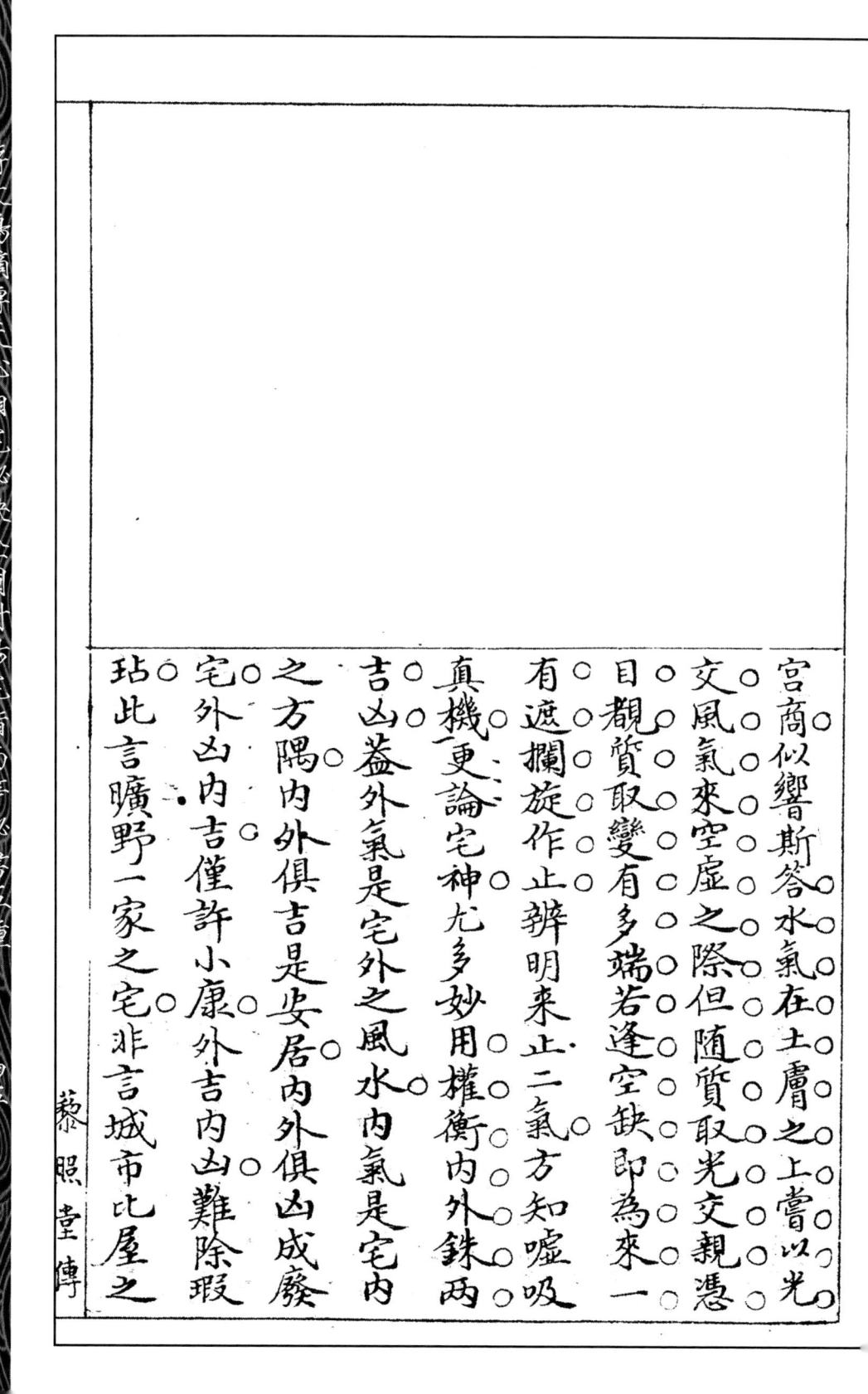

居若是接宇連甍尤重升堂入室畧陳規
規以倫推求大體先論宅形機括兼看門
路四方正直備有八宮區濶直長偏歸二
卦一曲須看首尾三灣亦取兩頭長短消
除廣狹轉變兼方合卦有左衰右旺之時
曲勢斜形辨此濁彼清之界卦有定理格
不一方假令震兌橫几二卦適均坤艮磬
形兩宮並至試問闢門何地乃知氣入之
原嚴搜內室何方始定歸根之際若門通

前後則卦不一專更卧室居中則氣收兩
合向兼寅甲坐雜亥壬東房富則西房必
貧南枝榮則北枝定萎亦察重輕於門路
方測深淺於卦爻析爨乃彰合居不判欲
較門之力量亦辨宅之形模方宅四周門
通八國如其曲直難以推移坤向深沉離
兌二門俱不應正南重疊巽坤兩戶總無
權門若居中左右截然分氣或開旁側一
邊獨領真情全憑內路之曲折直長引神

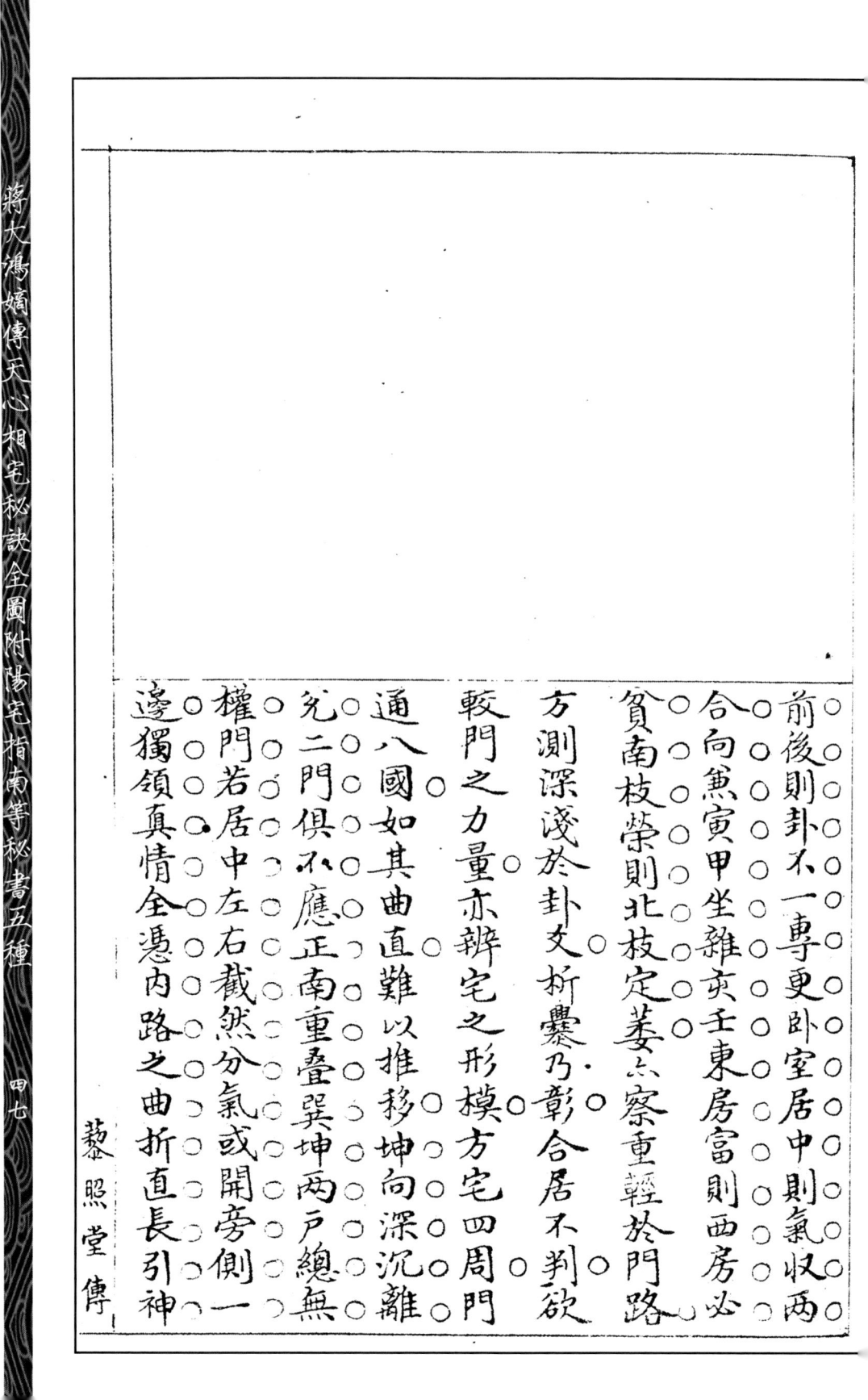

入室并審旁門之有無純雜漏氣奪胎總之多門不如一門之精專遠路豈同內路之親切總門統宅主一家之隆替房門掌夫婦袵席之安危別有男女兄弟驗分居之房闥下至奴婢妾媵據所受之一壓萬花叢裏豈無一樹先零數罟池中亦有鯨鯢漏網宅大則所招之勢必遠宅小則所受之氣亦微總求領受為樞機細審真方分順逆改一門頓殊枯菀移一巷立判災

祥折屋添墻看取東宮西舍整新修舊審
知旺位衰方或彼家吉而此家凶或昨日
興而今日替其機可畏其理誰知嘆肉食
之終迷遇真詮而罔覺有宅於此世所共
疑何祖父顯而末胤中微何故主傾而易
姓驟起亦有弟肥兄瘠豈無主弱奴強愚
人不識氣機輙議全無宅法不見芳春窈
蔭涉秋霜而自凋譬諸大旱傷禾沛甘霖
而立起吉人逢其景運薄祚遘其衰時實

有天心適符地脉此理捉於影響至人秘
而不傳世重葬經每輕宅相夫反氣入骨
固人道報本之常經立命安身亦孝子守
身之本務祖父實以子孫為血脉卯墓反
因住宅為安危其理甚微不可不察且死
者已枯之骨非歷久而不榮生人食息之
場隨呼吸而即應欲求朝痒暮榮之術須
識移宮換宿之奇歷試不渝我言若契將
肩此任慎簡其人苟非同天地之心何以

通造化之妙○按圖索驥難悉端倪觸類引
○伸粗陳大概省察之機寓於目變化之巧
存於心書不盡言言不盡意果精其術直
堪羽翼聖朝克守其規庶以延長世澤至
理不易上士何由傳之下愚天道無私祖
父豈能教其孫子我滋懼矣尚慎旃哉
歲在彊圉協洽律中林鐘杜陵大鴻氏撰

家秘本

八宅天元賦終

陽宅指南篇

杜陵中陽子蔣平階大鴻氏著
會稽門孫張重明蕋淵氏註

世人不識重陽基。陽基效驗在須臾。死生貧富如操券。育子遷官貴及時。此是天元眞骨髓。前賢寶惜未曾題。若非世德膺天眷。孰敢輕談洩化機。

今人但重陰基之風水。不知陽基之更重蓋陰宅氣鍾骸骨。蔭死及生。得氣有

家秘本

○漸陽宅生人受氣○一家長幼○皆在此氣之中○故其應捷○陰宅子孫衆多○各房受氣○陽宅止在一己之私○故其應專○往往陰宅福蔭○應之於居吉宅之子孫○而居凶宅者不及焉○故二宅必須兼美○亦有大家世族○單以陽宅發祥○俗眼不明○反歸於陰○地如丹陽黃堂荆氏○陶堰陶氏○我祖師另有圖論○為傳後人○此節總發專重陽基之本意○以起下文十二節之

旨云

第一要訣看宅命動處来空實處靜空邊
引氣實邊汲命從来氣天然定

人生以氣為命故宅亦以氣為命動屬
陽靜屬陰空處氣来故為動而陽氣隨
之而入焉實處閉塞故為靜而陽氣於
此止息焉法以實處為宅身空處為宅
命空在何方即宅命在何方而吉凶衰
旺判然矣此千古不傳之秘苟非其人

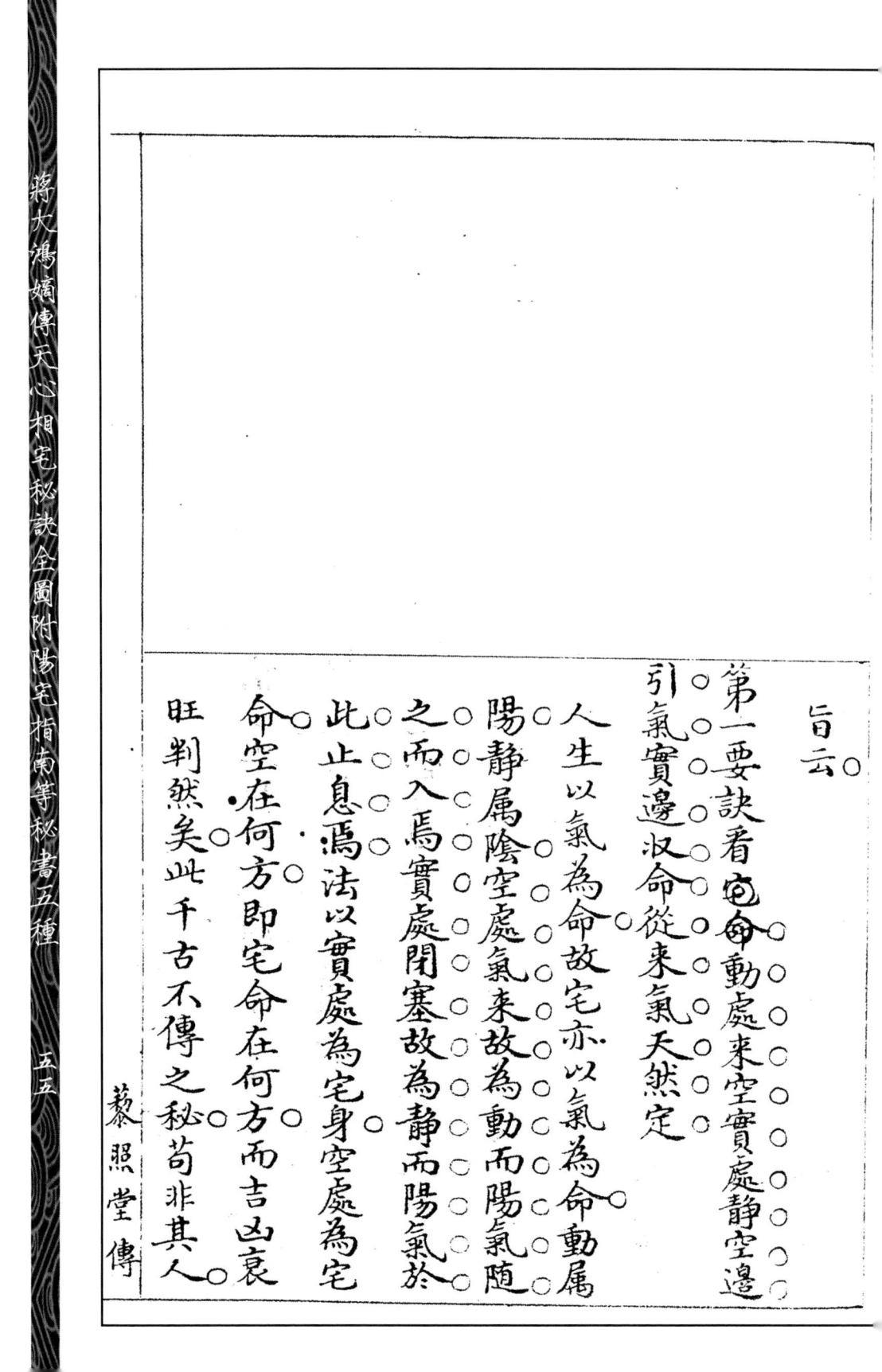

不可輕洩

第二要訣看宅體端方周正斯為美前後修長蓄氣專若然匾濶分途軌

宅體或方或長要四圍端正則八卦周全而可定其為何卦之宅若有缺處缺一卦即變一卦非本形之正卦矣四方之宅卦爻完足可定何卦之氣再得前後修長則所收之氣充足如南北宅形狹長南向即離氣足北向即坎氣足也

若向南北之宅而南北淺東西濶宅形匾大雖坎離之宅而放開震兌本宅之氣不專故曰分途軌他卦做此

第三要訣看盤面坎離震兌針尖上得乘正卦合天心幹支雜亂生魔障

用卦之法全在坐向坐向在卦之中爻則卦氣清純若在旁二爻即非正氣況旁二爻又偏近他卦之邊更成雜氣難定吉凶更有二卦兼向之宅如巳丙之

以中氣為貴四正四隅一也茲云坎離震兌針尖上蓋舉四正以該四隅耳学者須知之

交末丁之交○即是巽離之宅○坤離之宅○矣○衰旺不齊○禍福龐雜○卜宅者所不貴○雖統言八宅○而專言坎離震兌○舉四正以例四隅也○至於針尖一語○皆有深意○玅用存乎口訣○

第四要訣輔弼星○地宜左右審虛盈○輔若虛時地元煞○弼虛二卦受驚宊○一重輔弼一重福○若見重重福不輕○有人識得輔弼訣○選宅安身事事寧○

輔弼二星○即左右兩隣也○貴於厚實○不
可有虛隙之處○如帶空地衕巷○即為漏
氣○更在衰方○尤為凶惡○篇中二卦之義○
蓋隱天元人元○其吉凶衰旺○獨主坎離
二宅為例○然不及六卦者○亦自有深意
存焉○蓋陽宅之秘○雖有詩要訣○前後詳
明○而安危大體○尤重輔弼二宮○若得二
宮重重厚實○雖他訣不合○而此事無虧○
縱不能發○亦免大禍○故丁寧反覆云爾○

家秘本

第五開門引路訣正卦裝門莫偏拽入門之卦宅元神元神衰旺此中別一門正卦氣無頗前後門通兩卦接更有旁門破卦身縱然旺氣非清潔既有門時即有路內路外路須兼顧路在生方致百祥煞方引路多災禍

門者一宅之咽喉乃命脉所繫當為第一義而言之獨後者蓋此篇論宅從外入內內外勢未定未可躐等論門故至

此方及。不以次序別輕重也。門卦即宅卦。周公八宅所謂氣口反為初。千古不易之義也。如門在離方。即為離氣。若坎方又開後門。即為坎離合氣之宅。據此兩門。叅宅衰旺。此外再有第三門。即為破卦。反將兩門之氣走泄。雖在旺方。亦非所宜矣。開門者貴清本卦。中爻亦如立向之例。至於所走之路。引氣入室。與門同功一體。故綦重焉。

家秘本

重重門路入卧房澄清生旺保安康宅中天井休寬曠宅外凹風不可當暗煞比將明煞猛休言不見免凶殃

此節承上文門路而言路之所以重者因路必入卧房卧房者宅主宅母寢息之所生育之基尤為一宅之根本而宅門之内既有路復有天井蓋風自上而下小則聚氣大則迎風故以寬曠為戒且又推類而言門路天井乃宅内之風

吉凶之明者也。若乃宅外空缺之方。即是凹風。雖宅中不見。而實逼宅身。透入肌裏。吉凶之暗者也。旺方猶可。煞方最忌。可不慎哉。

修方動作。察秋毫不在年神在卦爻。宅吉偶然驚煞位。傷丁破產不相饒。

此言修方添屋。人都以年神方位三煞太歲等名。編為萬年圖。以定吉凶。此皆妄也。只論八卦旺方。則修造皆吉。雖凶

神亦反能為福若在衰方則修造皆凶
雖吉神反能為禍楊公所云若要發修
三煞若要貴撞太歲語雖極俚無不響
應雖吉宅一犯衰方奇禍立見慎之慎
之

層〻進〻說高低莫誇福德與天醫只要
高低勻且稱偏頗昂陷不相宜

此節論進數高低入宅有九星相生應
貞破軍等宜低生炁天醫等宜高以此

定吉凶者安也只要前後左右高低相
稱八方四勢俱得均勻即為無害若邊
有邊無高者昂低者陷雖吉宅亦滋病
矣

橋梁衢路最喧鬧若在生方反不嫌能知
避煞迎生法轉咎為祥反掌間

世人以橋梁衢路市衝動為嫌不知衝
起吉方反能為福惟凶方則其禍斯烈
矣避煞迎生雖於橋梁衢路發之實貫

通篇不止一事也

一空三閉是豪家三空一閉亂如麻若通閉裏乘空法立地珍珠滿鹿車

此又補第一要訣受氣所未盡若止一面實三面皆虛即有吉向吉門終於蕭索必得三面實一面虛於此虛處引旺氣入宅所謂閉裏乘空居此等宅奇福立致有不可名言之妙也

此是闔闢排宅法不是水神排氣訣若逢

收水又不同宅氣還憑水氣接宅形寬大好吞波收拾水神無漏洩

上文所論皆城市村鎮閭閻比屋之居無特收之水者若此等宅更有特收之水以上諸法為輕專以水氣論衰旺矣然須宅與水相當乃能收吸水氣水大宅小亦難容納雖旺不應也

水鄉山國立家園氣脉宜從山水論倘合交兌無山里義子孫奕世敞高門

此言山國水鄉創立之宅。全無屏蔽。若無百間之宅。恐不能應。山宅則收山風。水宅則收水氣。此等宅而能收三元不敗之旺氣。雖千年福澤。豈為過乎。卒章提出天元無上義。雖為山水建宅而言。實總括一篇之要旨。與首節真髓相應。然隱而不發。終不顯言。蓋以心傳心。非可形諸筆舌者也。

我祖師天元五歌。已有陽宅一篇。暢厥

大旨。此篇作於甲子之冬。更補一十年前所未備。闡微盡變。微妙難窺。題名指南。即寓理氣之真機。上士悟之。已領一篇之要矣。

家秘本

天心輪轉風水秘訣全圖

上元喜一二三風○九八七水○

中元喜四五六風水○

下元喜七八九風○三二一水○

上元甲子起一白○

中元甲子起四綠○

下元甲子起七赤○

假如故明天啟四年甲子○係下元○不論何宅○宜兌艮離方開門○

喜震坤坎方有水○合者下元運中發福○不合者凶○輪到

本朝康熙二十三年甲子○係上元○宜坎坤震方開門○喜離艮兌方有

水○又輪至乾隆九年甲子○係中元○宜乾巽方開門○喜乾巽方有

水○凡運氣○值元者為旺氣○初失元為平氣○再失元為煞氣○凡引

氣收風○要收當令之旺氣○不可收當令之煞氣○煞旺之分○禍福

天淵○此千古不傳之秘旨也○得傳者寶之秘之○倘有妄洩天機○

必遭天譴○戒之慎之○

雲間後覺子樂山氏識

依水立局論宅法

三元

離方有水駐堂前○
坎上陽基氣脉全○
先在上元開甲第○
三元常見福綿〻○

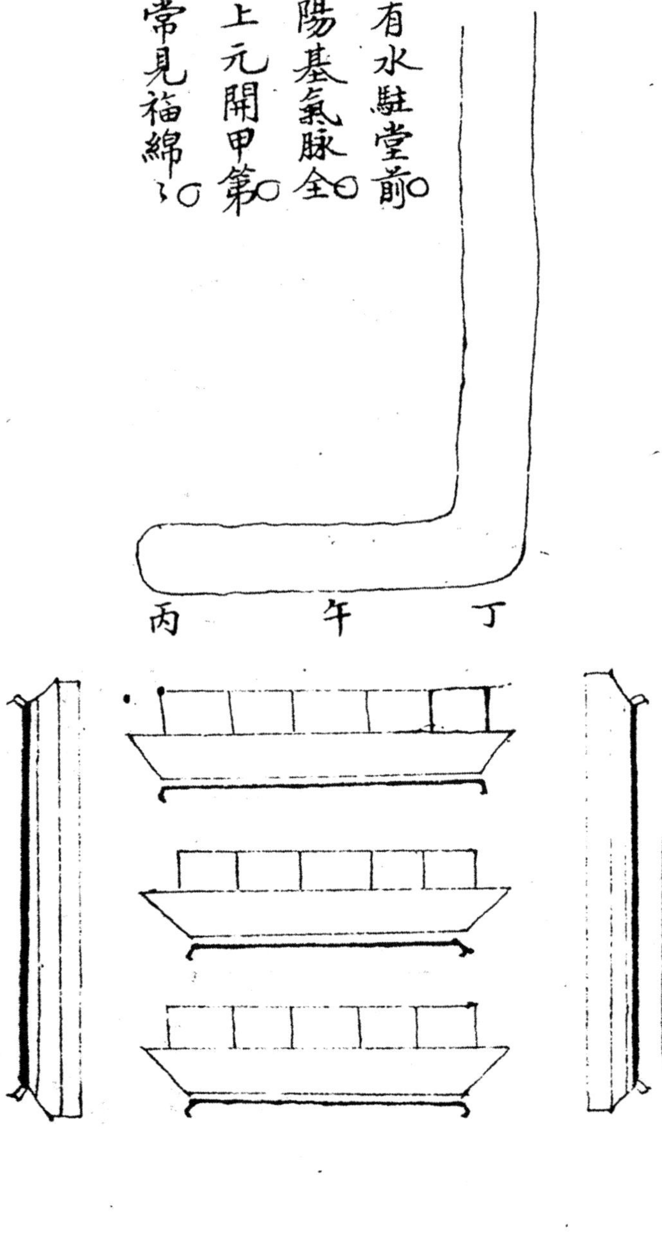

三元

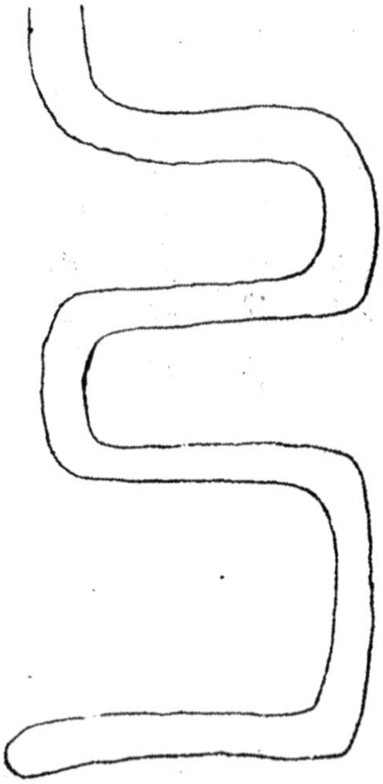

離方九曲似龍蟠○此局光通列宿垣○
建宅三元無破損○三槐九棘冠朝班○
此龍名號上天龍○布散陽和宇宙中○
不但御街能作相○滿門孝義福無窮○

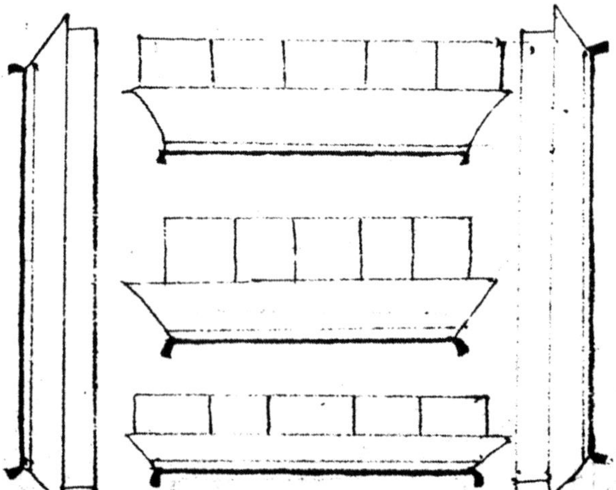

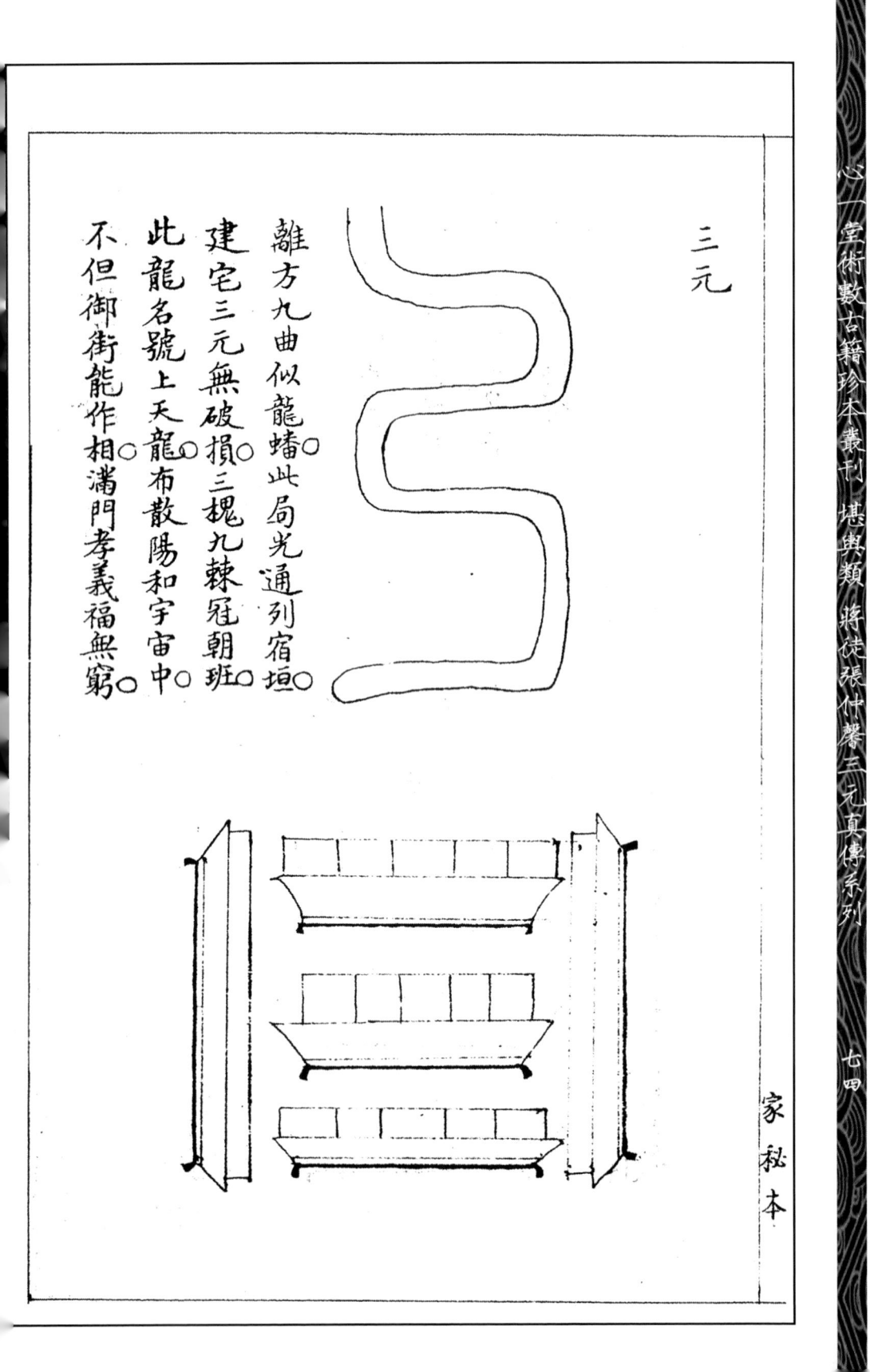

三元

大湖蕩

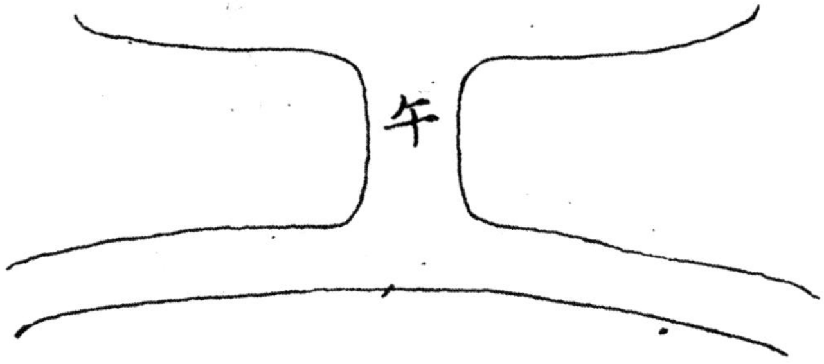

離方湖蕩水洋〻○小水通來内氣藏○不特三元財祿盛○時拖紫綬到岩廊○

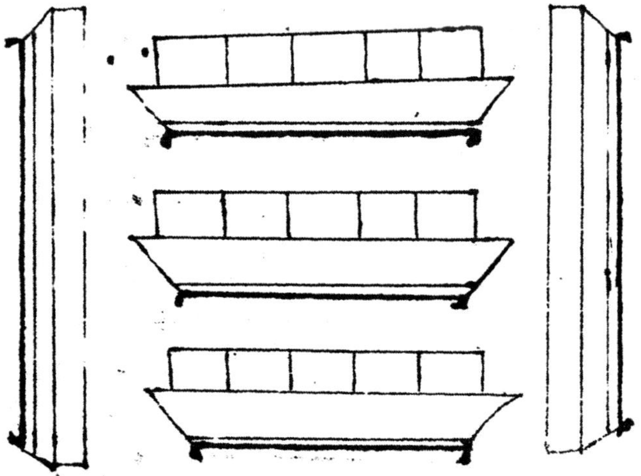

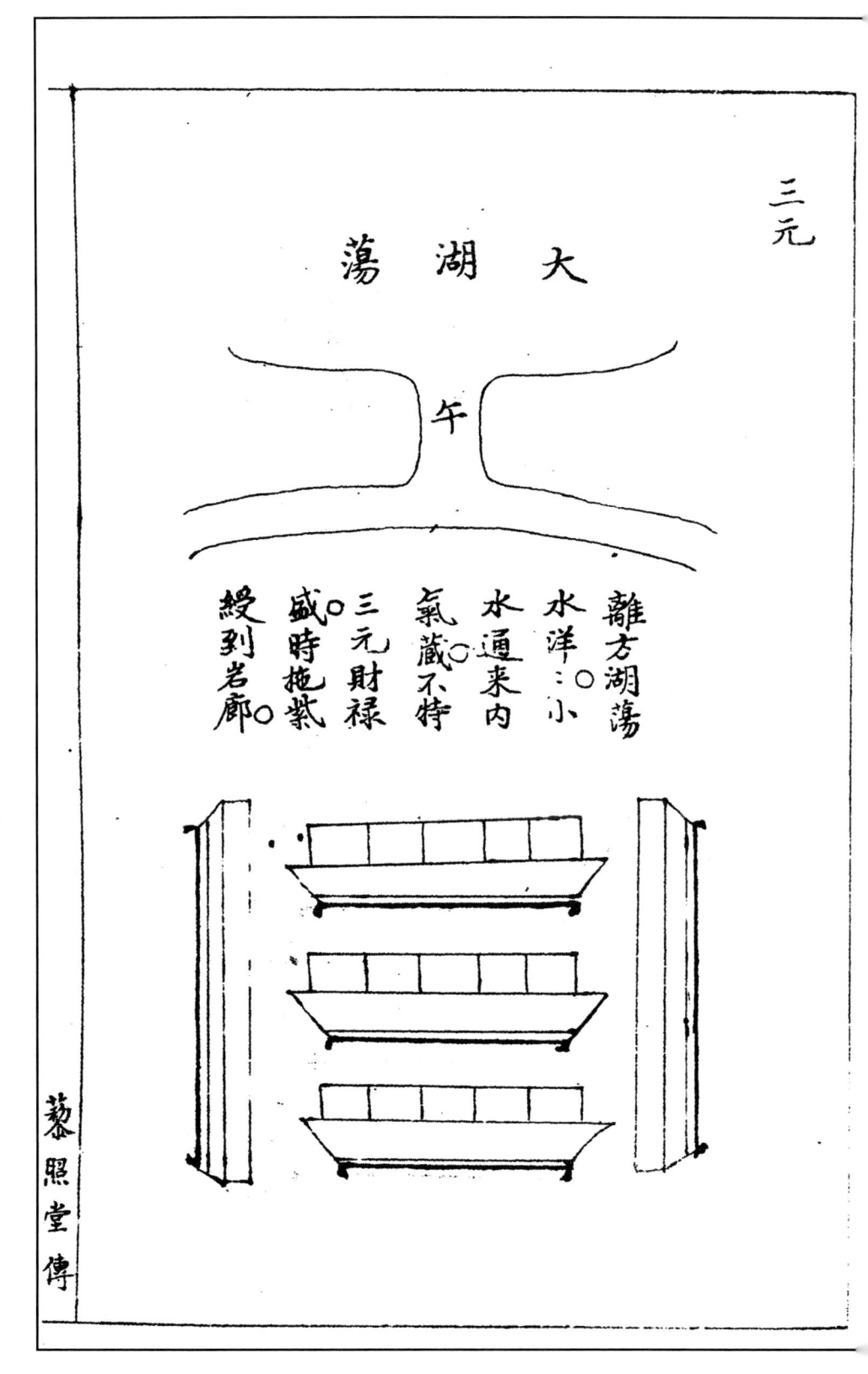

離方湖蕩諸天心○
只貴方圓合正星○
立宅中央常富貴○
為人端楷有黃金○

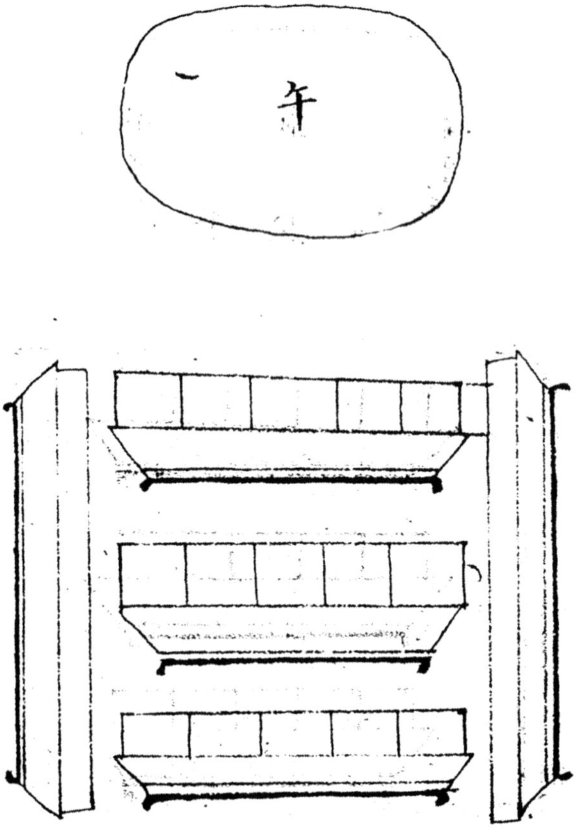

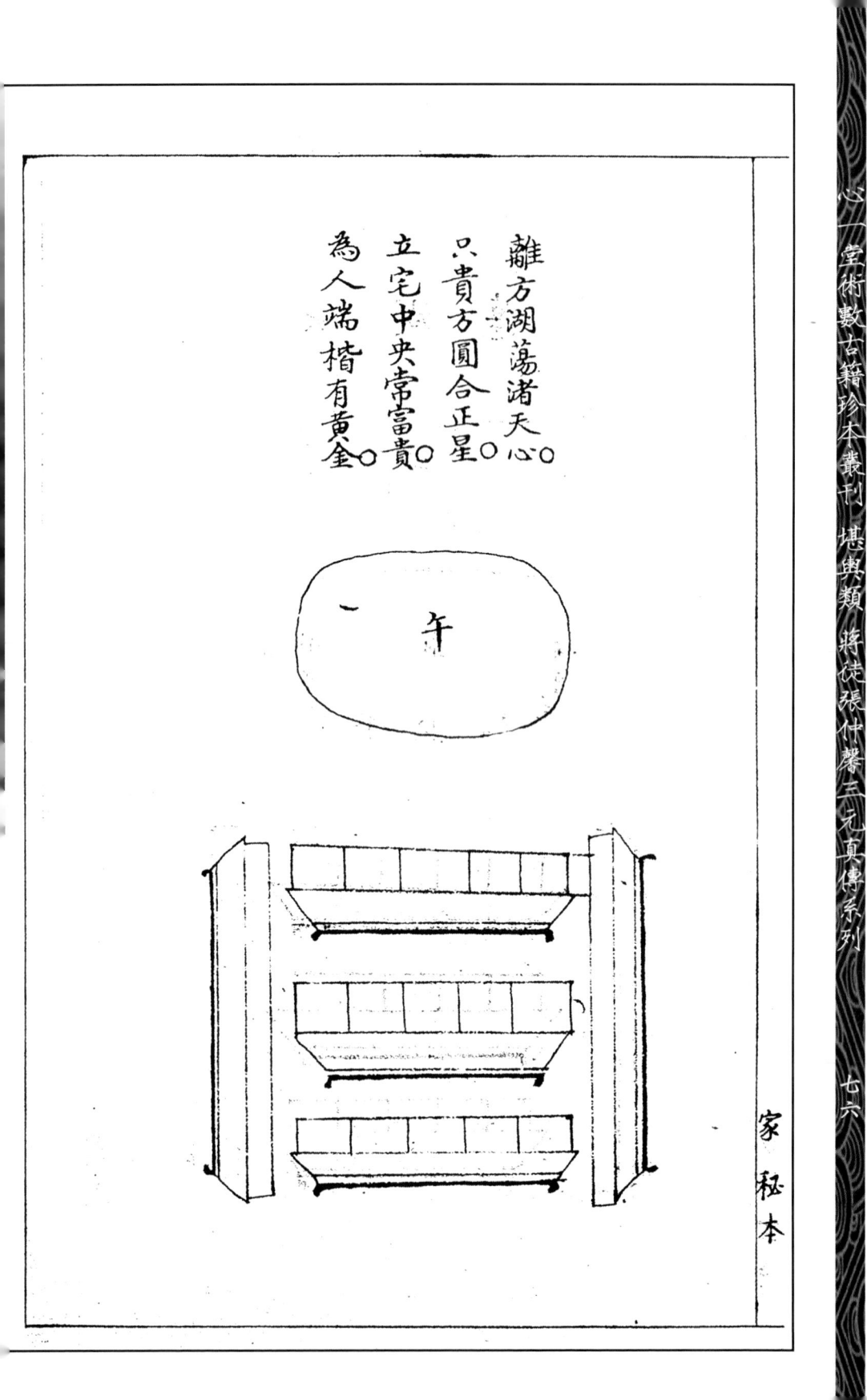

三元

長流大水灌離宮○
小水連城瑞氣鍾○
若見兆欄貴無敵○
黃金百萬位三公○

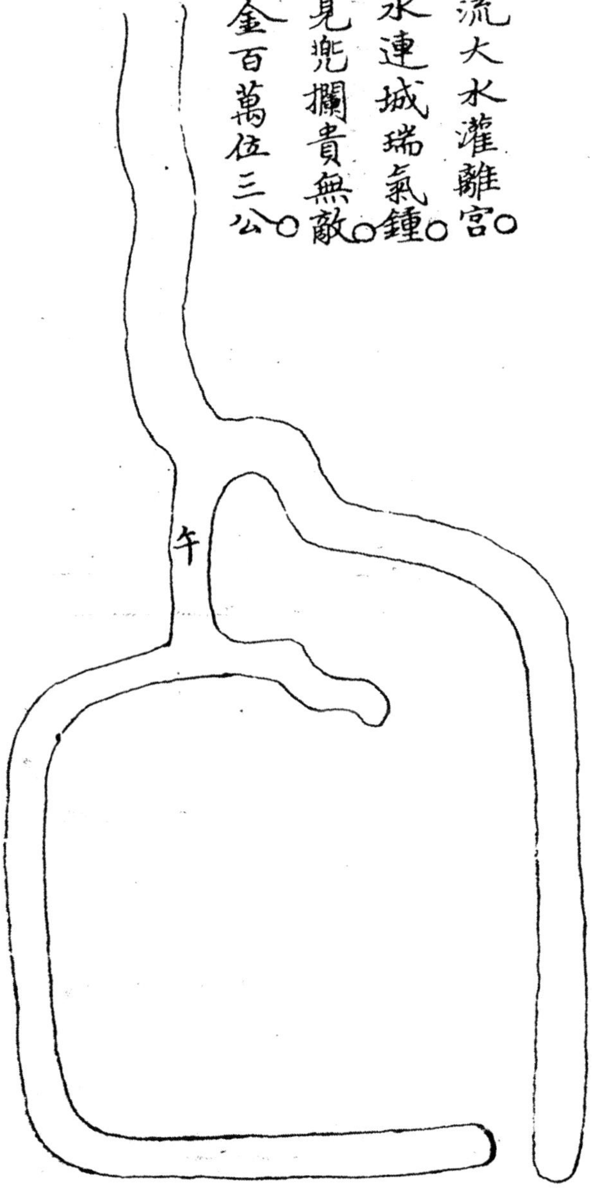

三元

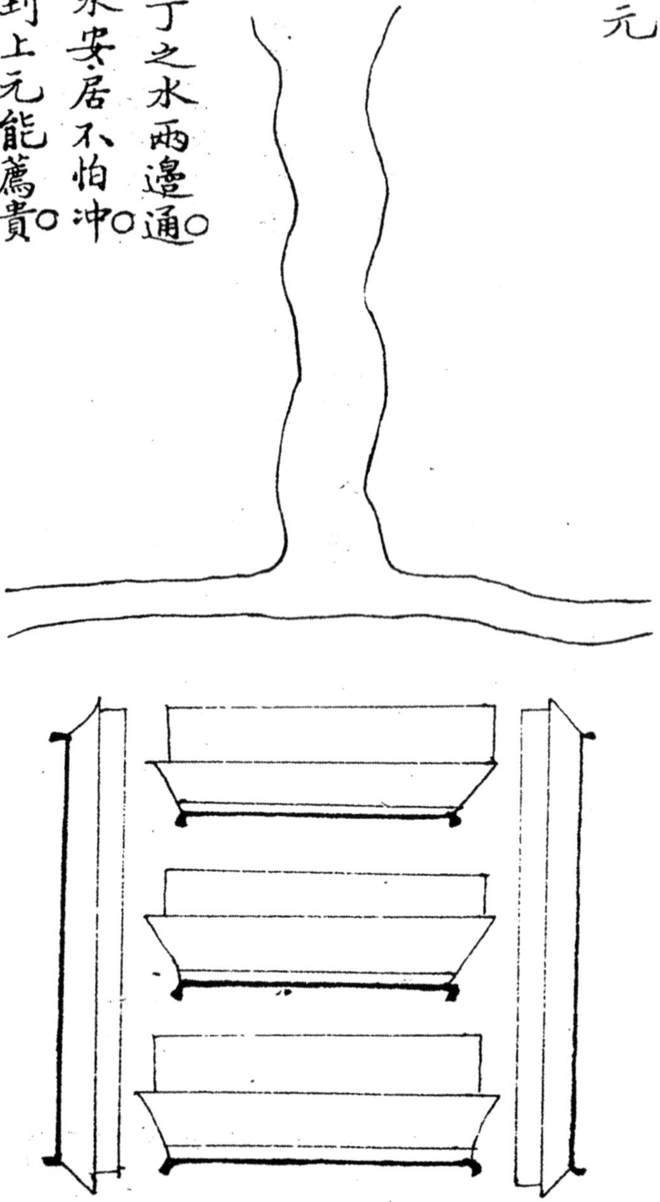

午丁之水兩邊通。
向水安居不怕冲。
一到上元能薦貴。
餘年平穩不孤窮。

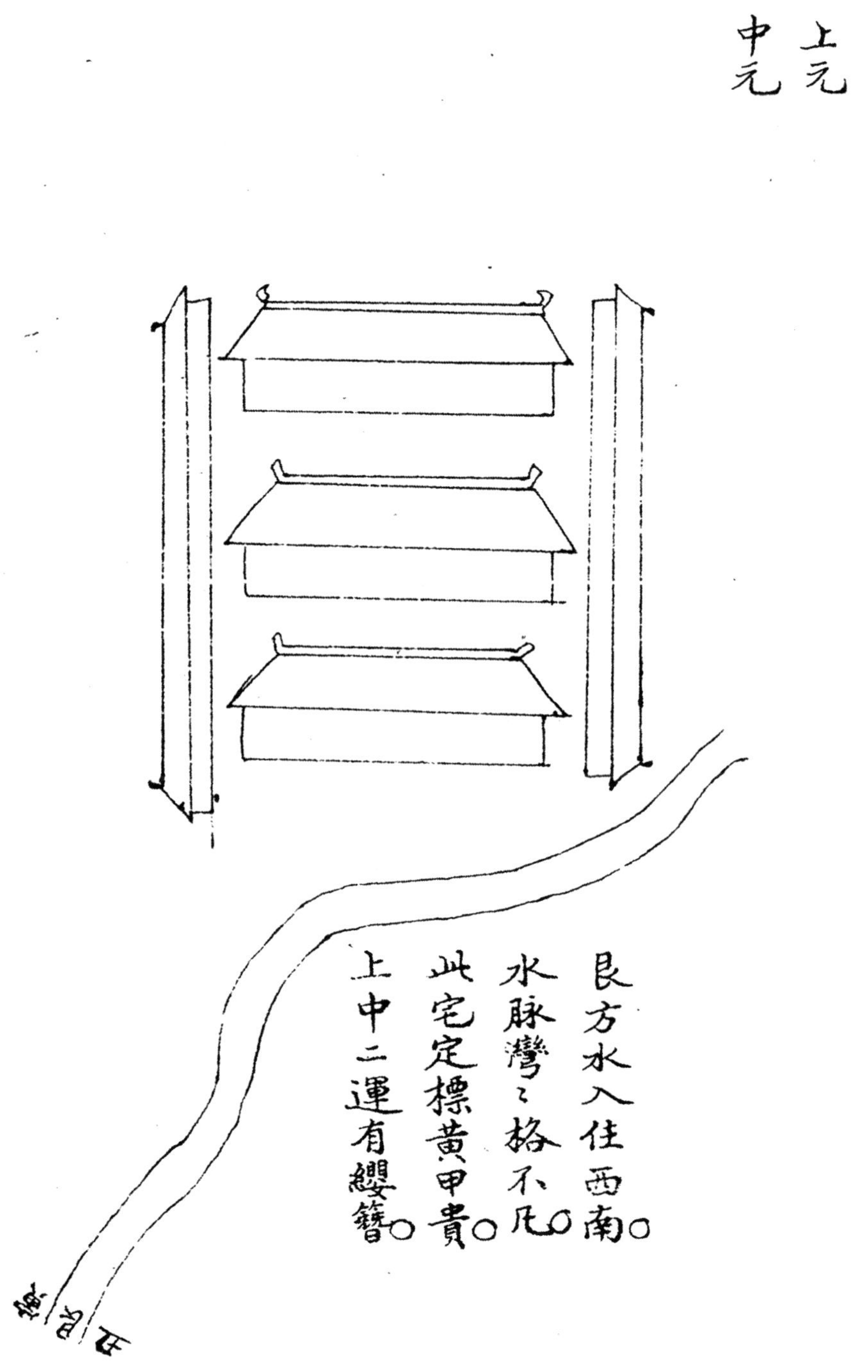
上元
中元
艮方水入住西南○
水脉彎彎格不凡○
此宅定標黃甲貴○
上中二運有纓簪○
寅
艮
丑

上元
中元

只看東北水光浮○
宅有兜攔氣脉收○
遠曜近星皆翕聚○
上中二運樂優游○

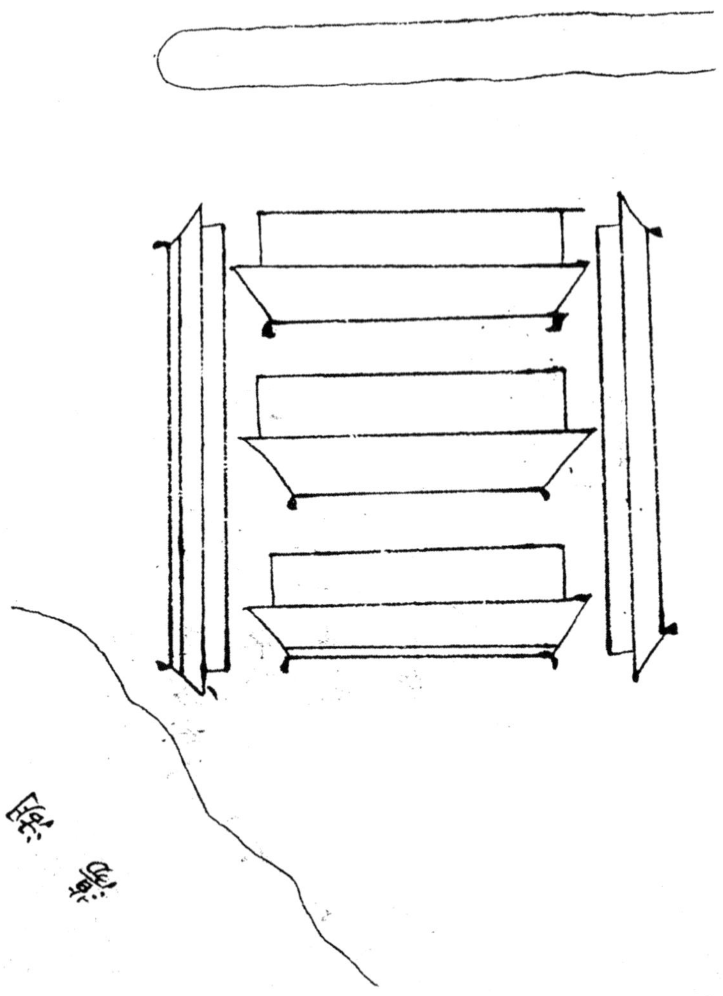

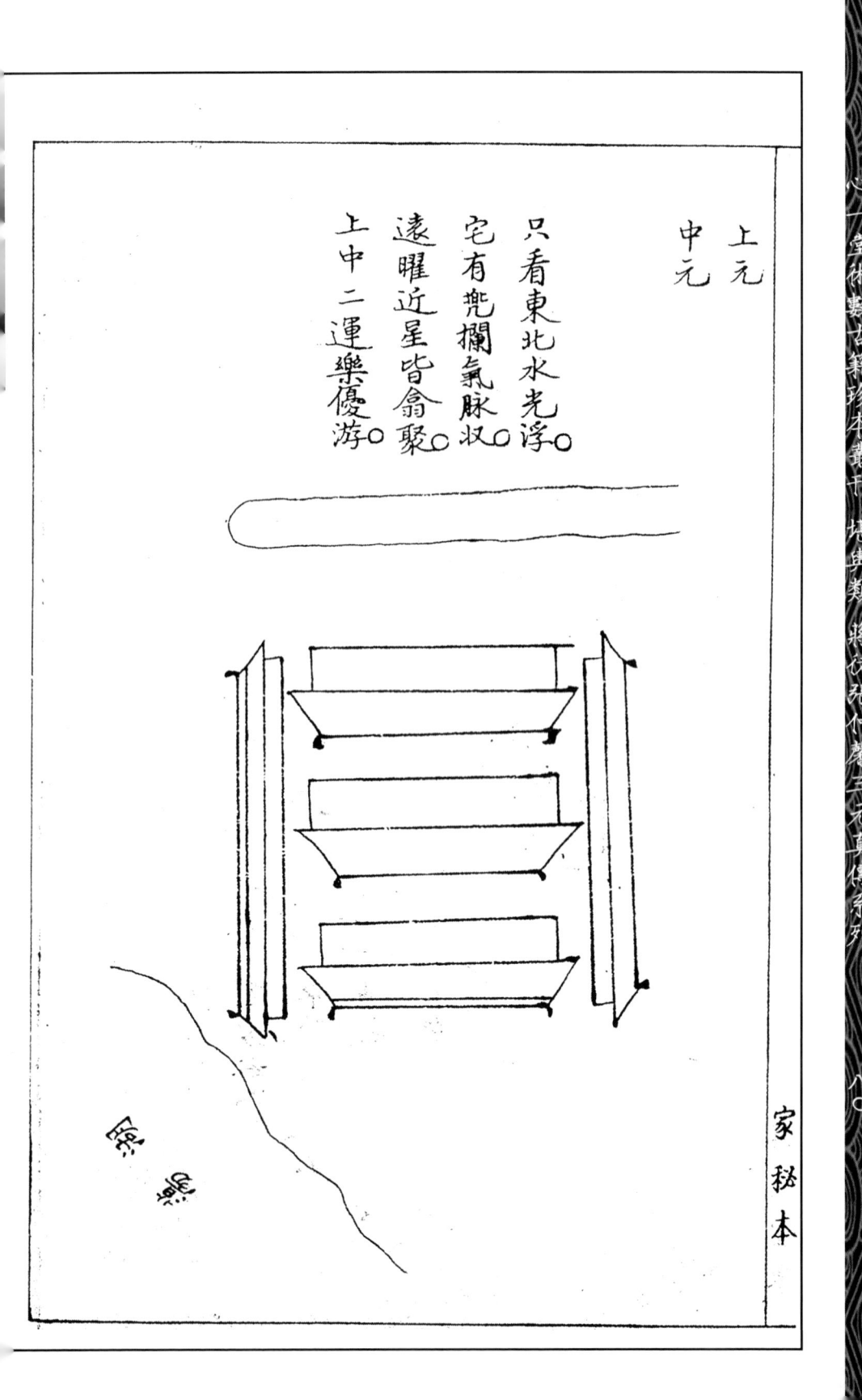

上元
中元

艮方湖蕩水漣淪○
須得灣環曲抱身○
此宅包藏真氣足○
歷年百二少災迍○

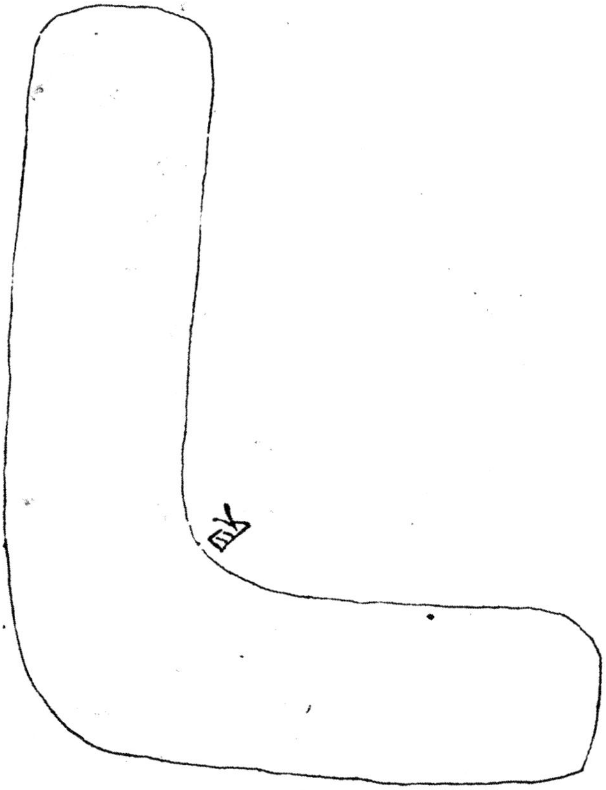

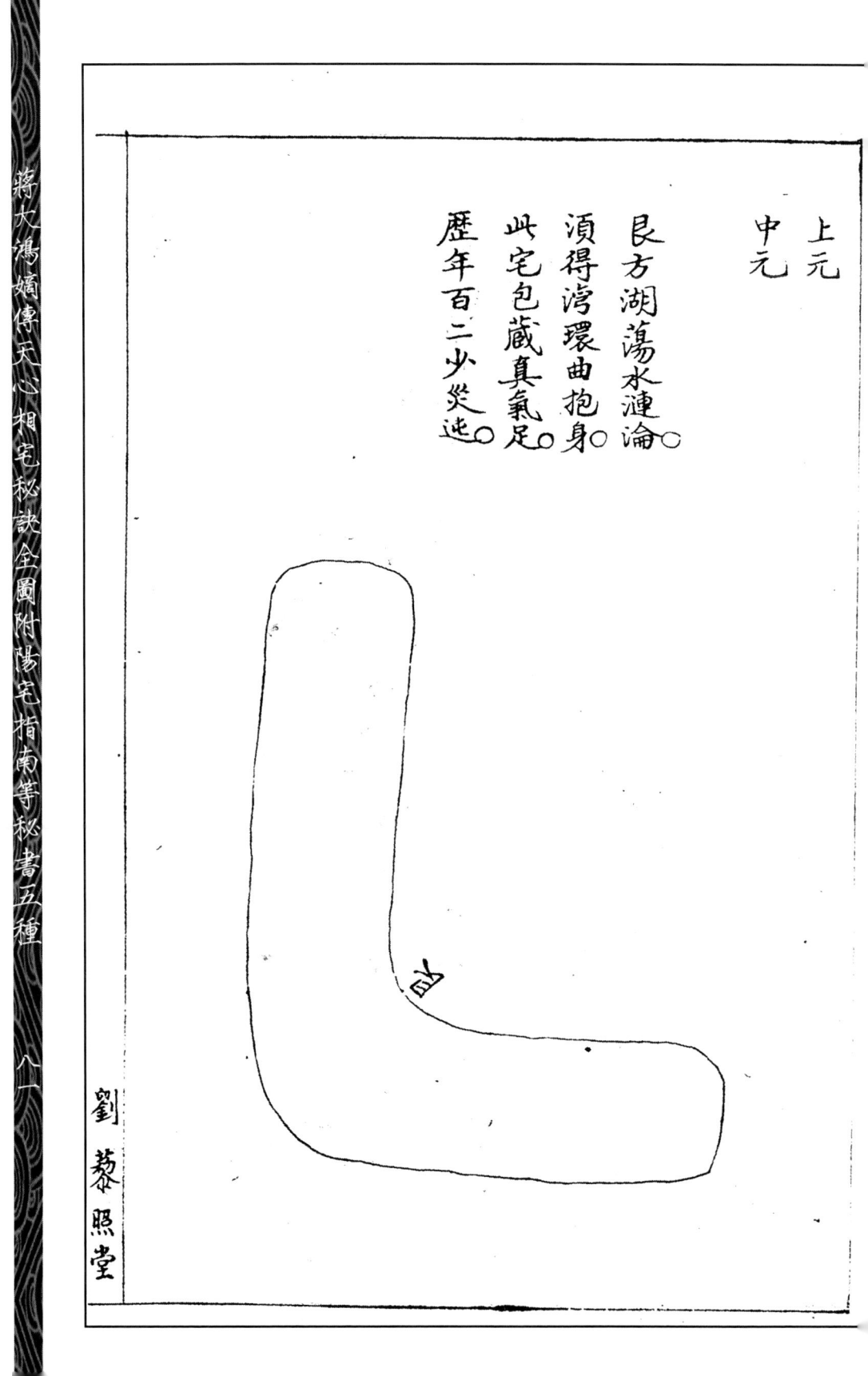

上元
中元
羅經或見四隅形○
坐後淵渟丑艮寅○
亦取居中營吉宅○
两元旺氣出豪英○

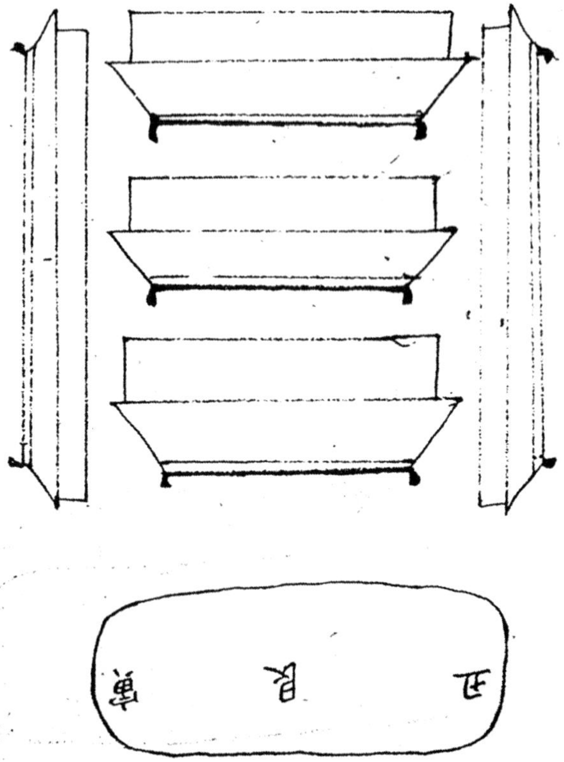

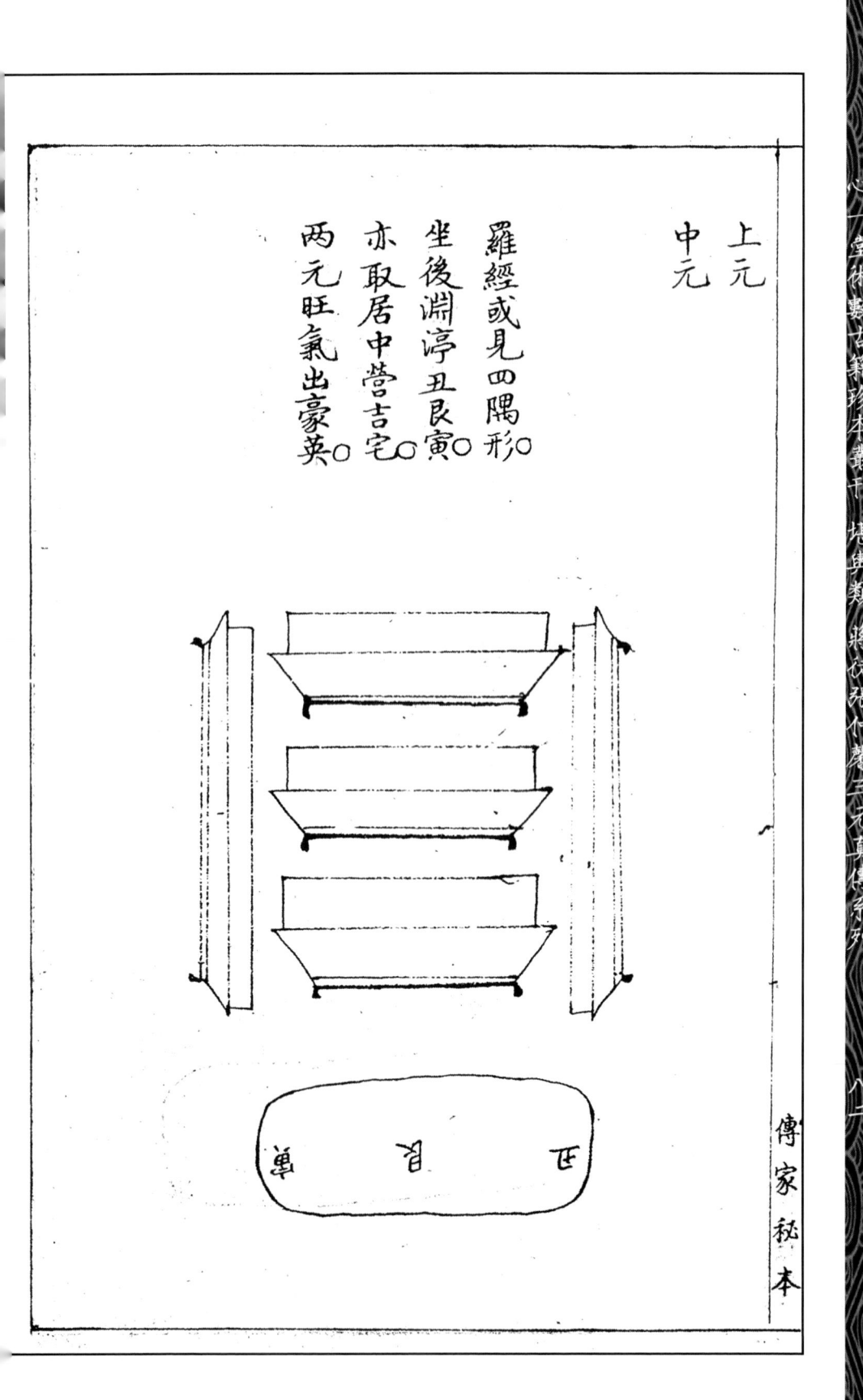

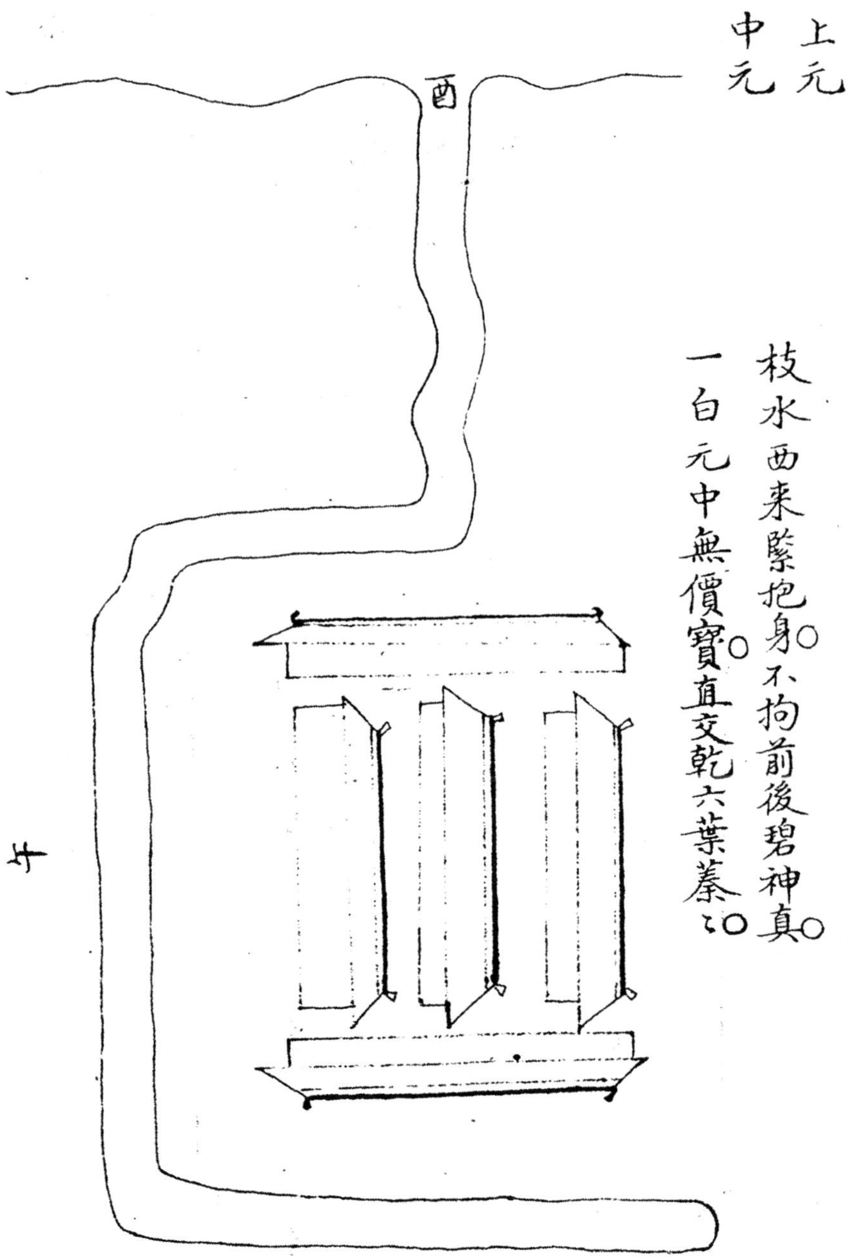

枝水西来縈抱身○不拘前後碧神真○
一白元中無價寶○直交乾六葉蓁蓁○

上元
中元

兊方湖蕩水洋洋。
內氣兜攔住宅良。
百二年華惟錦繡。
曾教四世慶源長。

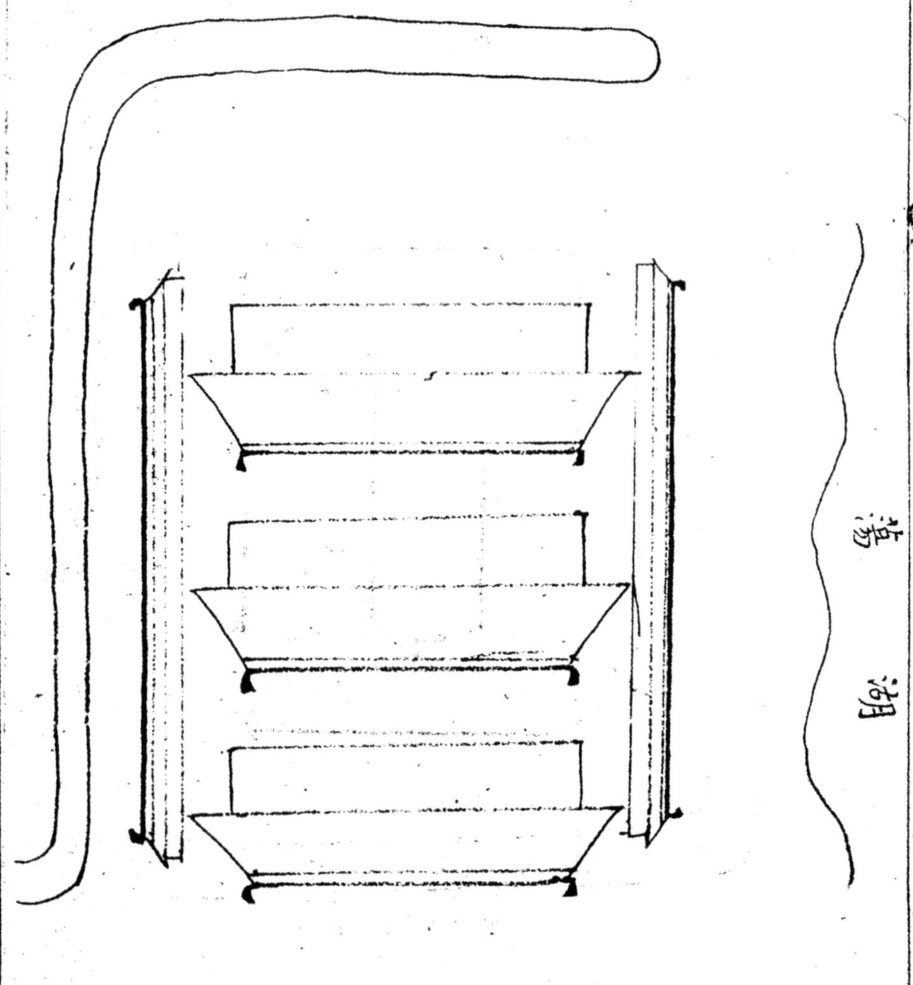

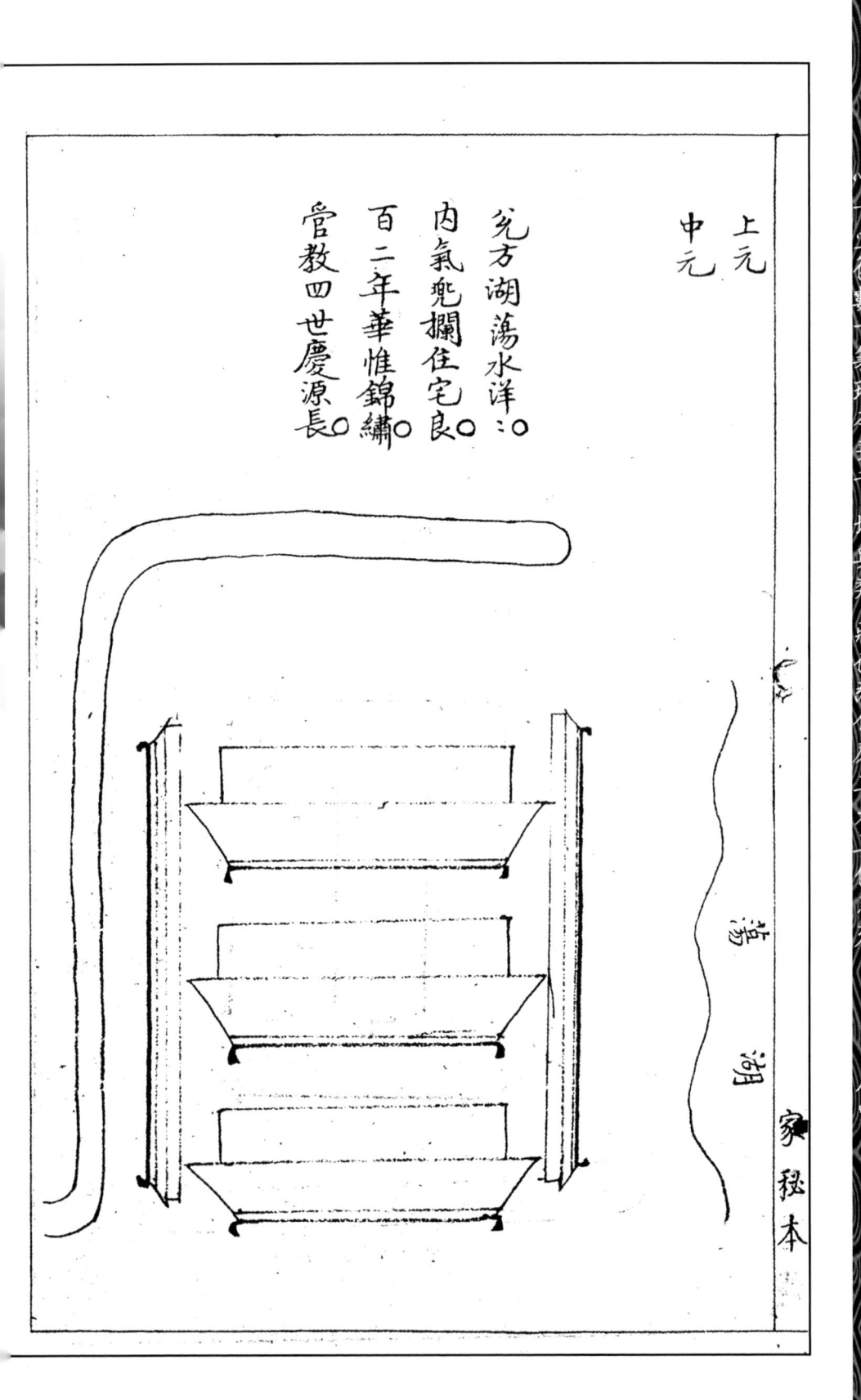

上元

中元

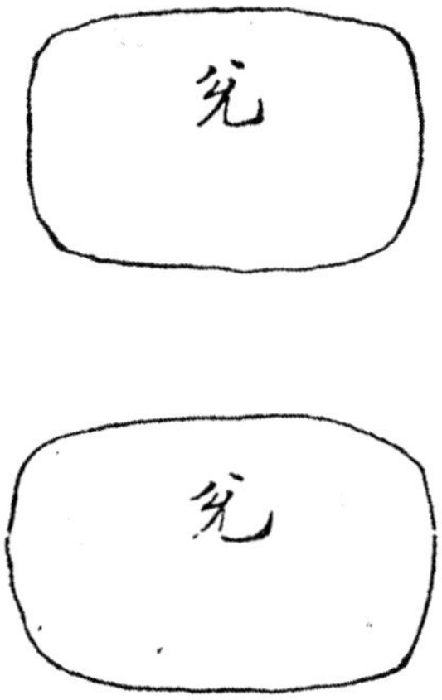

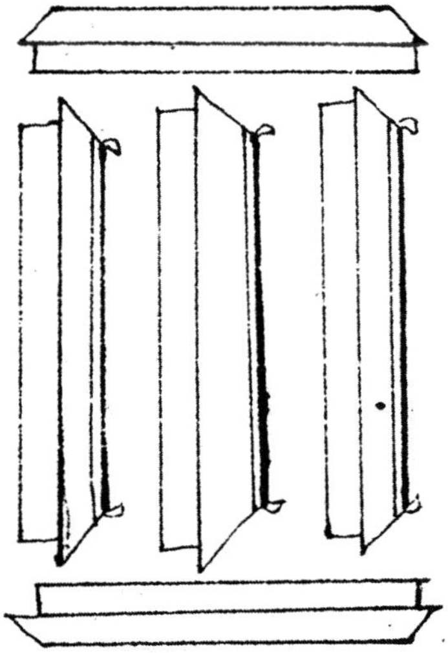

重蕩重湖兌卦邊○
隨方立宅蔭多年○
豐亨豫大誇家世○
直到三元七赤天○

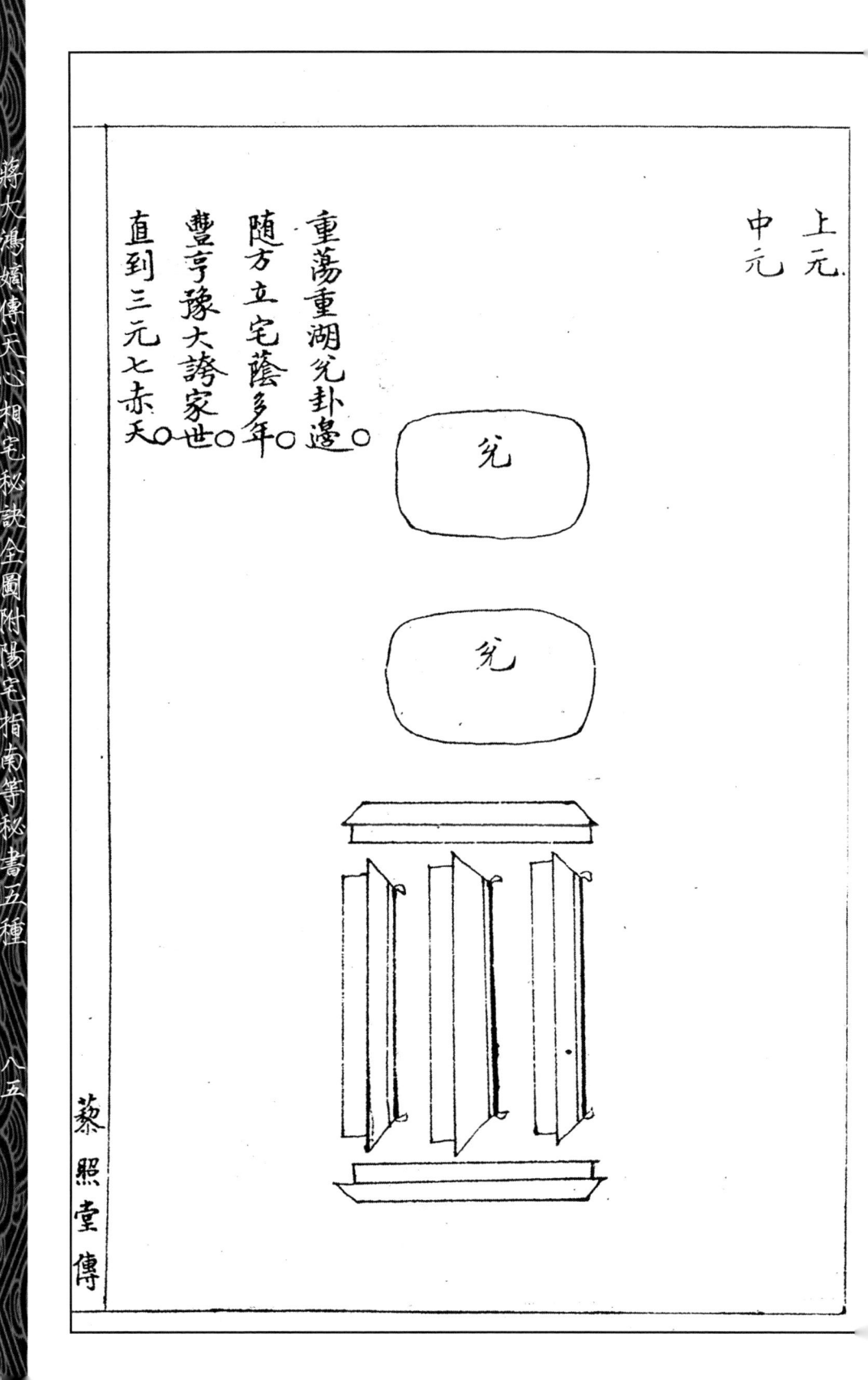

上元

中元

一條西水向東流○
小水攔當氣脉留○
端許上元還晝錦○
中元無咎福悠ミ○

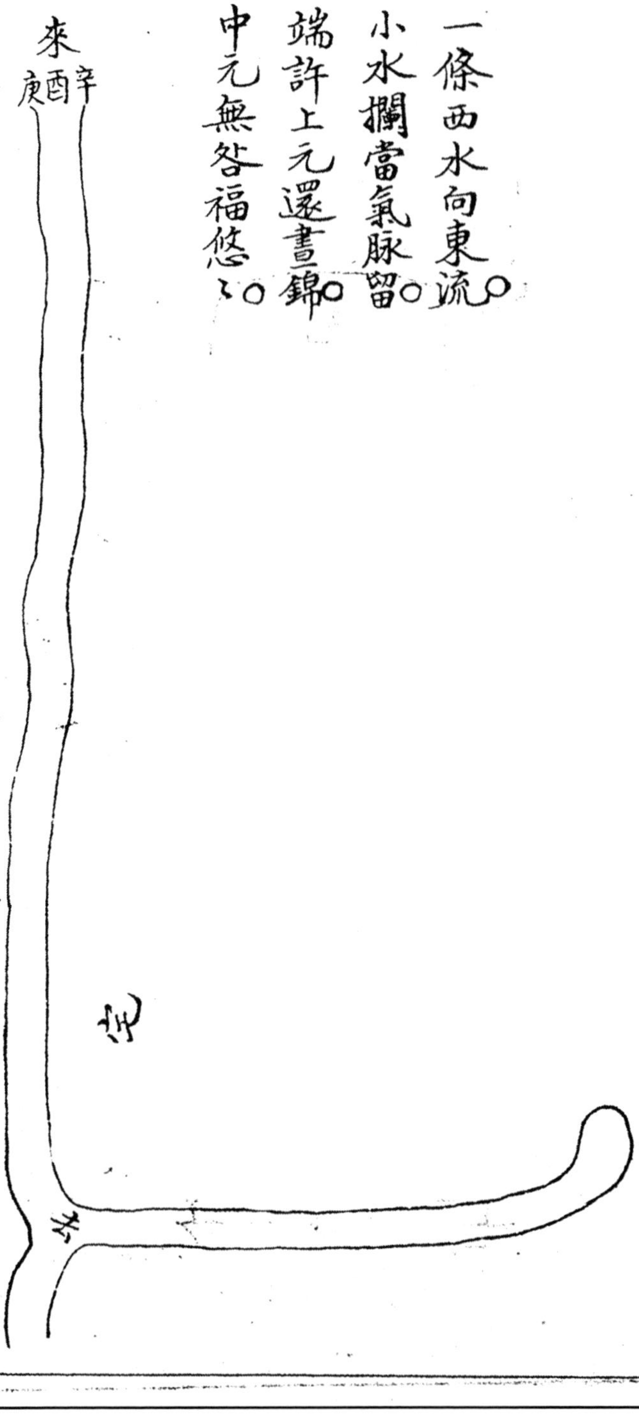

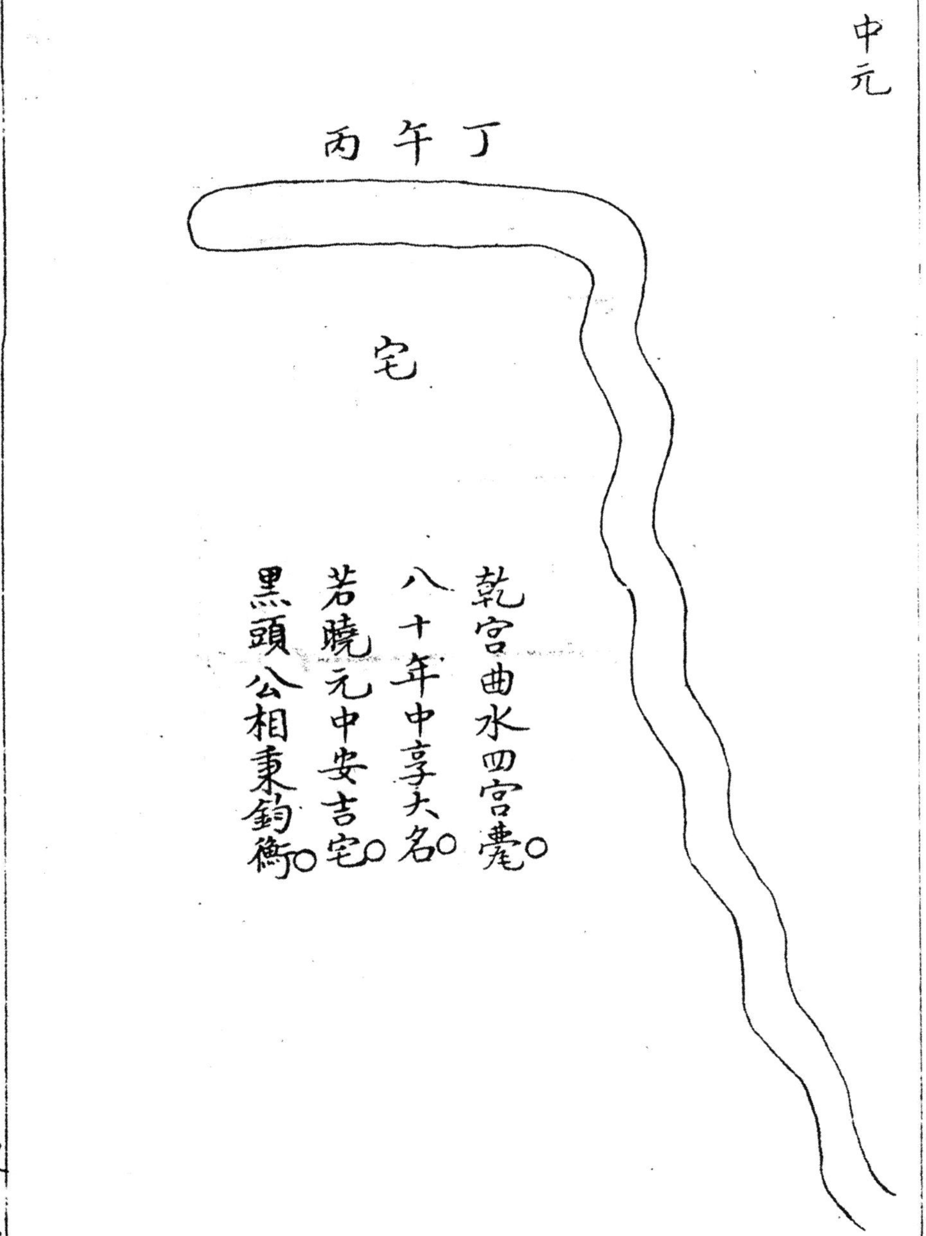
中元
丁午丙
宅
乾宮曲水四宮舋○
八十年中享大名○
若曉元中安吉宅○
黑頭公相秉鈞衡○

中元

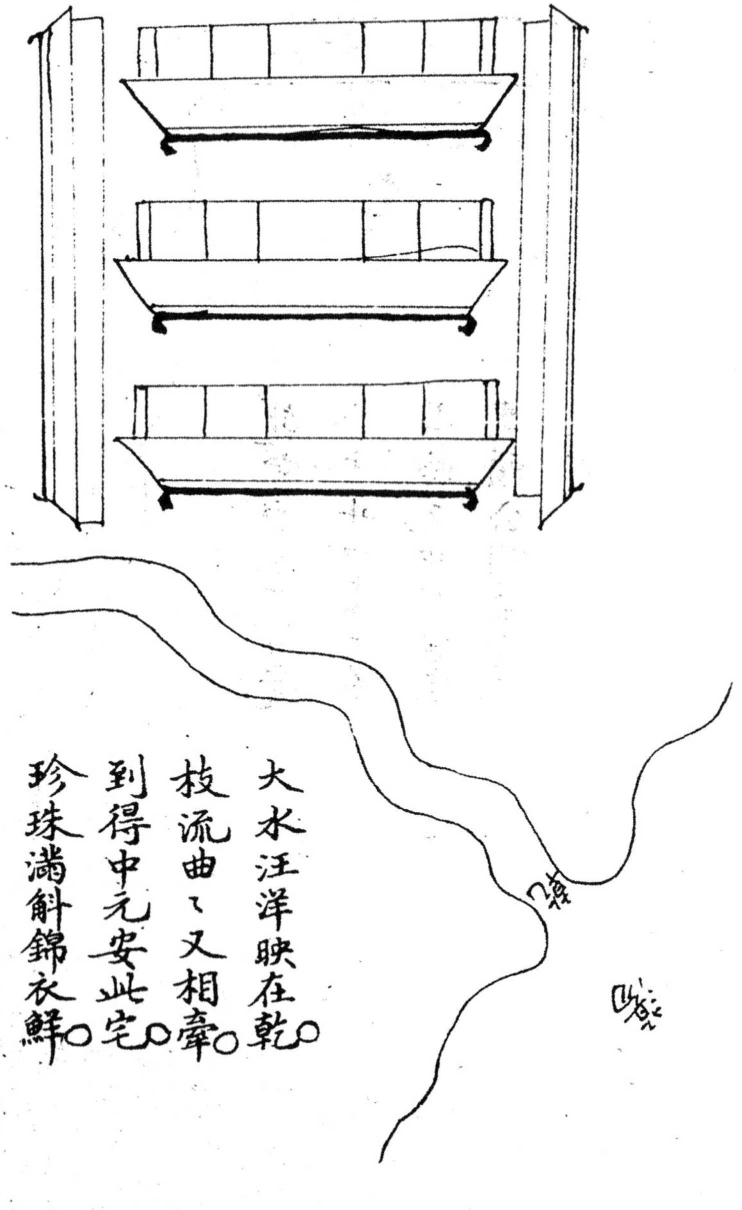

大水汪洋映在乾○
枝流曲〻又相牽○
到得中元安此宅○
珍珠滿斛錦衣鮮○

中元

巽宮曲〻見文星○
宅若迎之六白清○
此是中元花錦地○
少年鼎甲掌朝經○

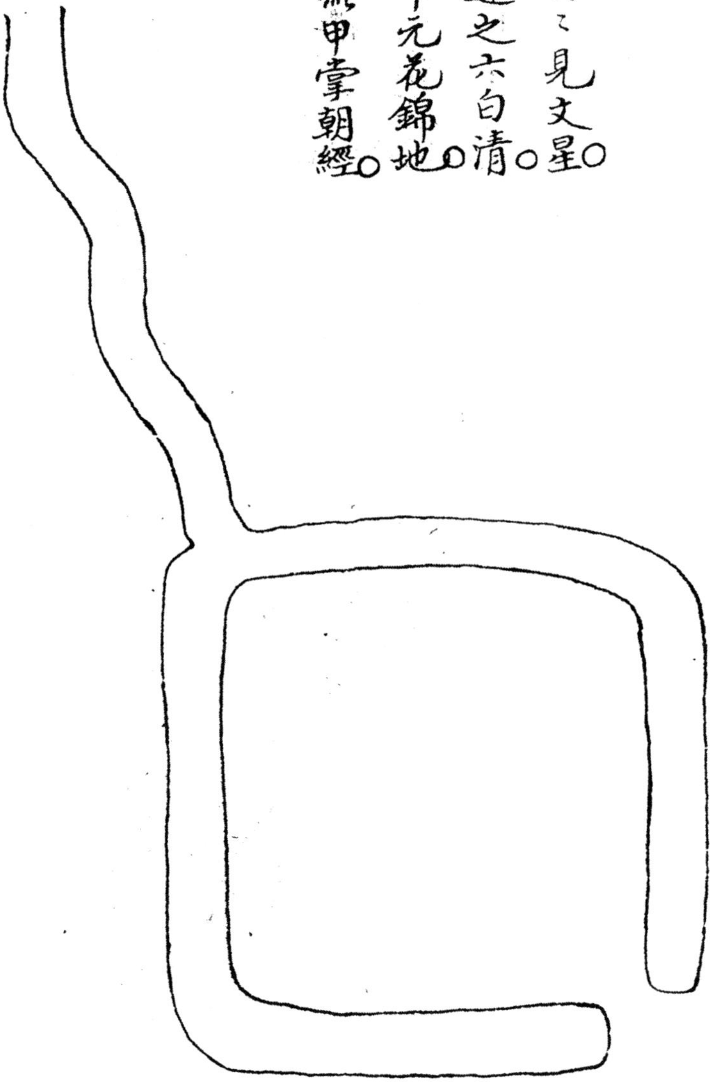

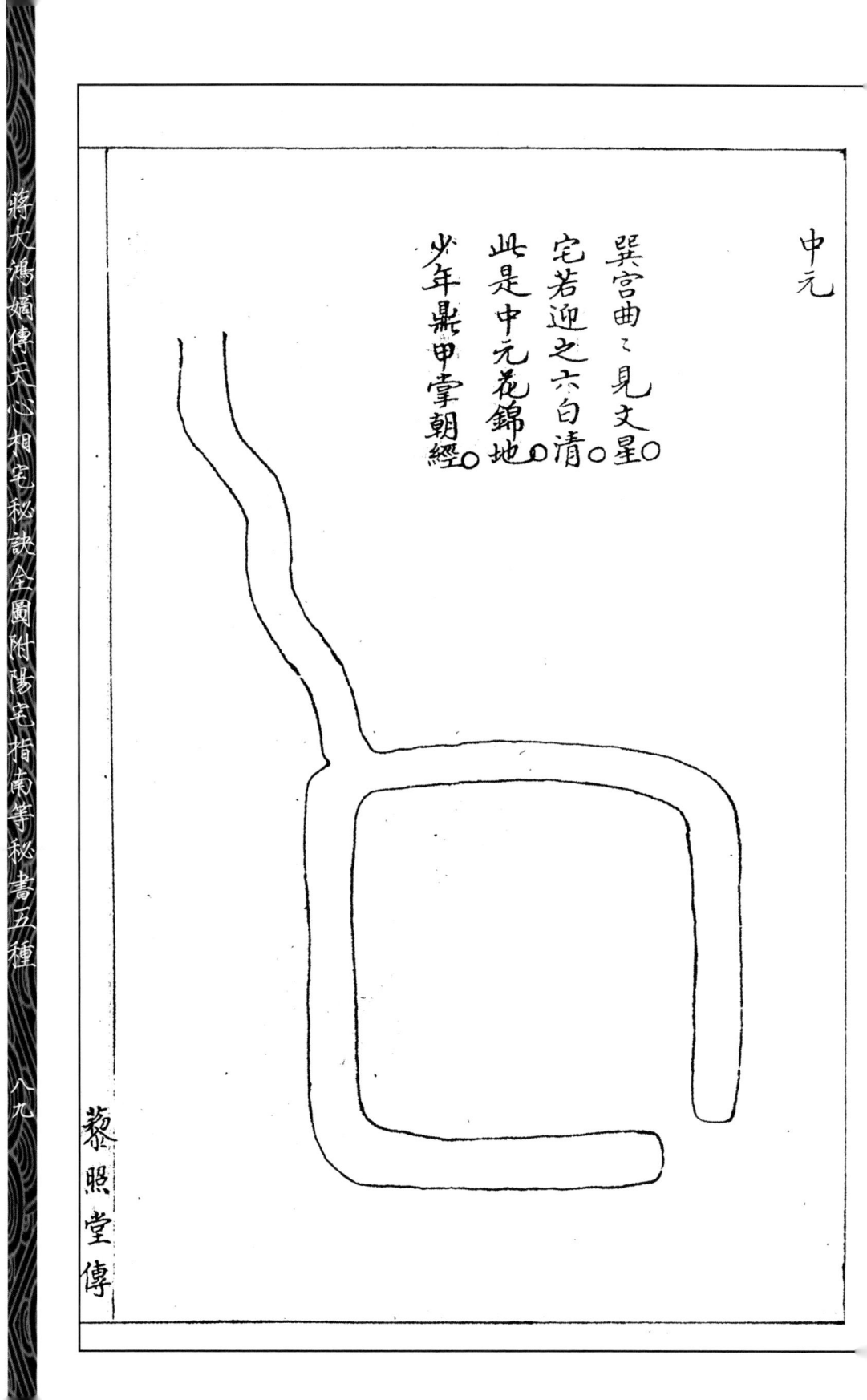

中元

一條巽水向乾流○
不怕通衢氣不收○
任是去来皆可宅○
中元卿相坐當頭○

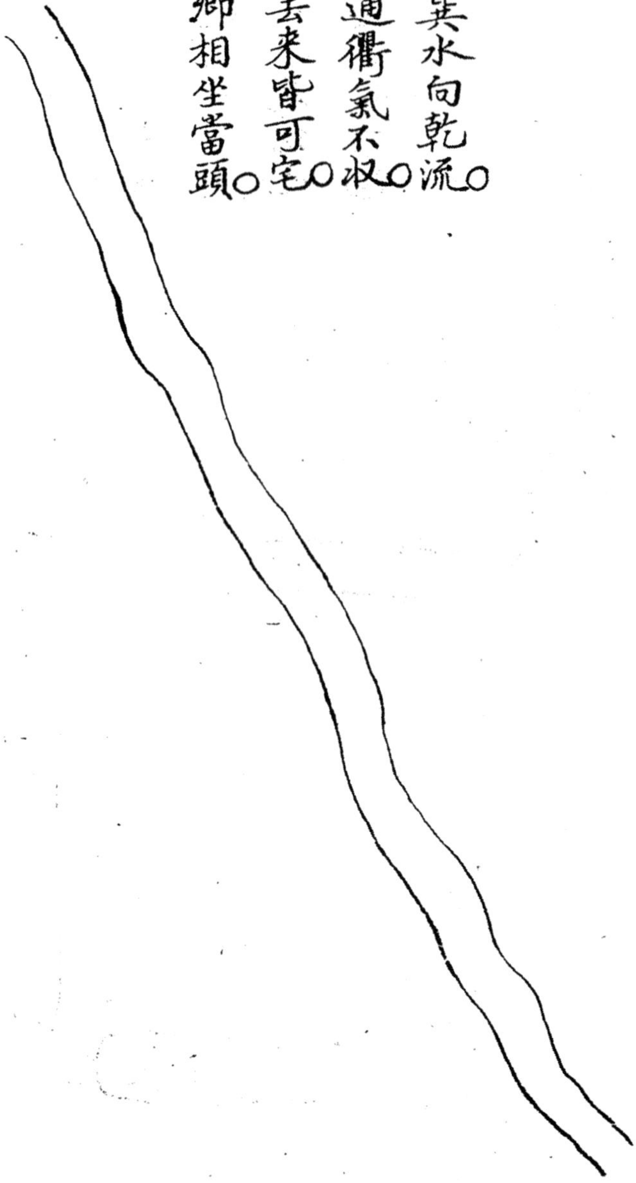

中元

五數中黃水四環○
若圍三面亦同看○
此形獨旺中元內○
也要通風走四乾○

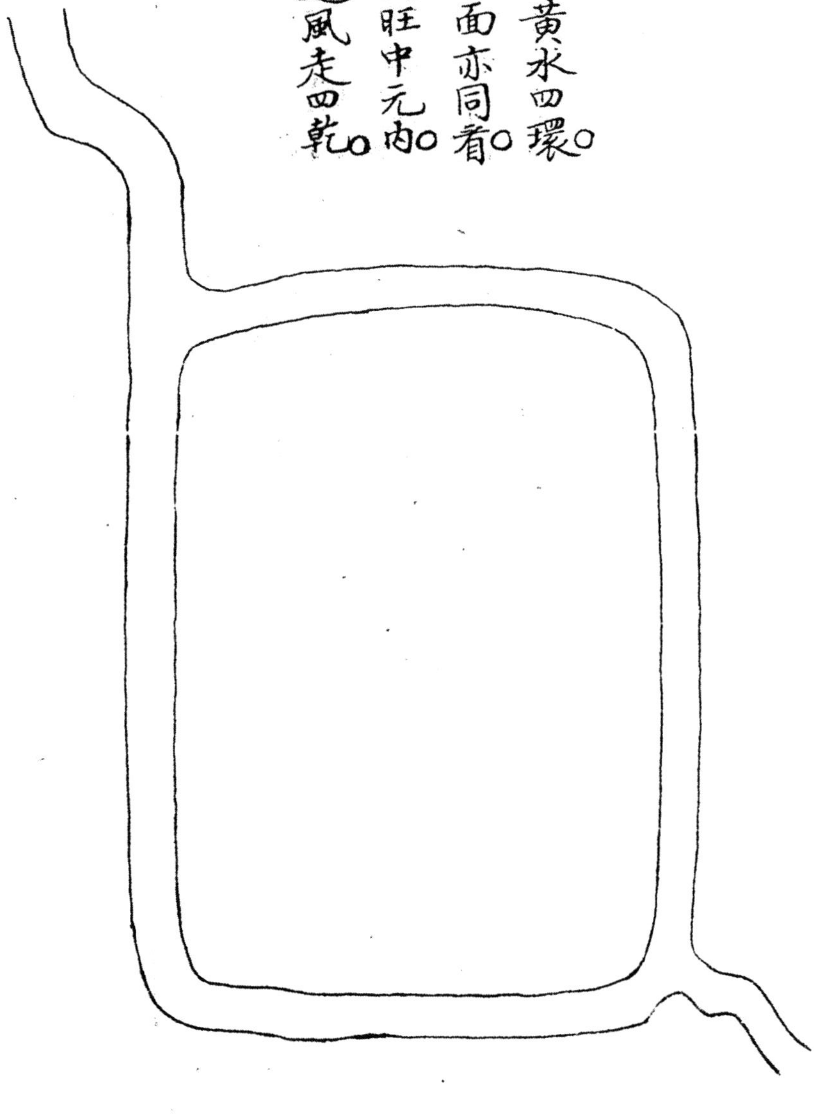

藜照堂傳

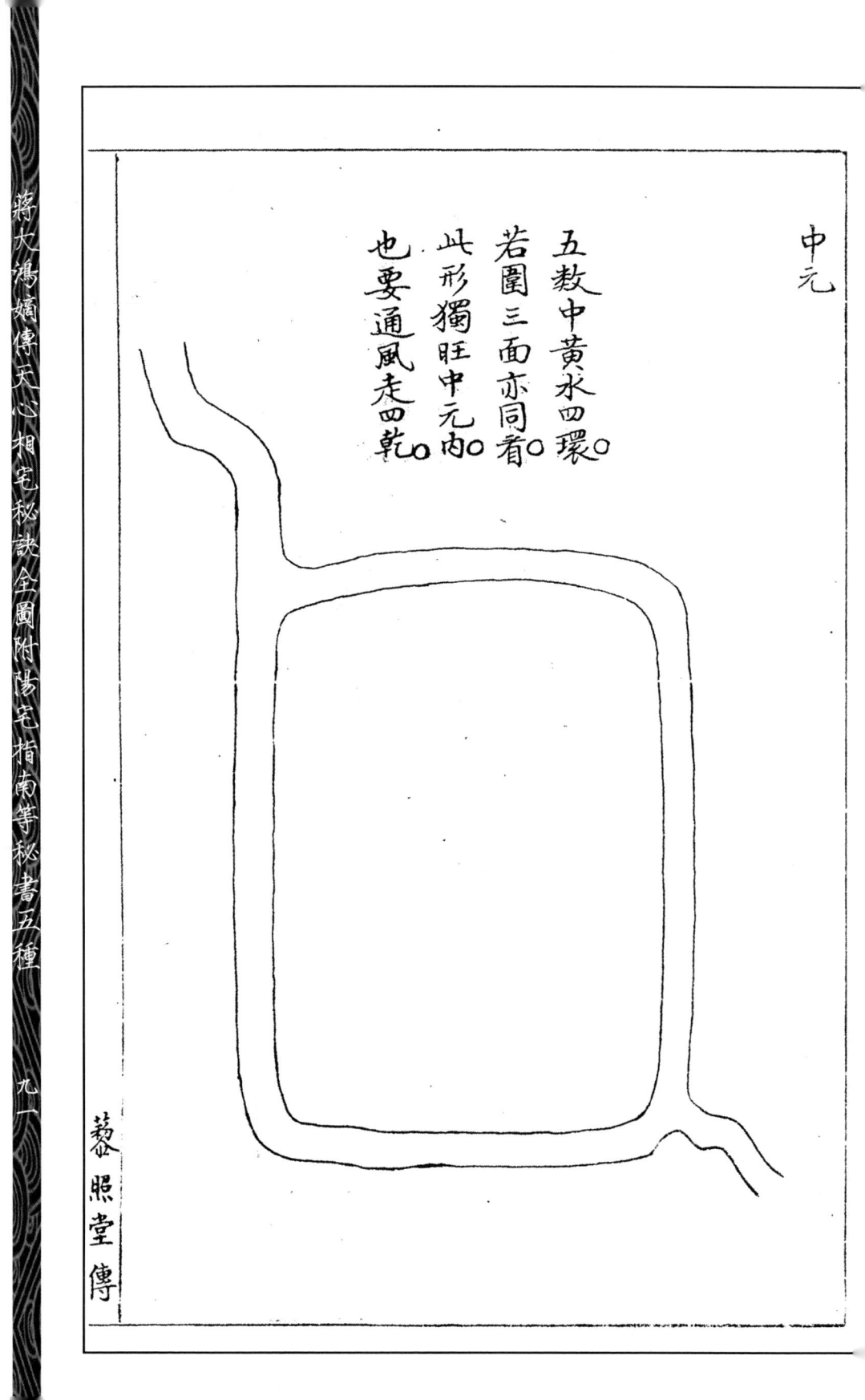

中元

汪洋巨浸四週圍○
中有浮牌土一堆○
亦是五黃真骨髓○
中元居此稱心懷○

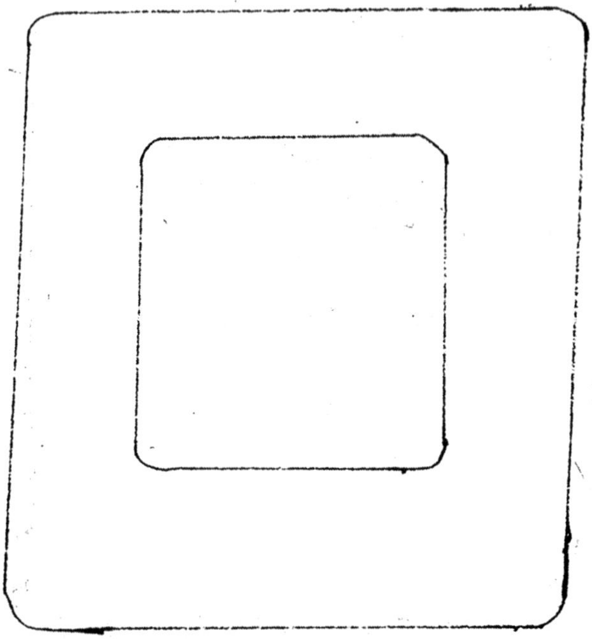

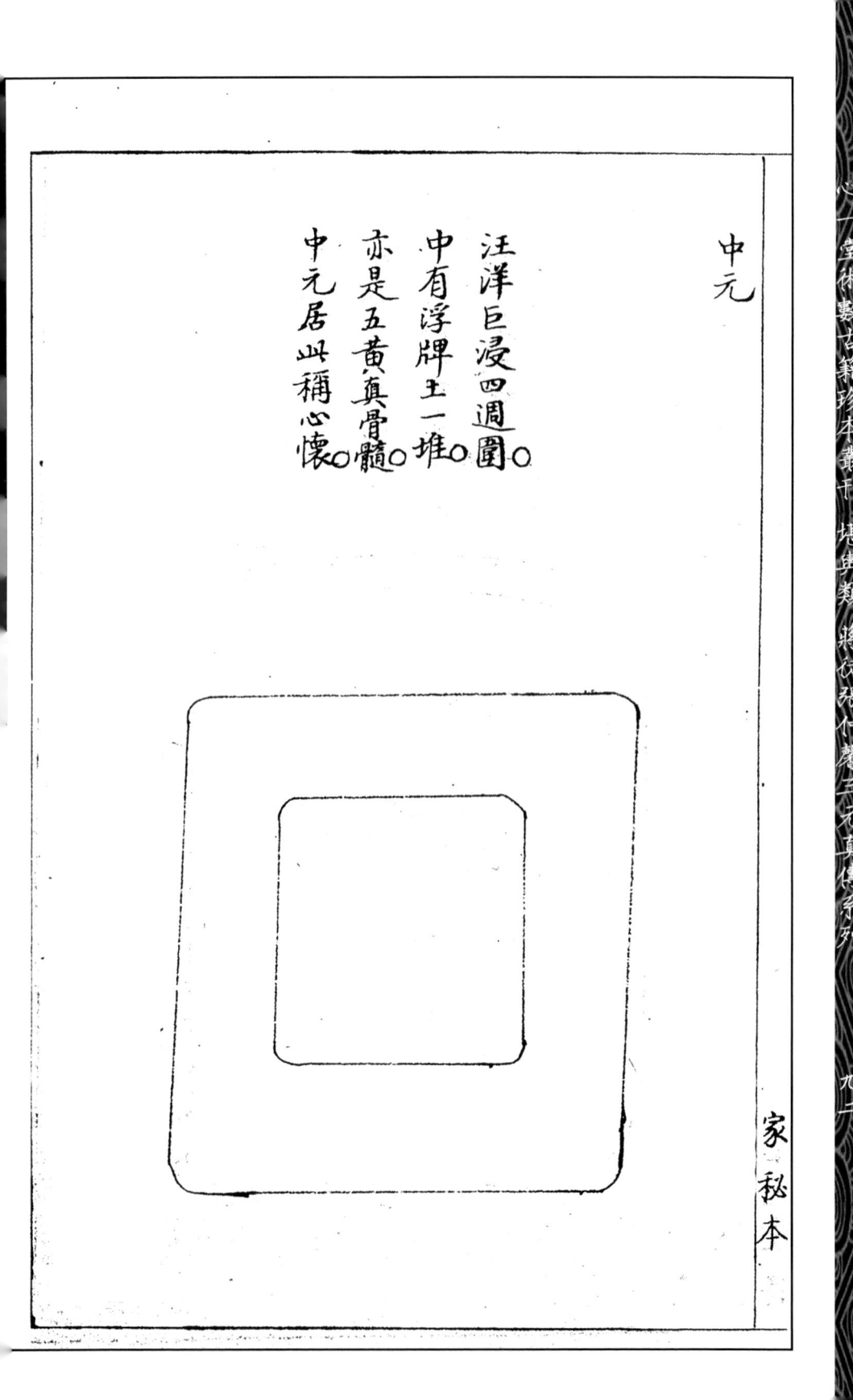

中元

大水茫茫乾巽方○
貼身遠照總相當○
中元宅此交乘旺○
富貴聲華不可量○

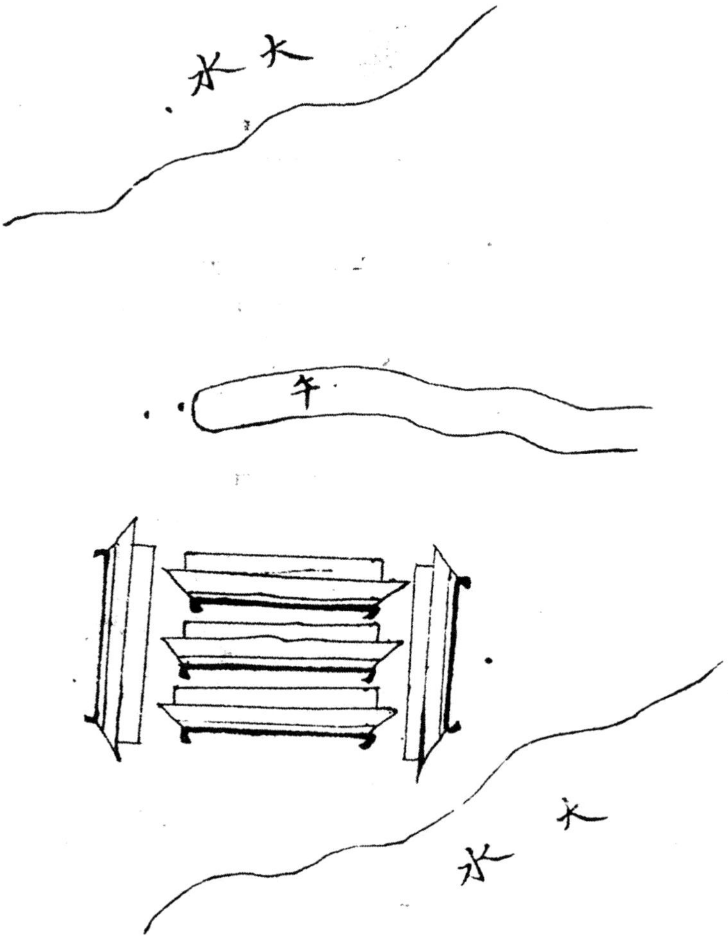

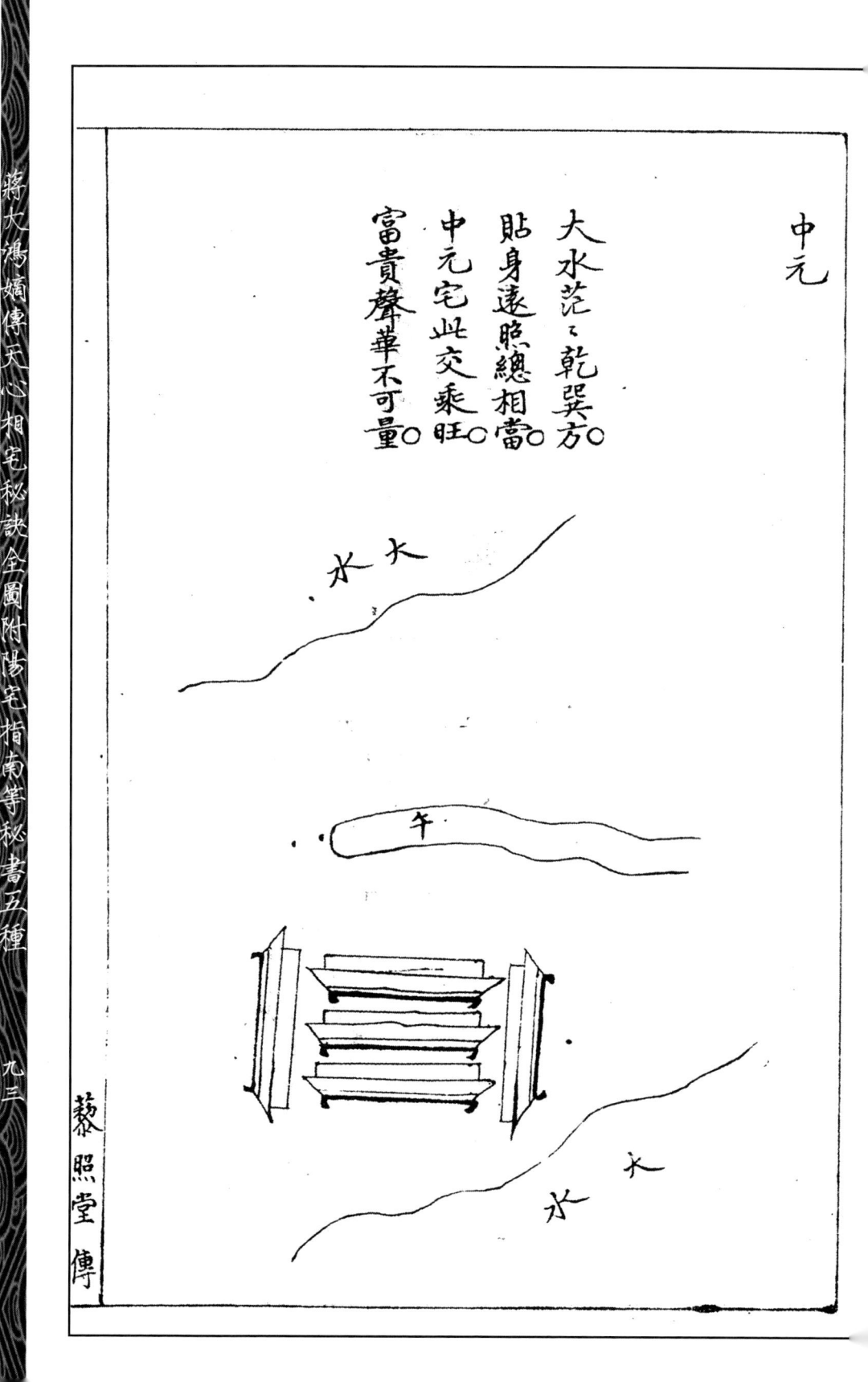

中元

四隅之宅有湖池○
或在宅前或背之○
俱合中元真旺氣○
朝歌暮舞樂清時○

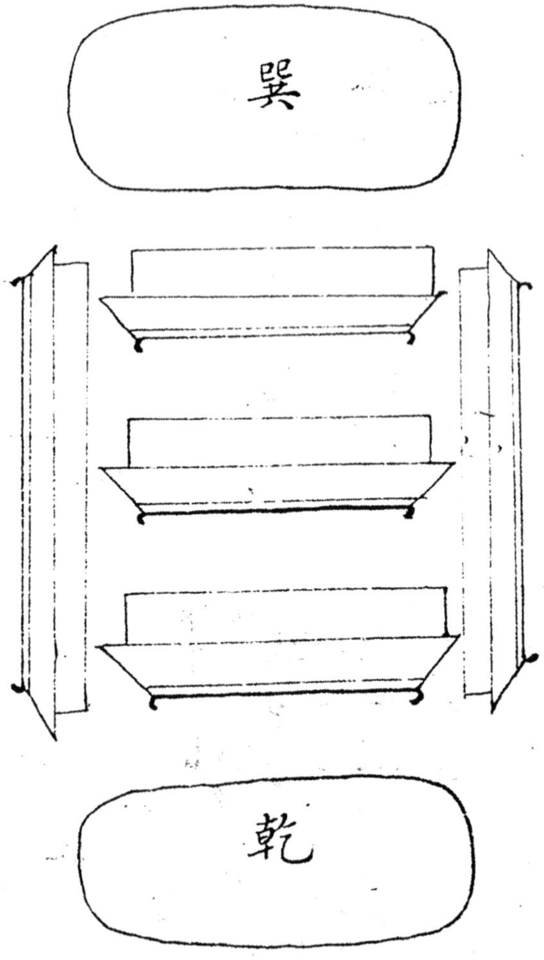

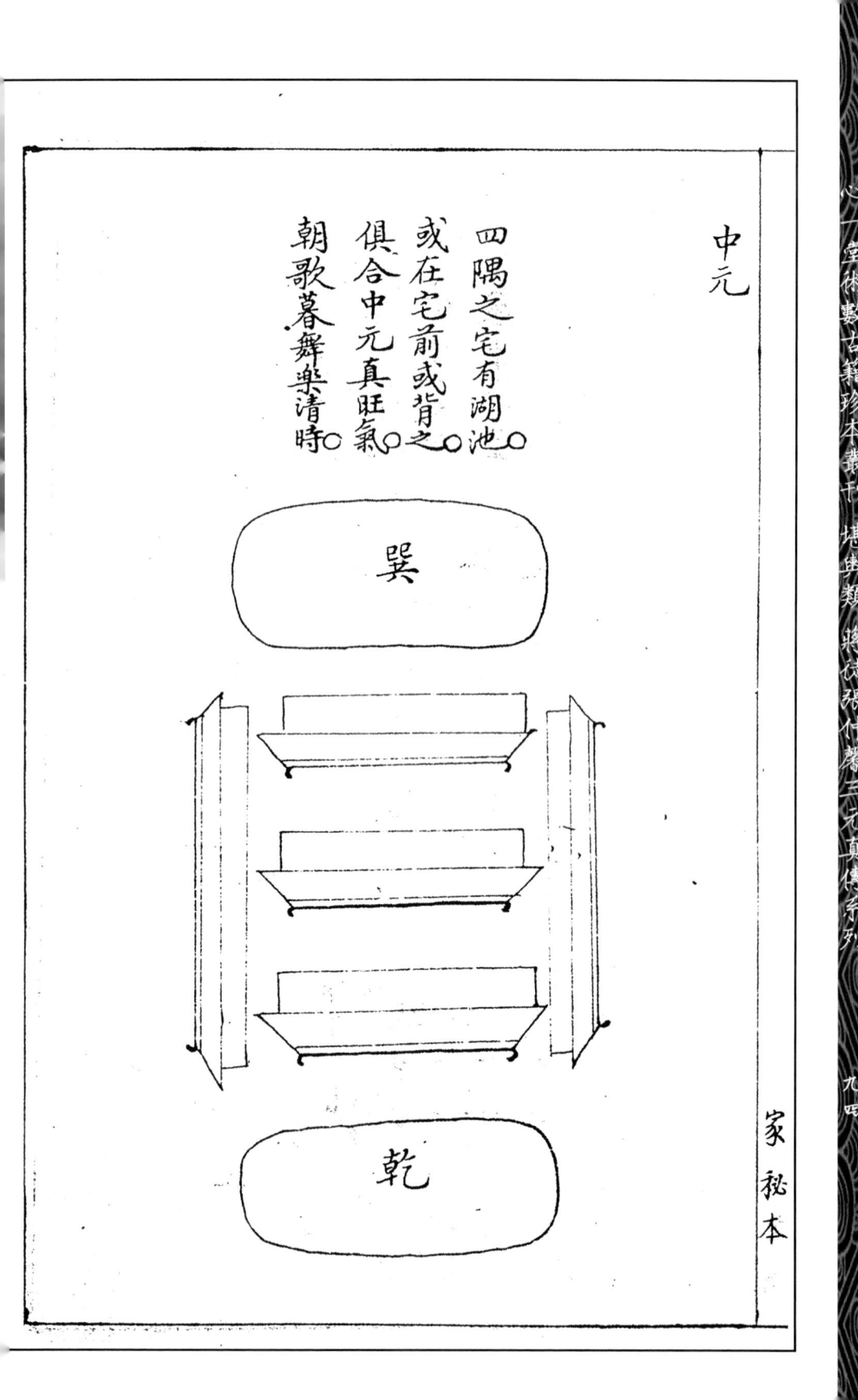

下元

震水枝流曲尺來。
源頭盡脉宅堪裁。
下元七赤龍居首。
一發驚人響似雷。

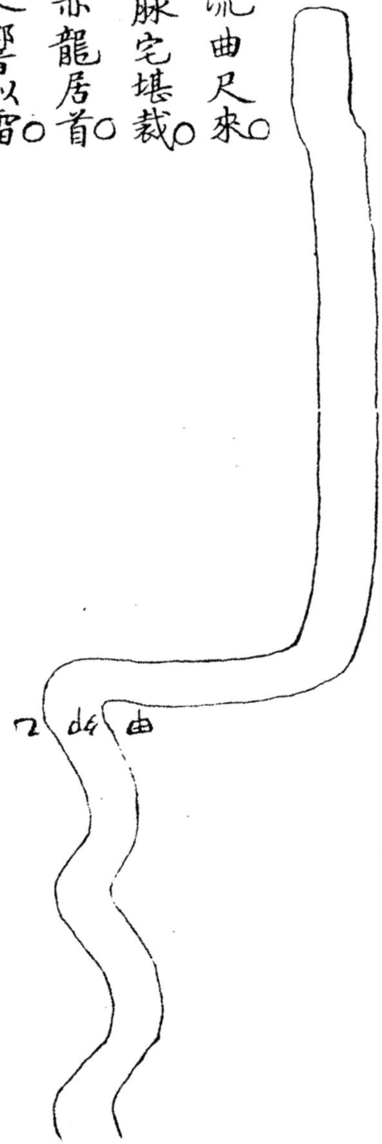

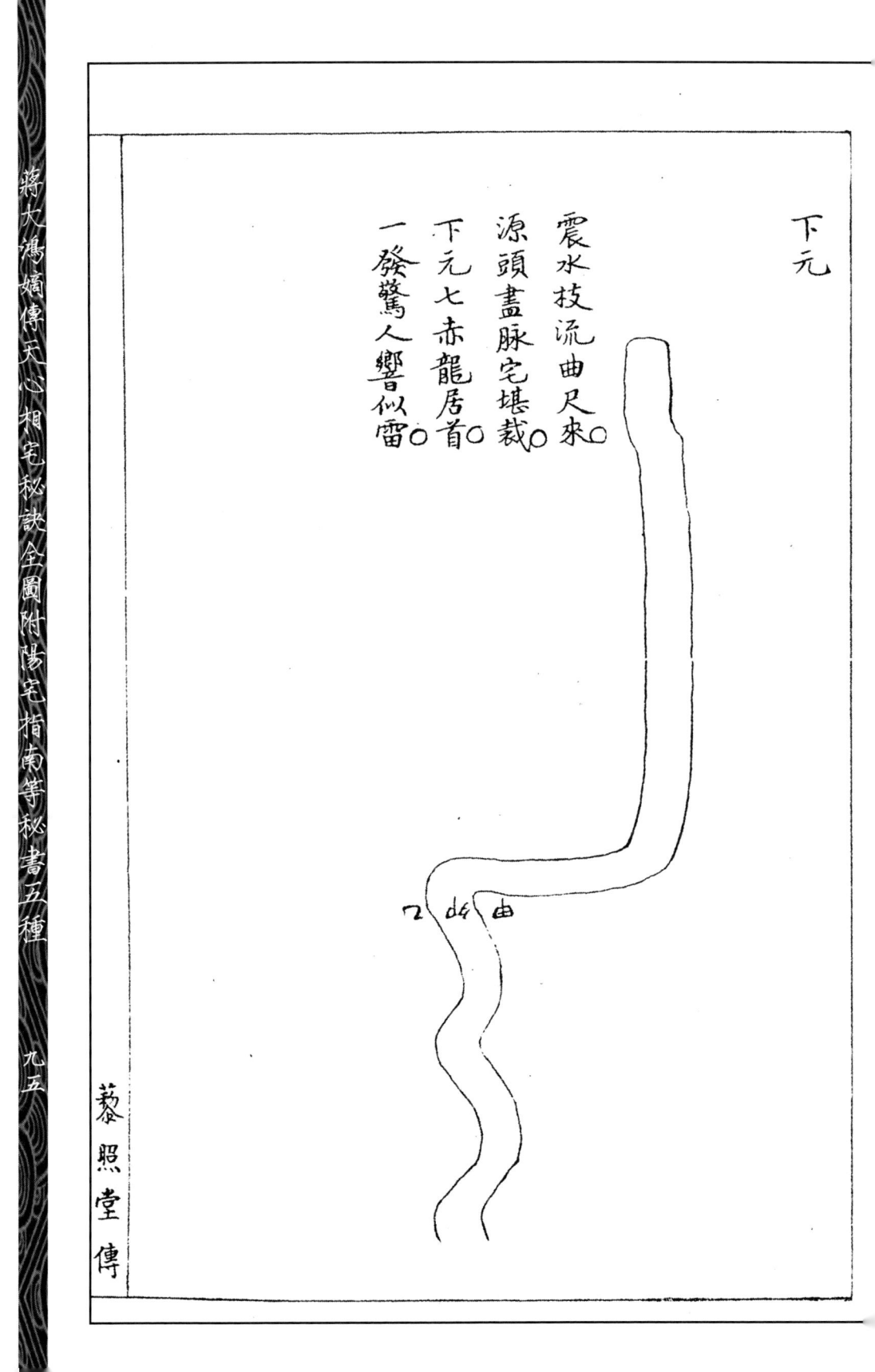

下元

震宮大水似滔天○
一滴元辰引宅邊○
此宅下元稱第一○
家如金谷位高遷○

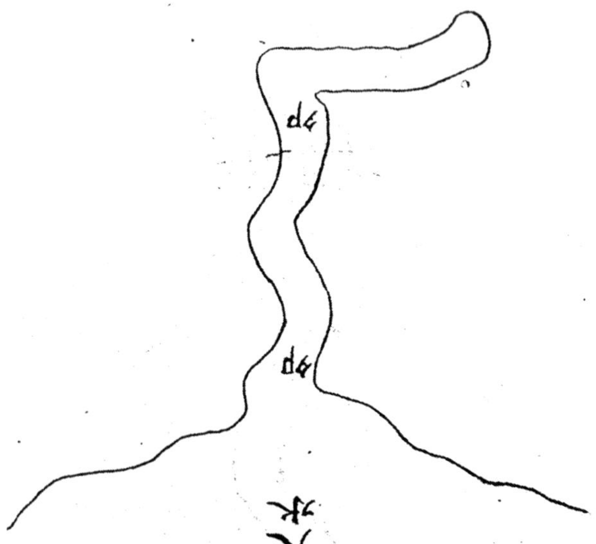

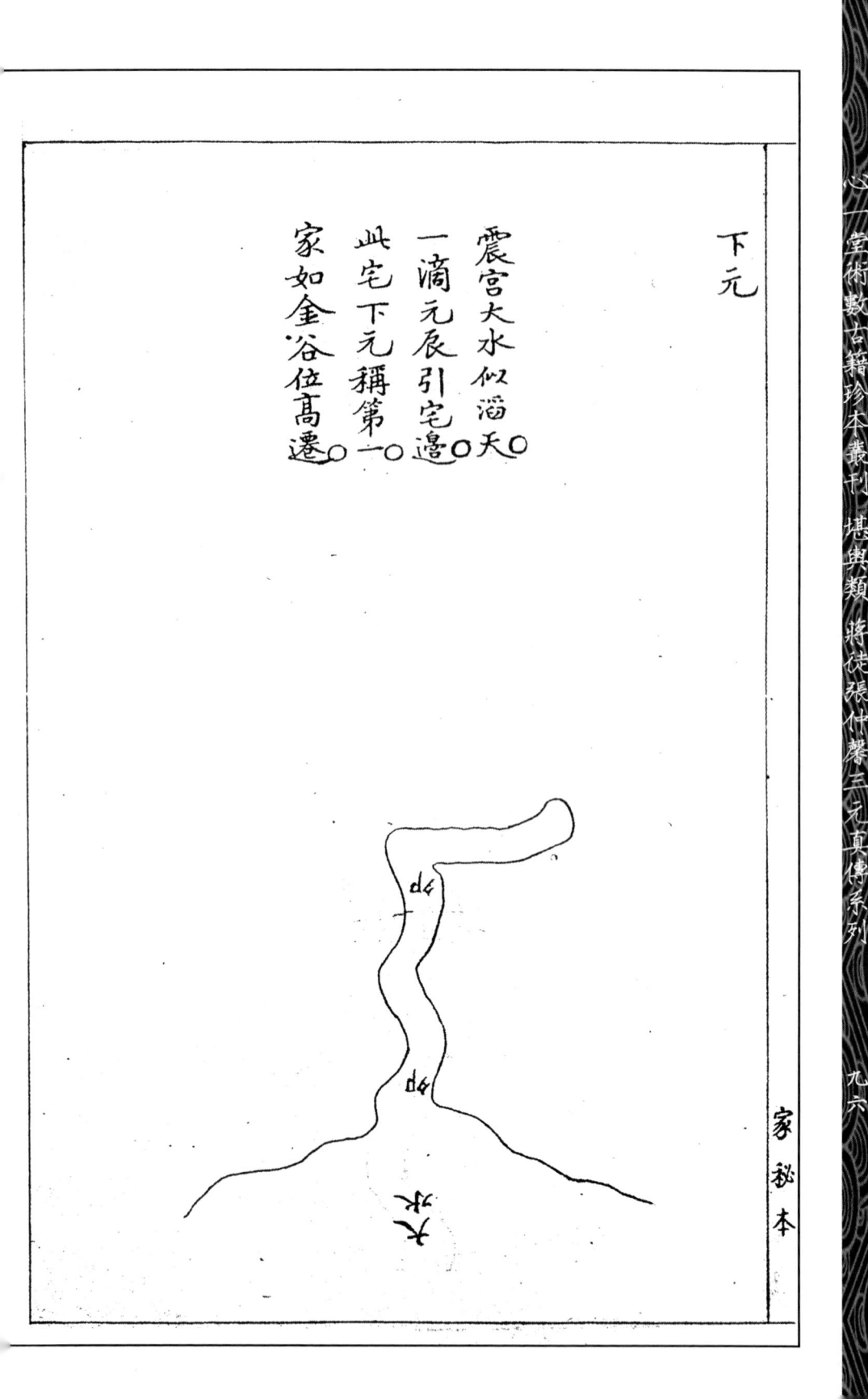

下元

左畔池湖在正東。
隨方立宅下元龍。
芝蘭滿砌倉箱實。
也有芳名達帝聰。

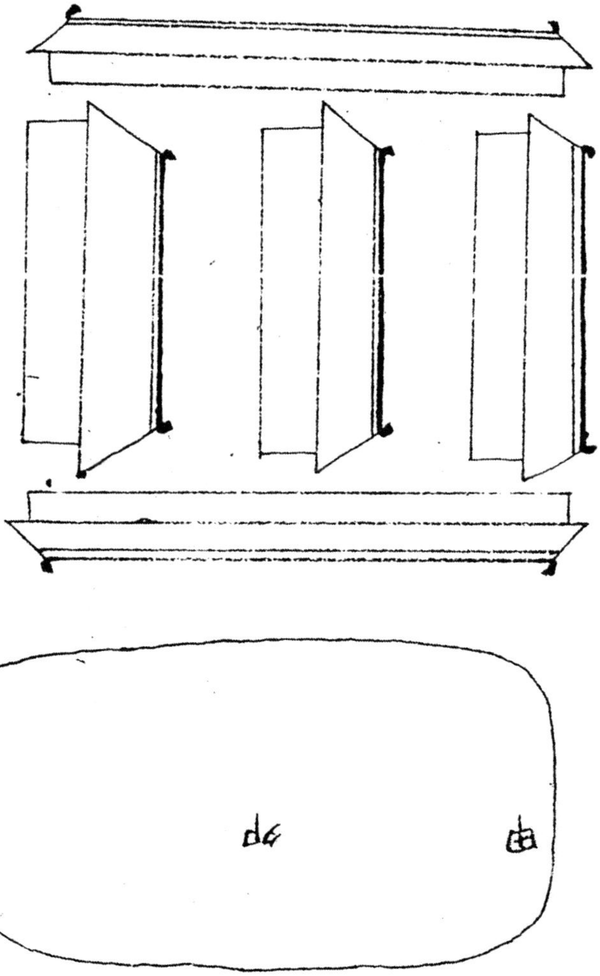

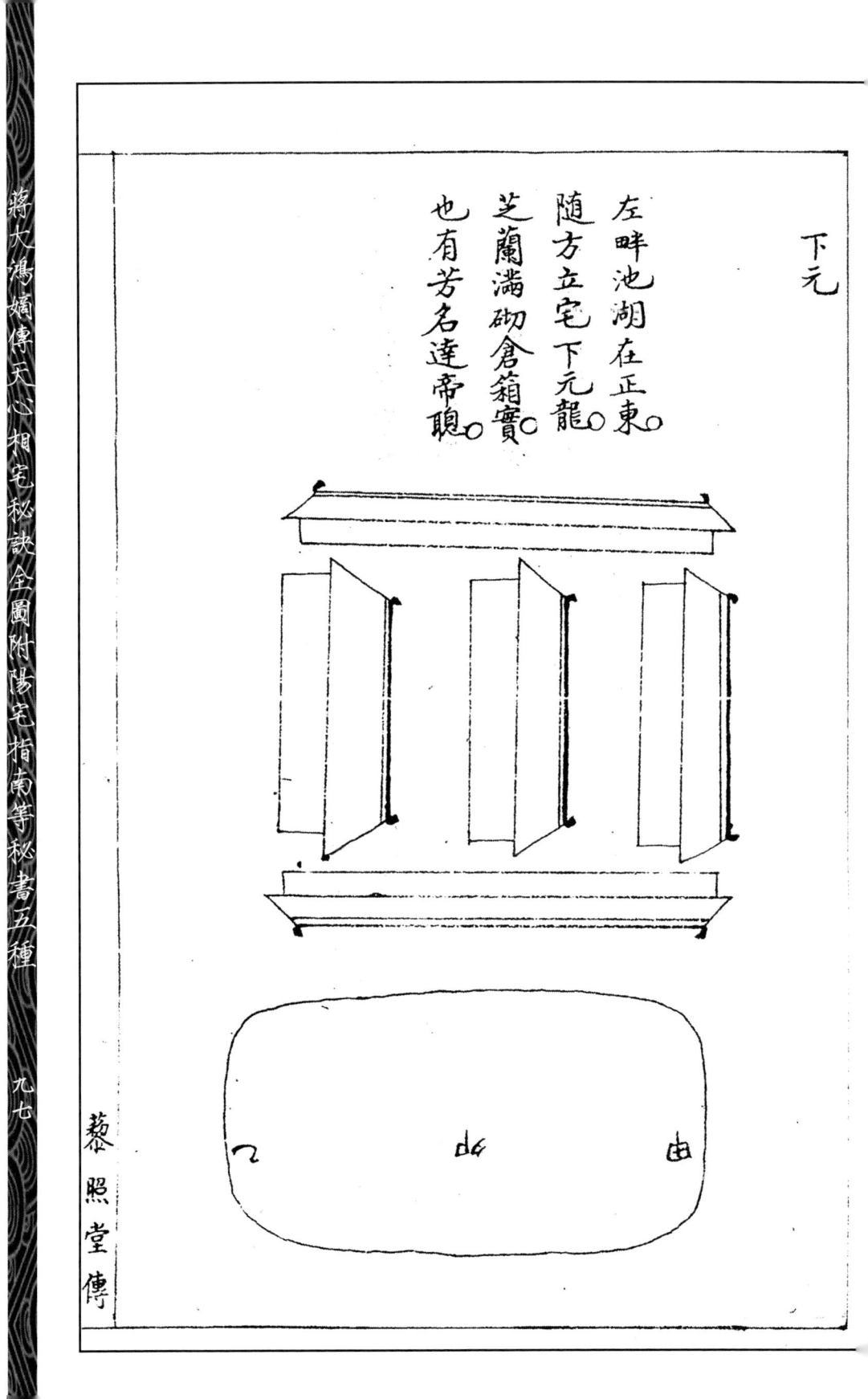

下元

滔滔逆水向西流○
有界方知艮氣收○
七赤元中乘旺運○
獨專權柄坐軍州○

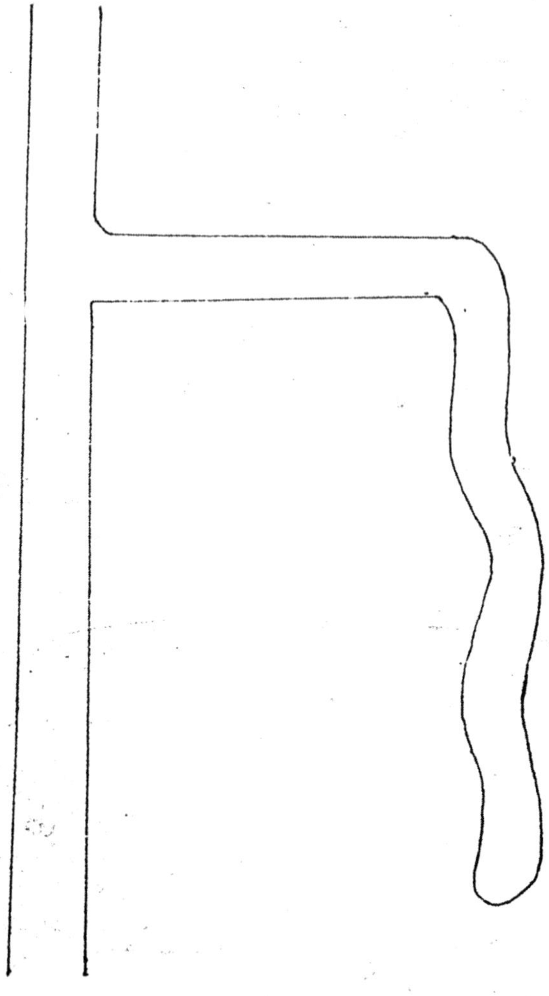

家秘本

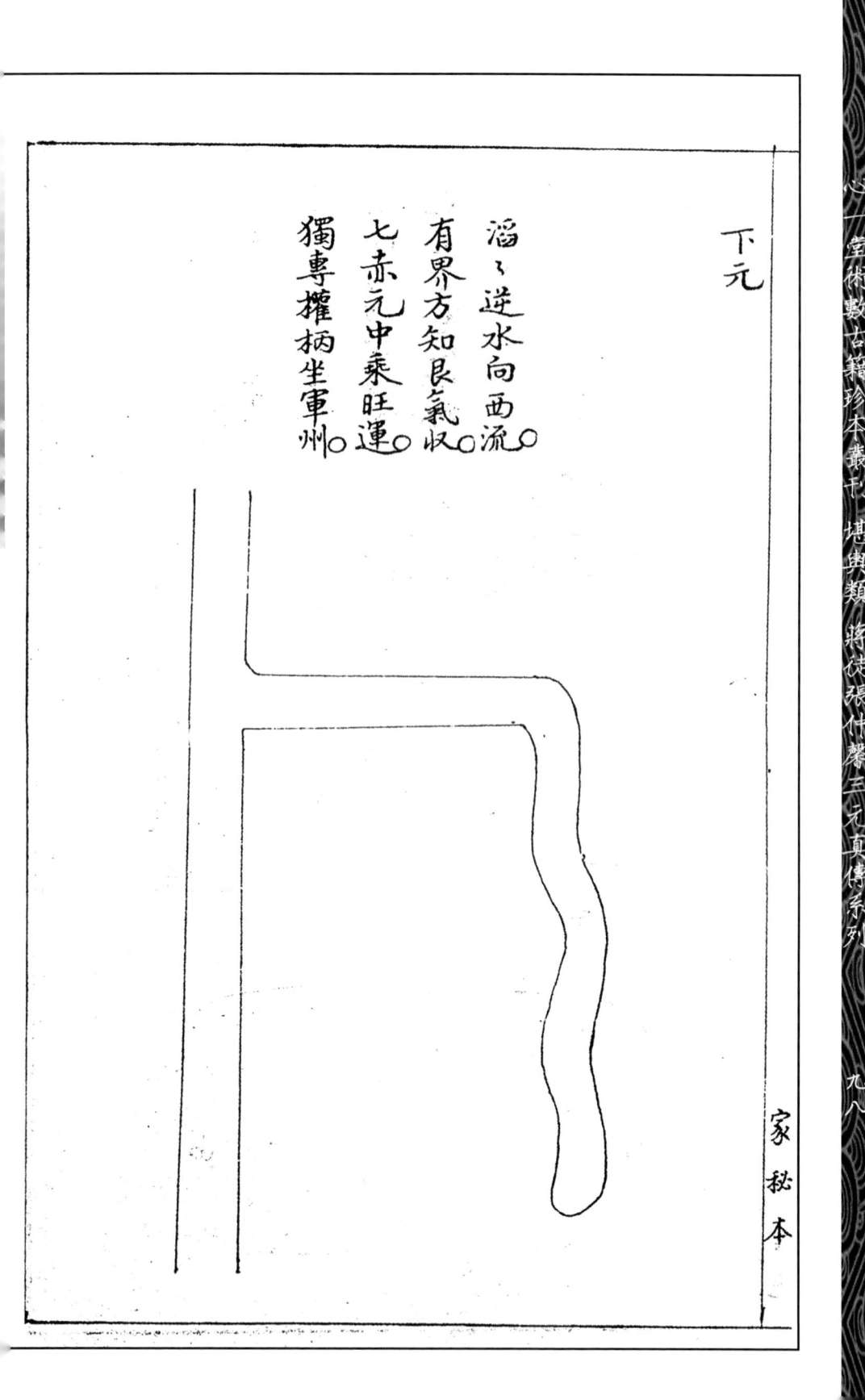

下元

水来坤卦入明堂○
窮寵多情艮脉藏○
八白元中龍變化○
風雲際會頌明良○

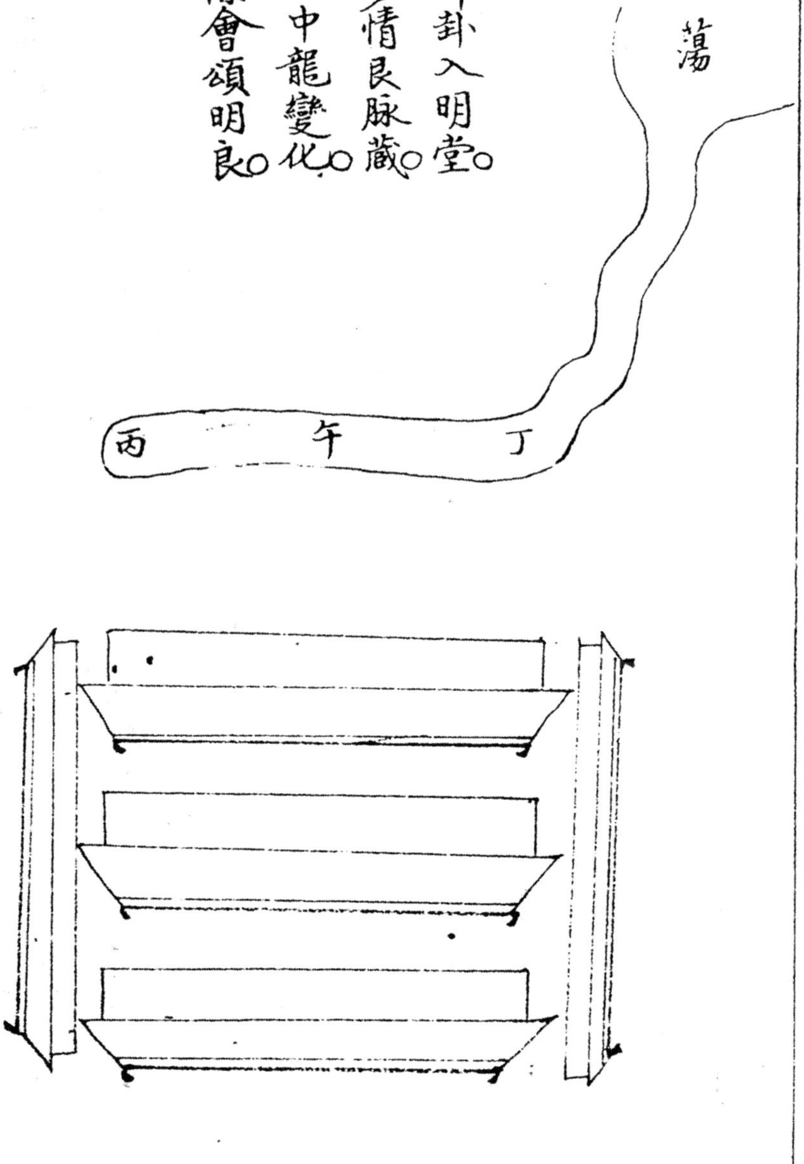

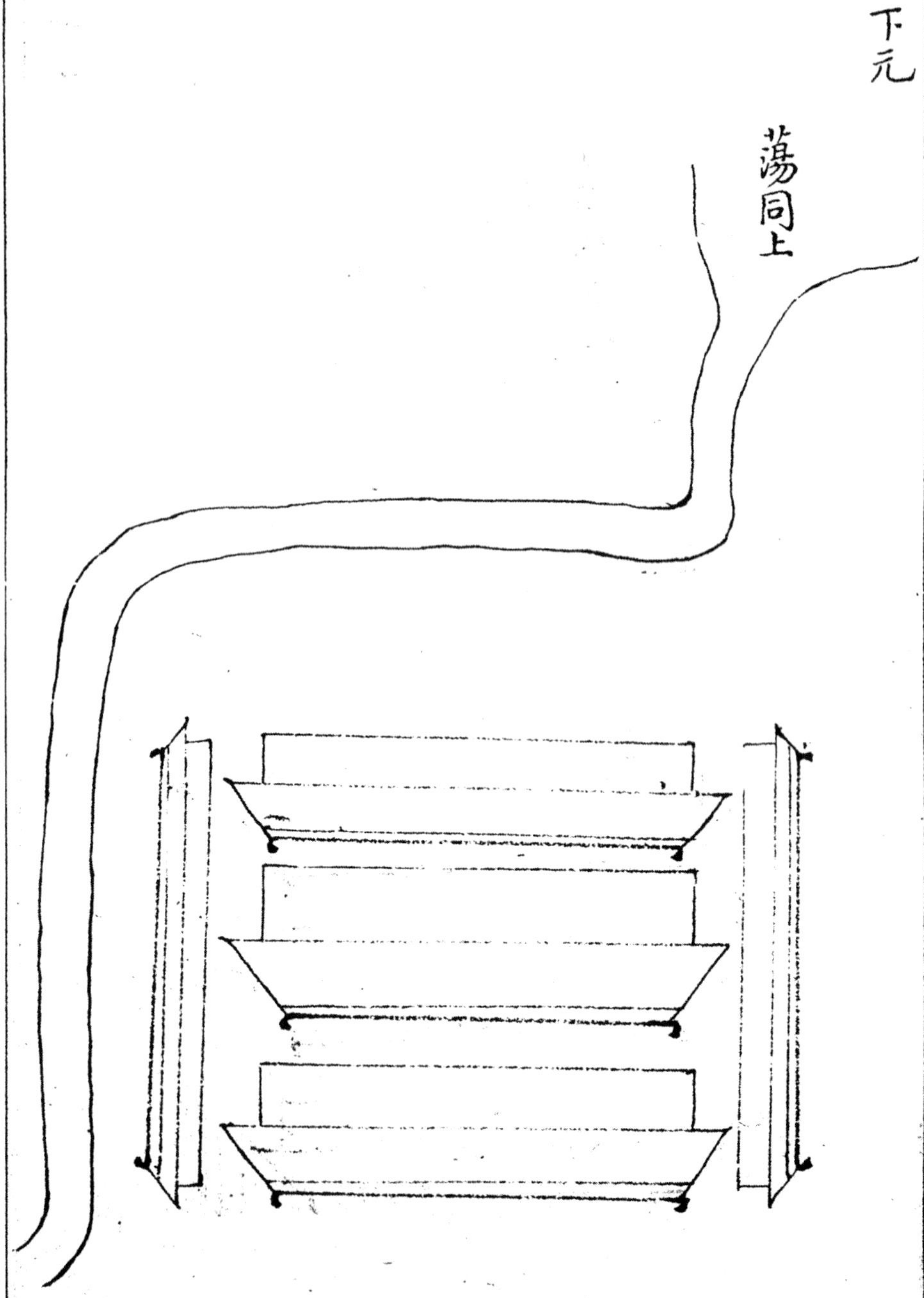

家秘本

下元

坤水滔滔入艮流。宅邊繞抱喜回頭。縱然不見交流抱。也許高門擁上投。

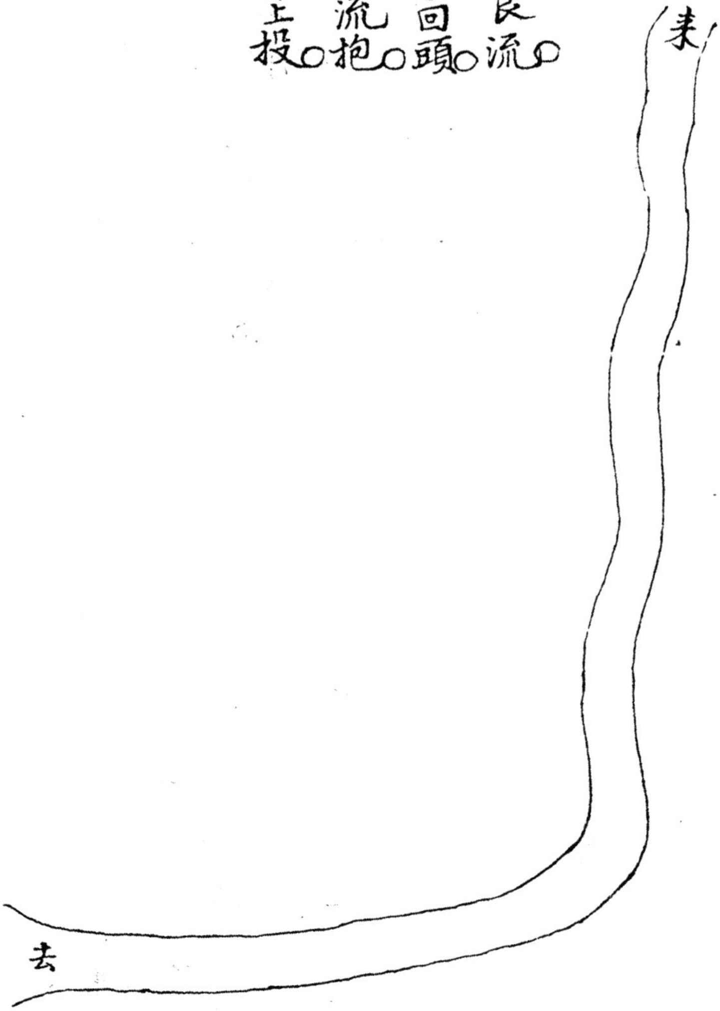

藜照堂傳

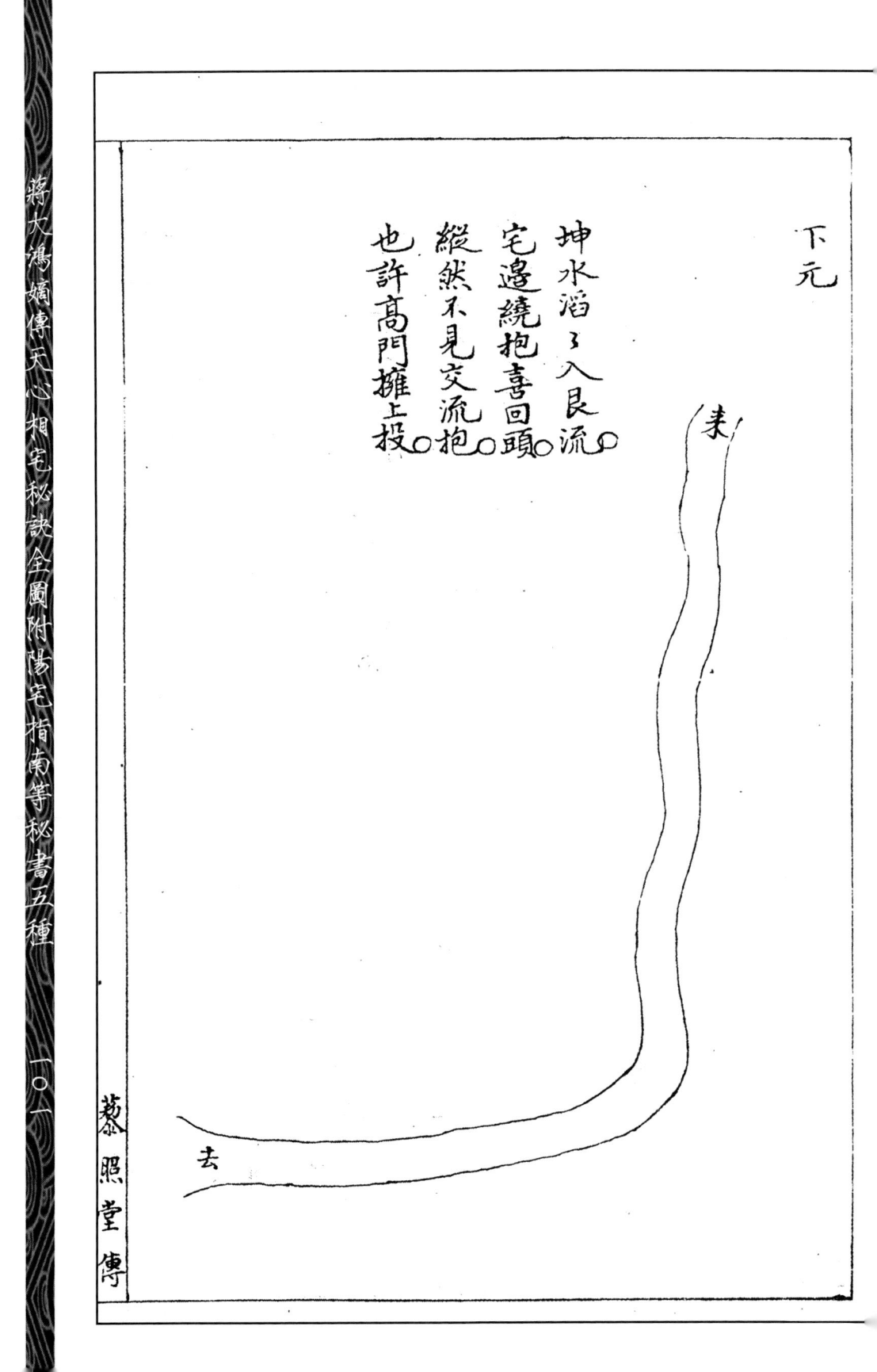

下元

四隅之地蕩居前○向水安居艮脉全○喜得下元居此宅○丁財兩盛職高遷○

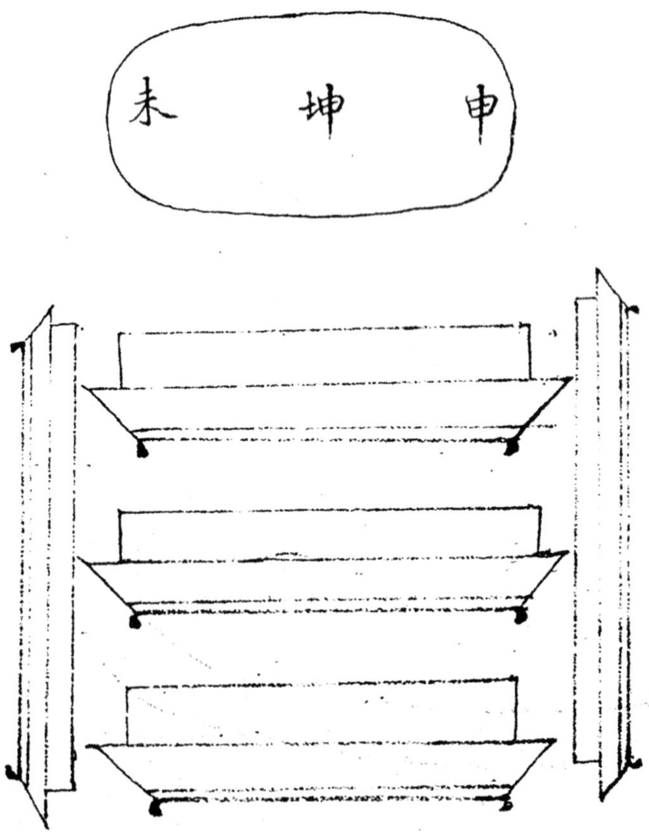

家秘本

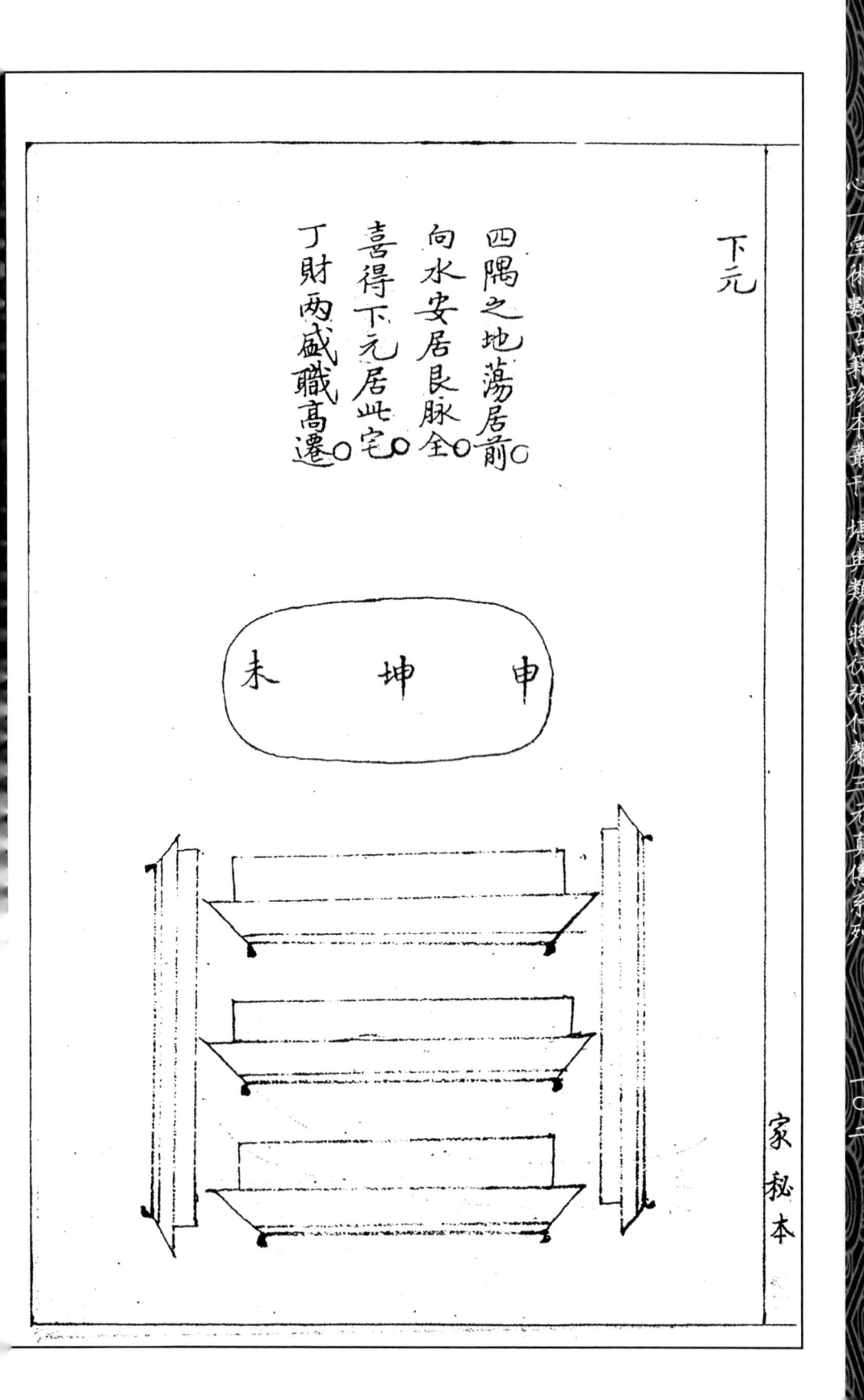

下元

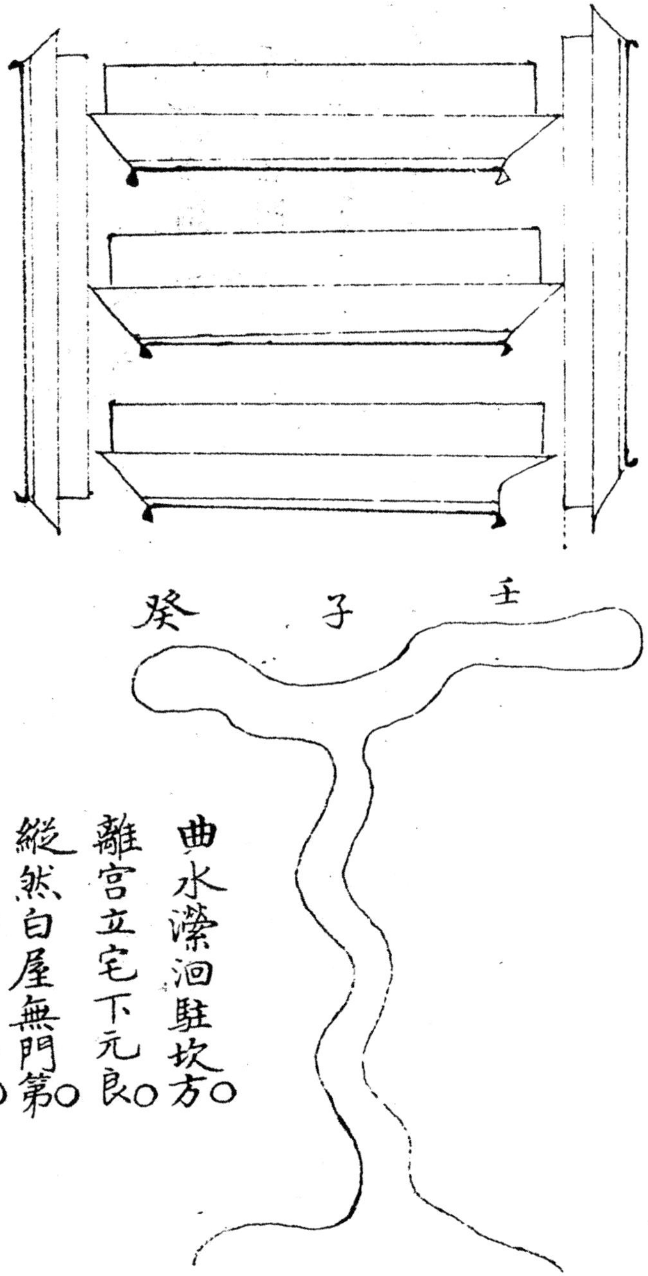

曲水縈洄駐坎方○
離宮立宅下元良○
縱然白屋無門第○
一旦聲名四海揚○

下元

坎上湖光似雪翻。更兼曲水抱其門。此宅下元多顯貴。自開阡陌廣田園。

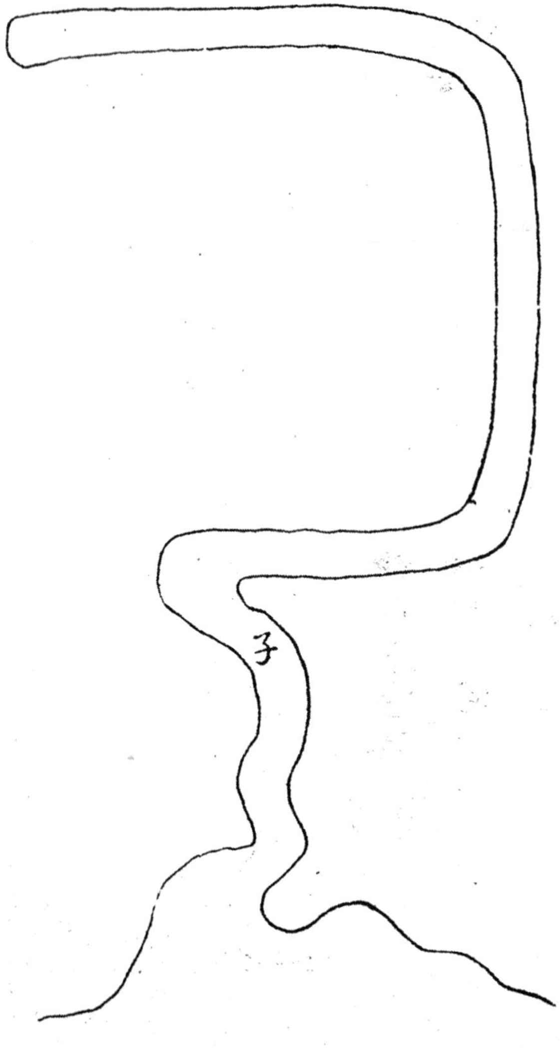

家秘本

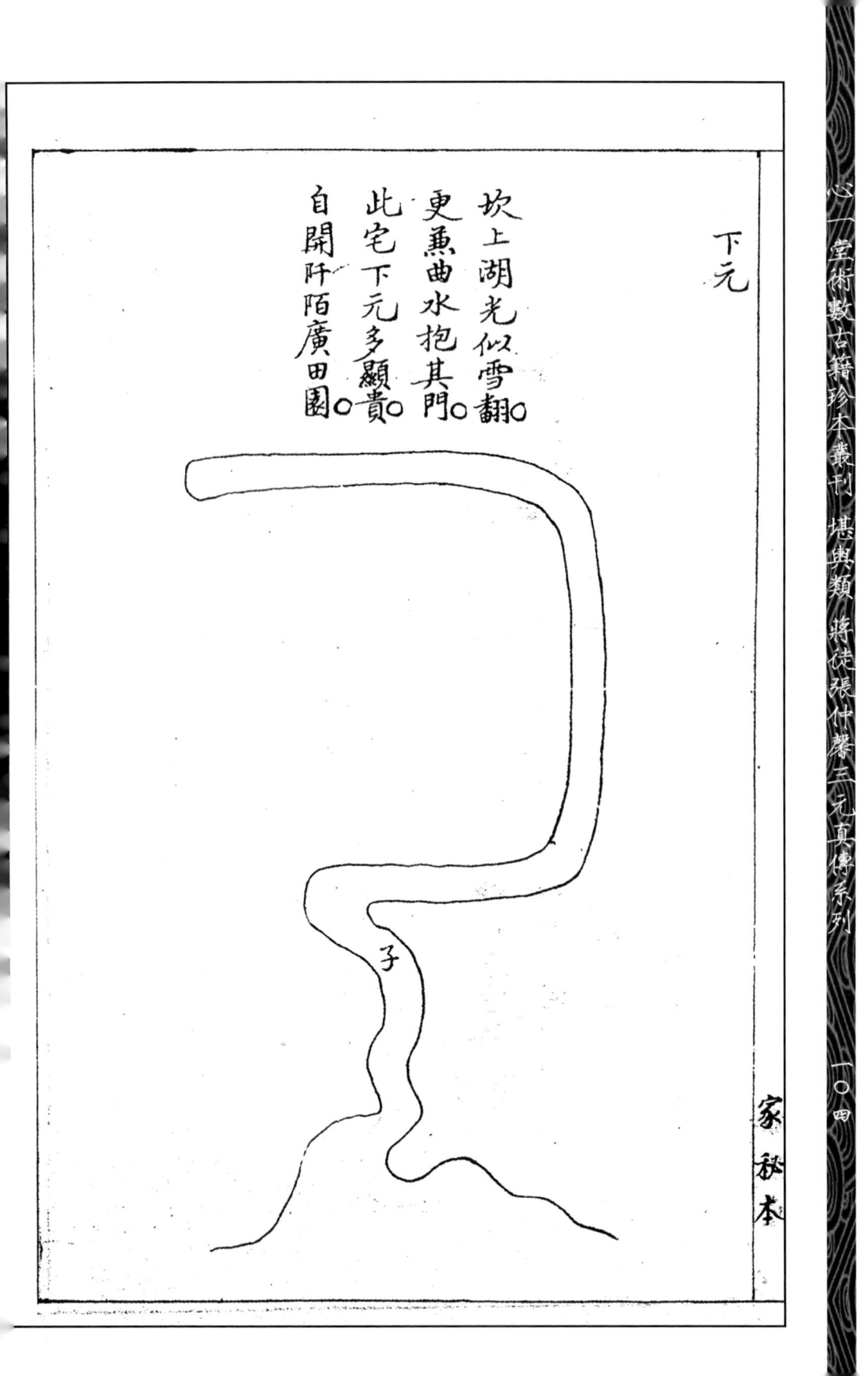

下元

坎上池塘屋後深○
氣鍾九紫聚天心○
下元門第崢嶸甚○
既擢高官又積金○

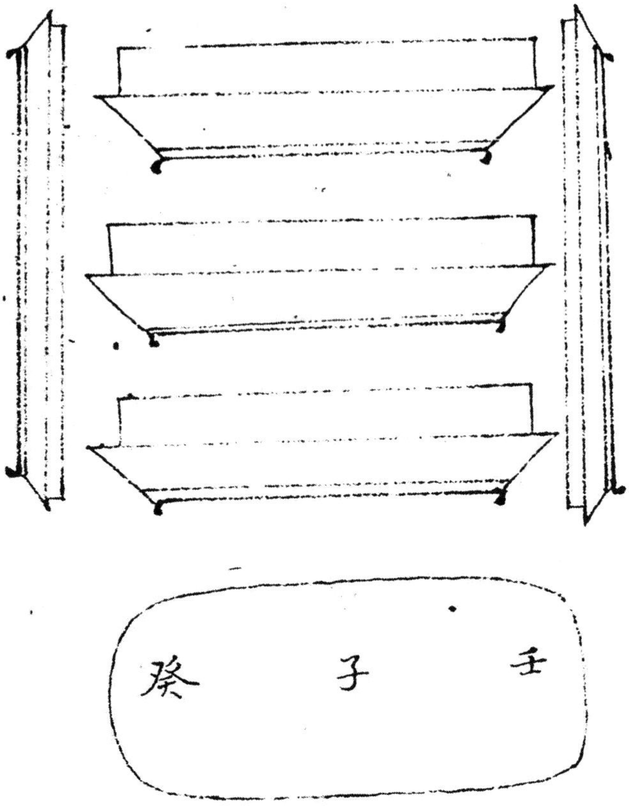

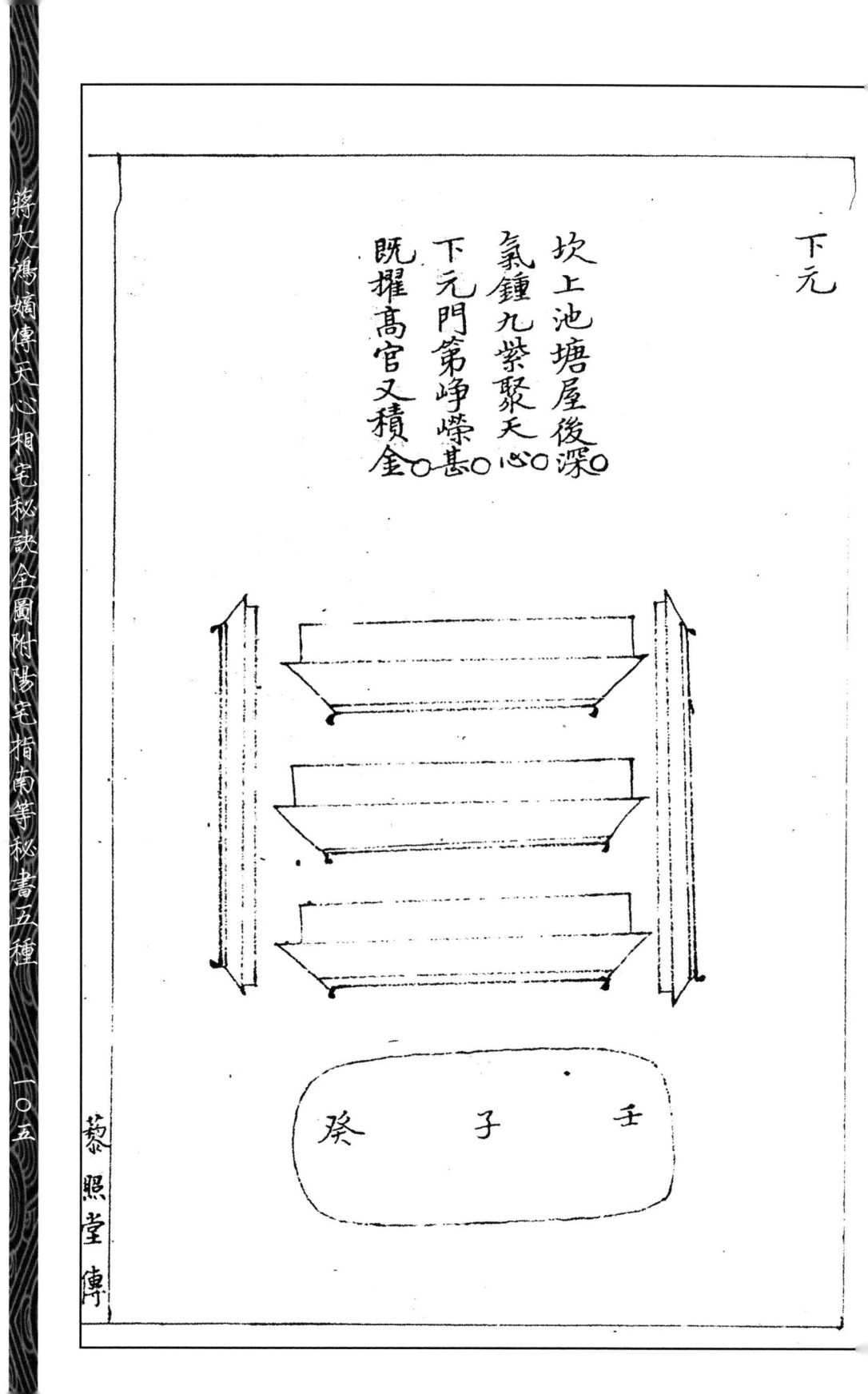

三元

二水離方入坎宮○
盡頭一宅住其中○
雙龍氣脉来相會○
安坐三元貴不窮○

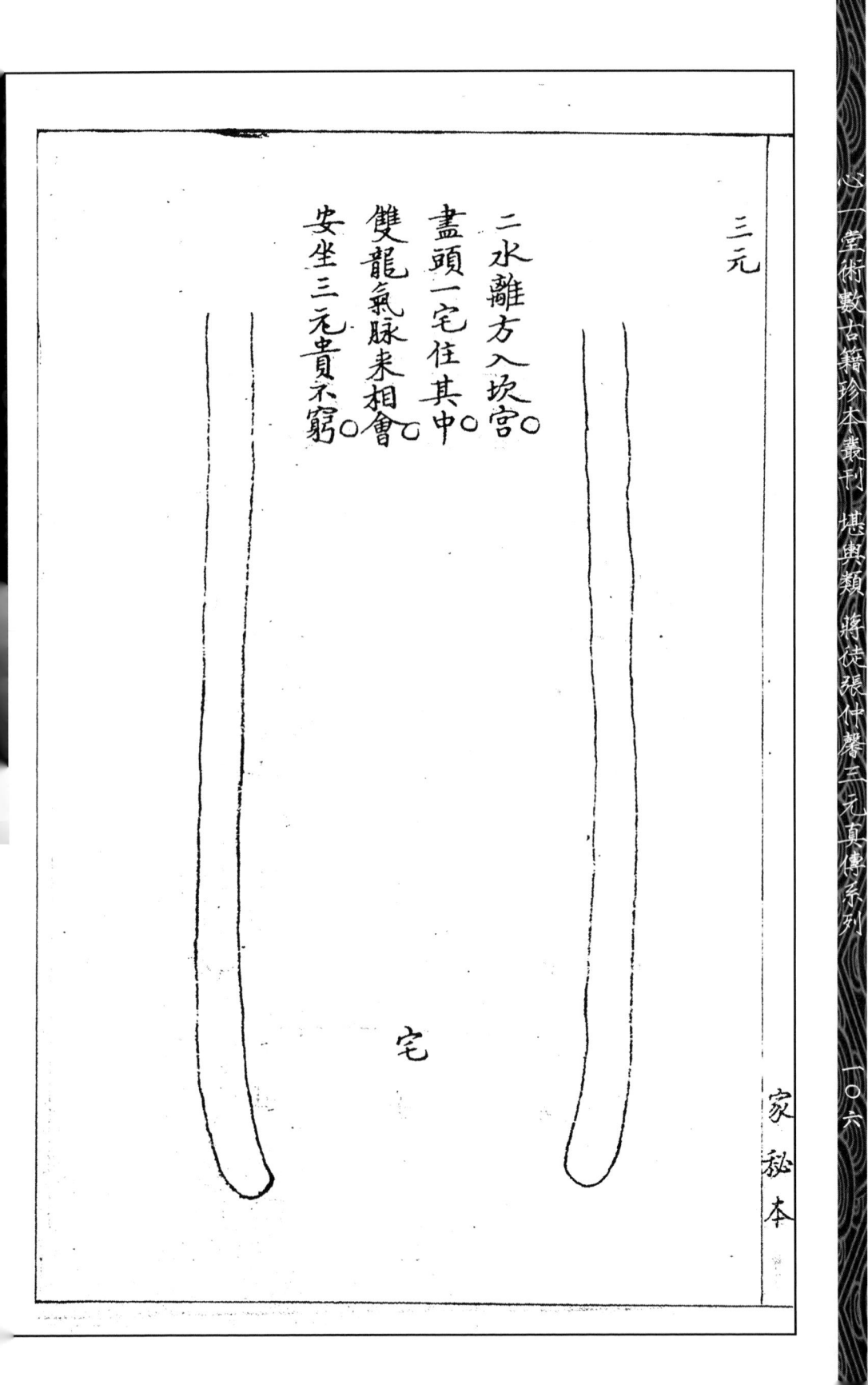

下元

二水同流坎上来○
傍南作宅是離胎○
下元一發如雷電○
兄弟雙〻近鼎台○

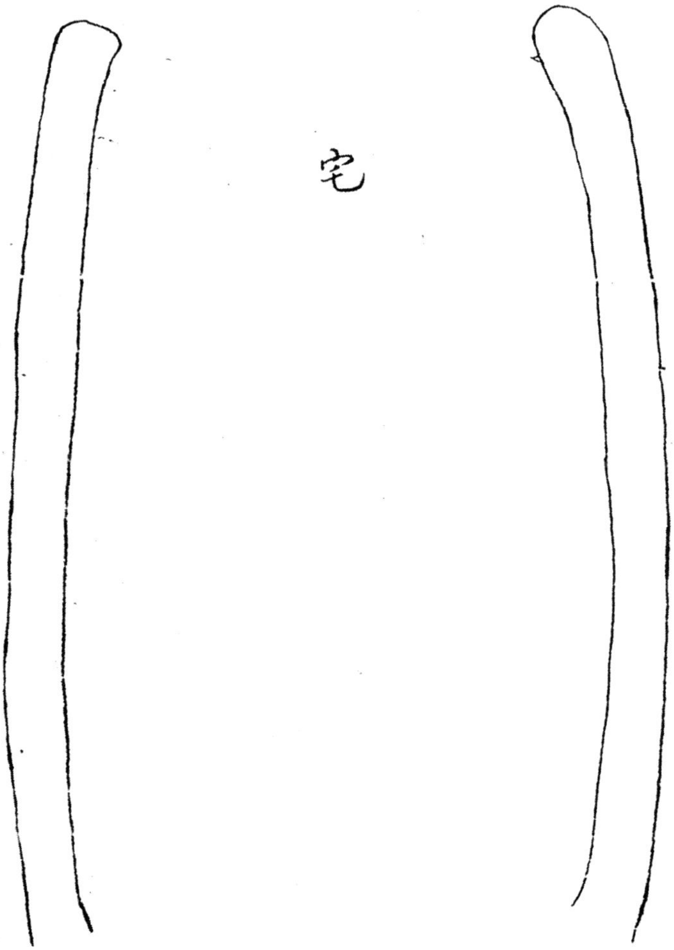

上元

中元

雙兌交流入震宮。碧天真氣宅居東。百二十年金紫貴。祖孫父子受皇封。

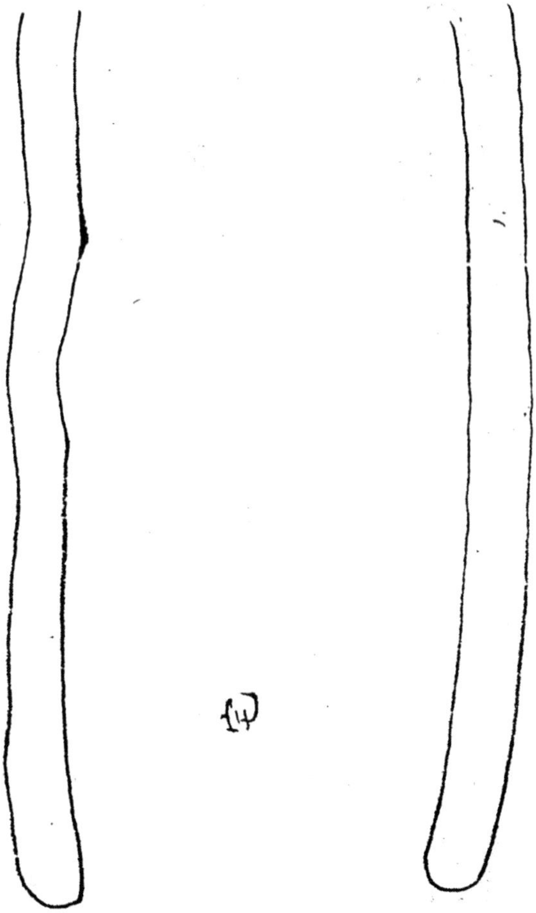

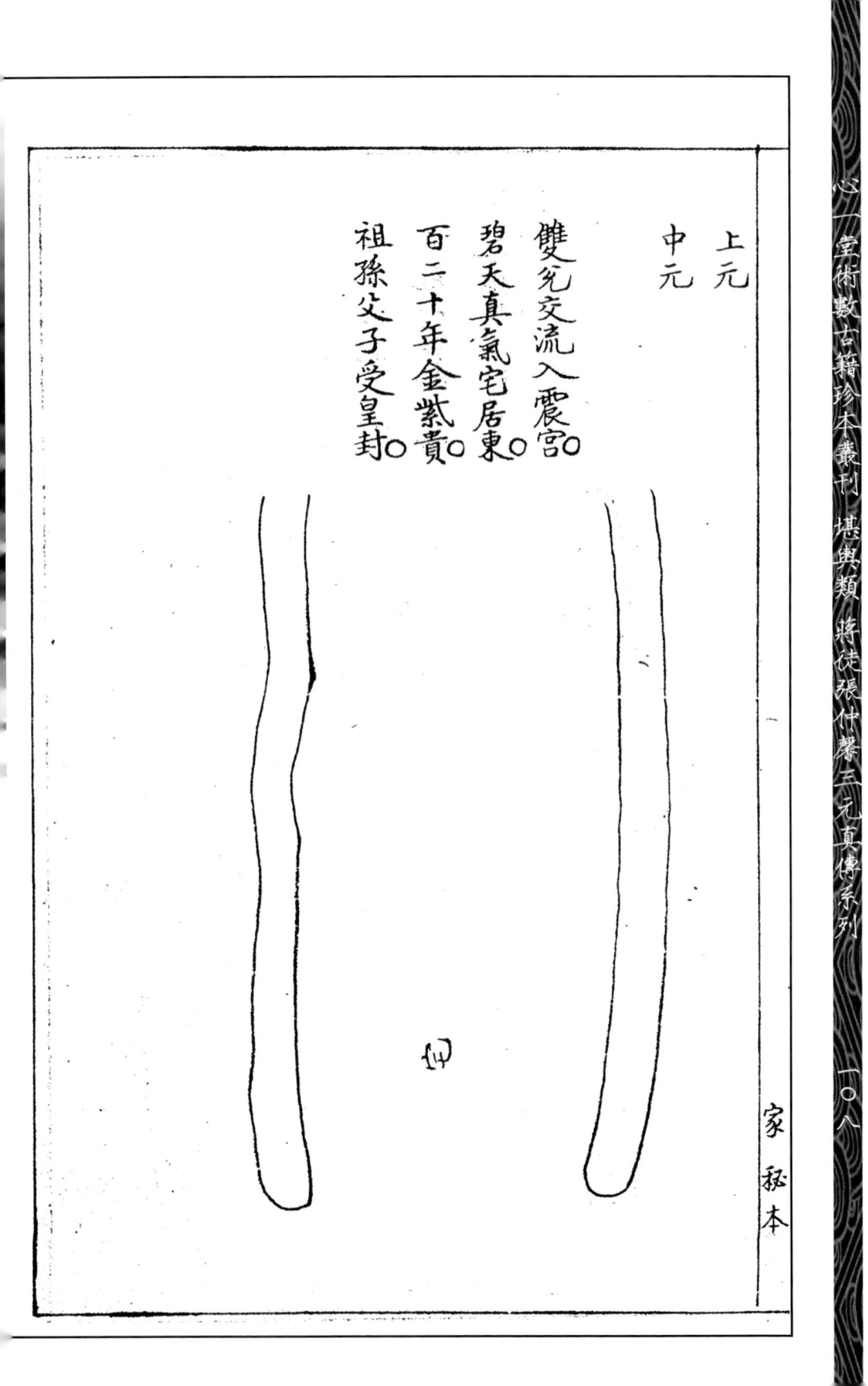

三元

坎離之水
二龍交○
立宅中間
甲第高○
輪轉三元
無替謝○
兒孫世世
產英豪○

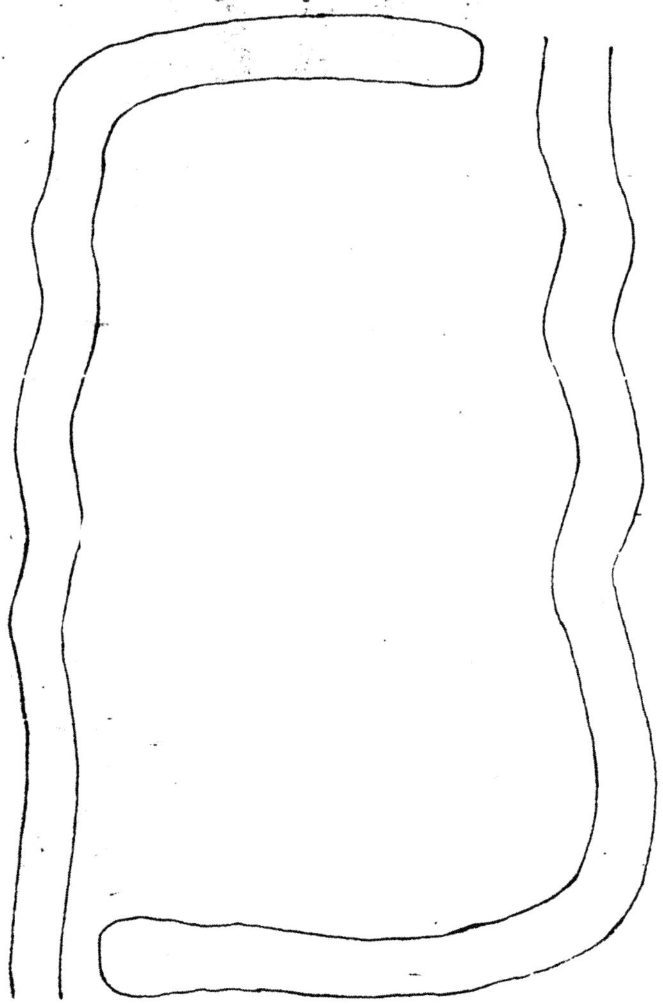

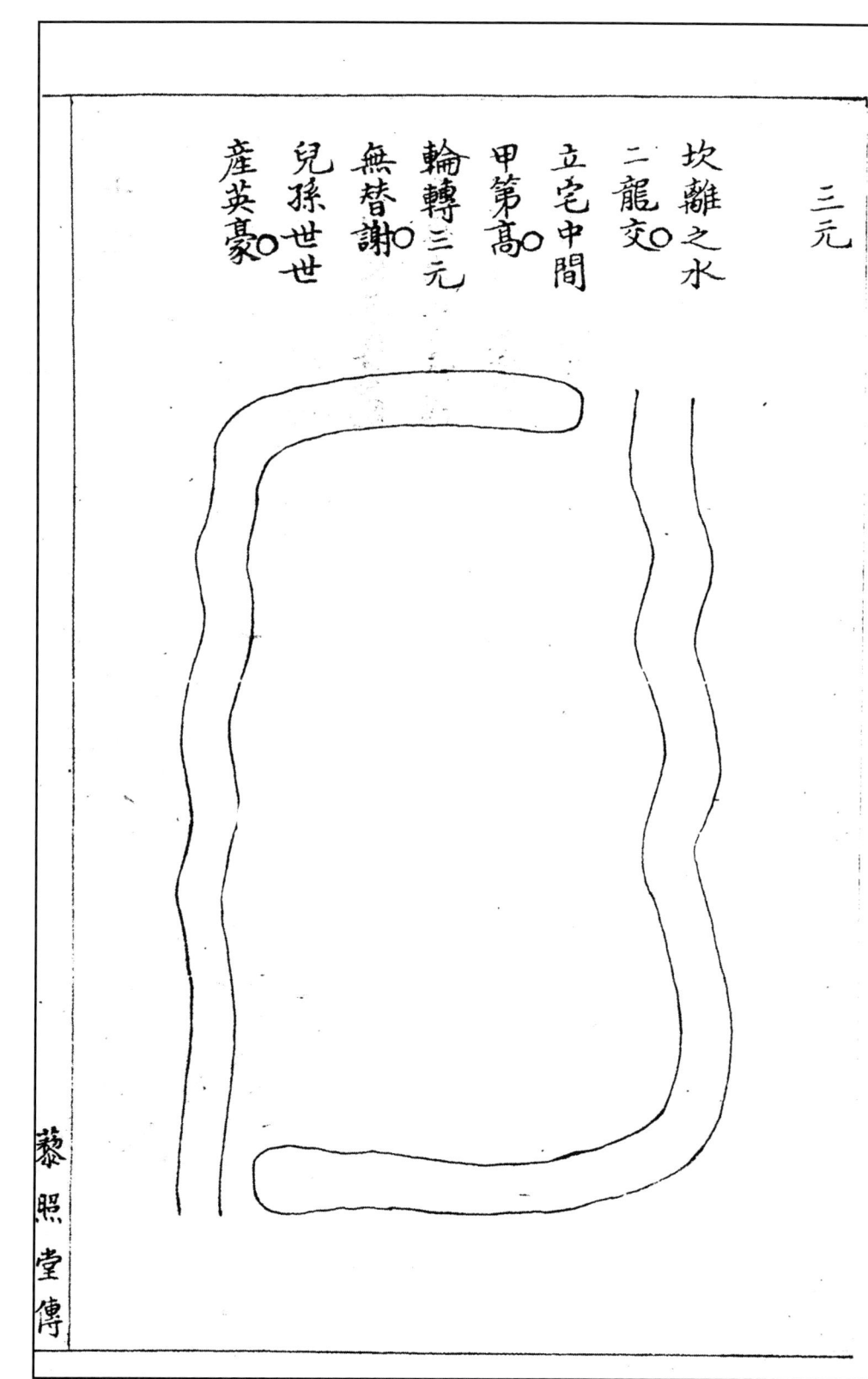

中元

二水交流是巽乾○
两枝花蕋一時鮮○
運到滿門朱紫貴○
衰時片瓦不留椽○

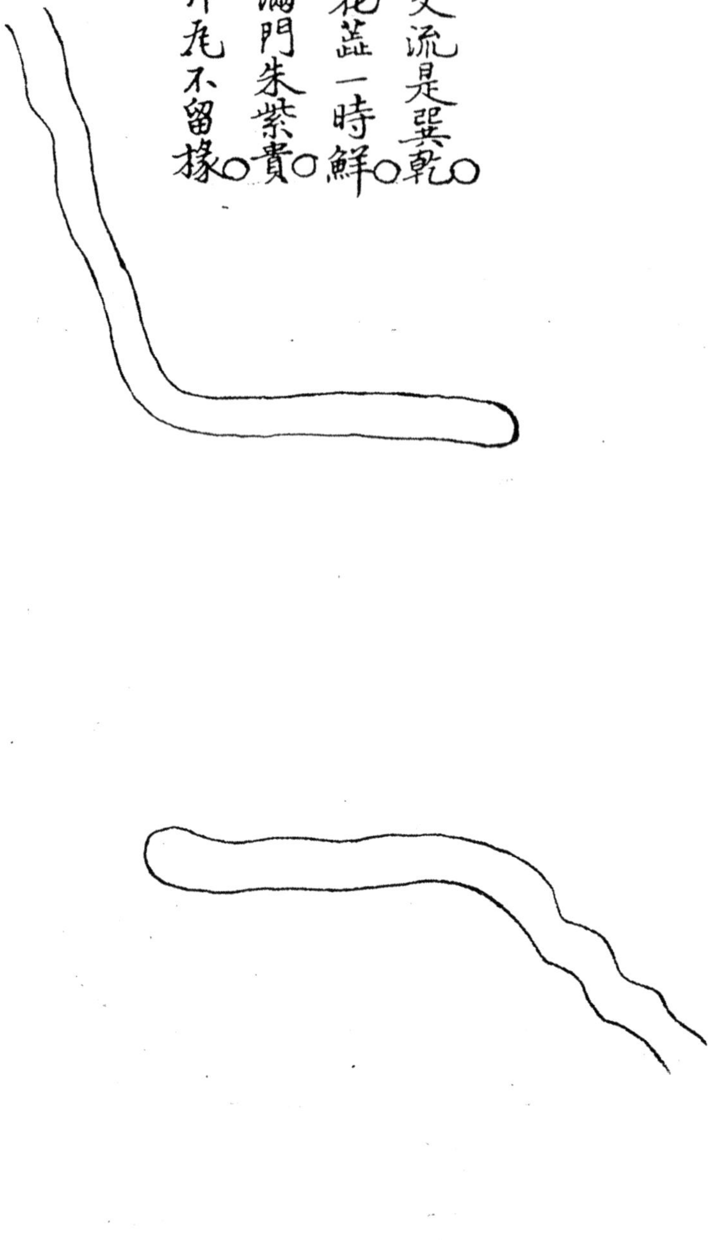

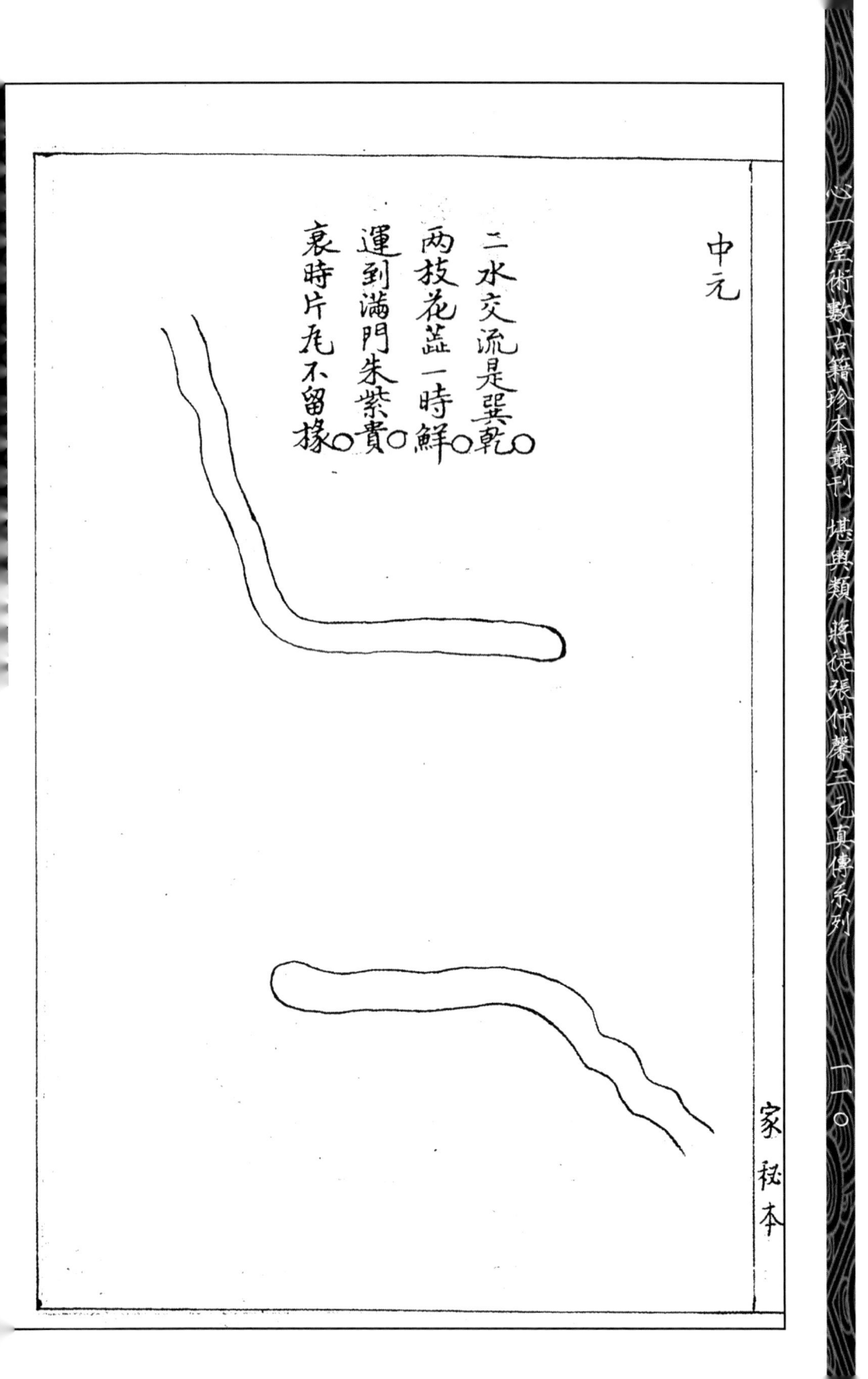

四水朝歸會四龍。居中作宅是仙宮。不分元運時時發。子姓綿綿奕葉重。一室之內循環轉。寄語兒孫知檢點。若然地是四隅形。坎離震兌格各精。

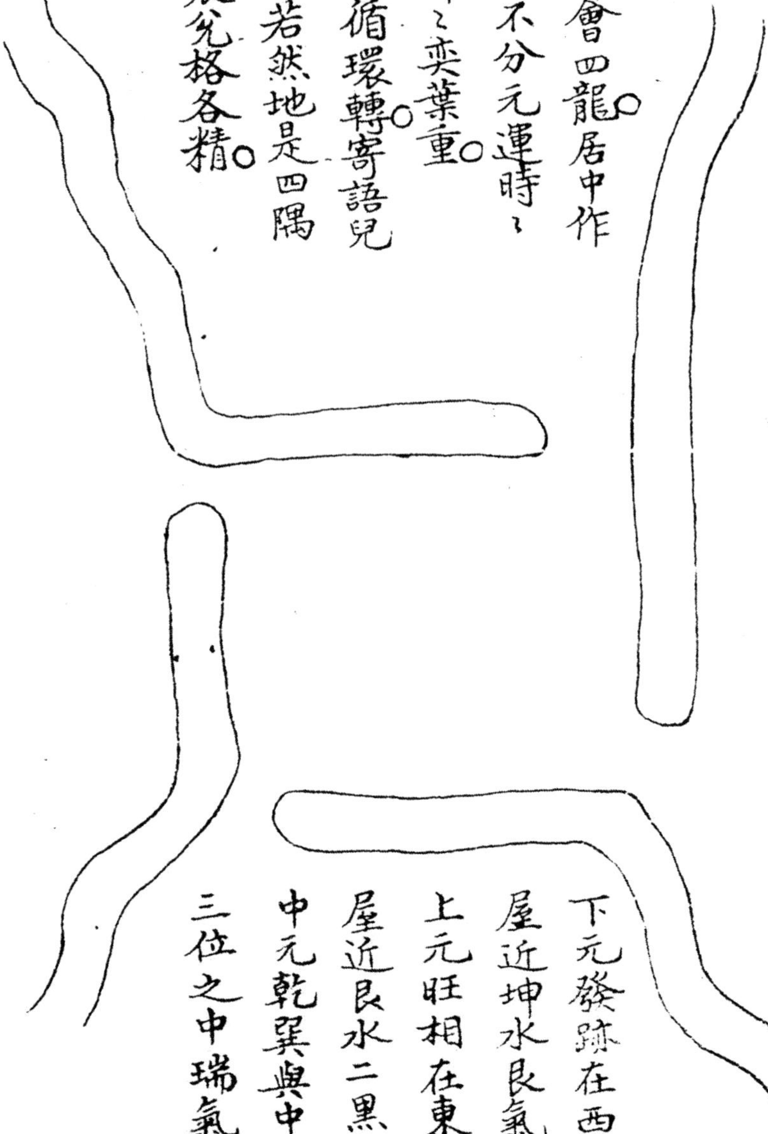

下元發跡在西南。
屋近坤水艮氣酣。
上元旺相在東北。
屋近艮水二黑足。
中元乾巽與中宮。
三位之中瑞氣濃。

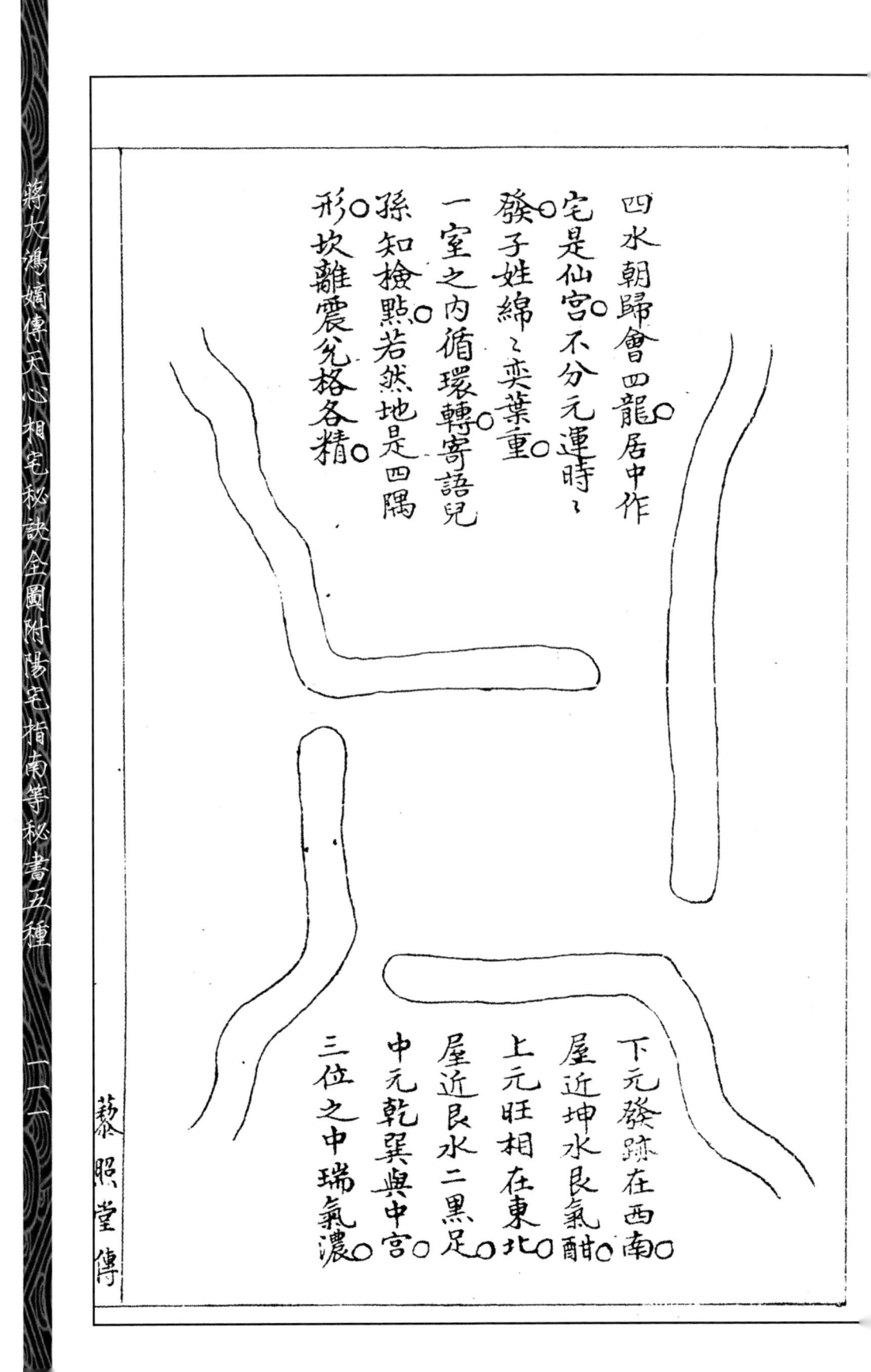

巽水迢迢六白龍。後湖九紫
氣還鍾。前宅中元卿相貴。下
元後宅慶財豐。
我為指出雙龍格。一宅之中
分順逆。其中趨避有玄機。八
卦看來理如一。

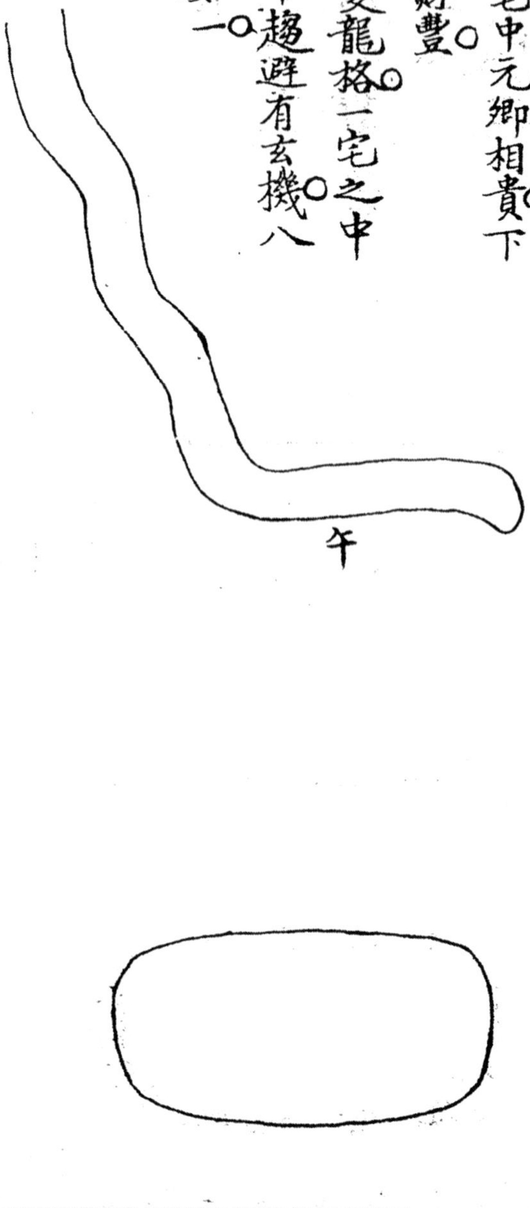

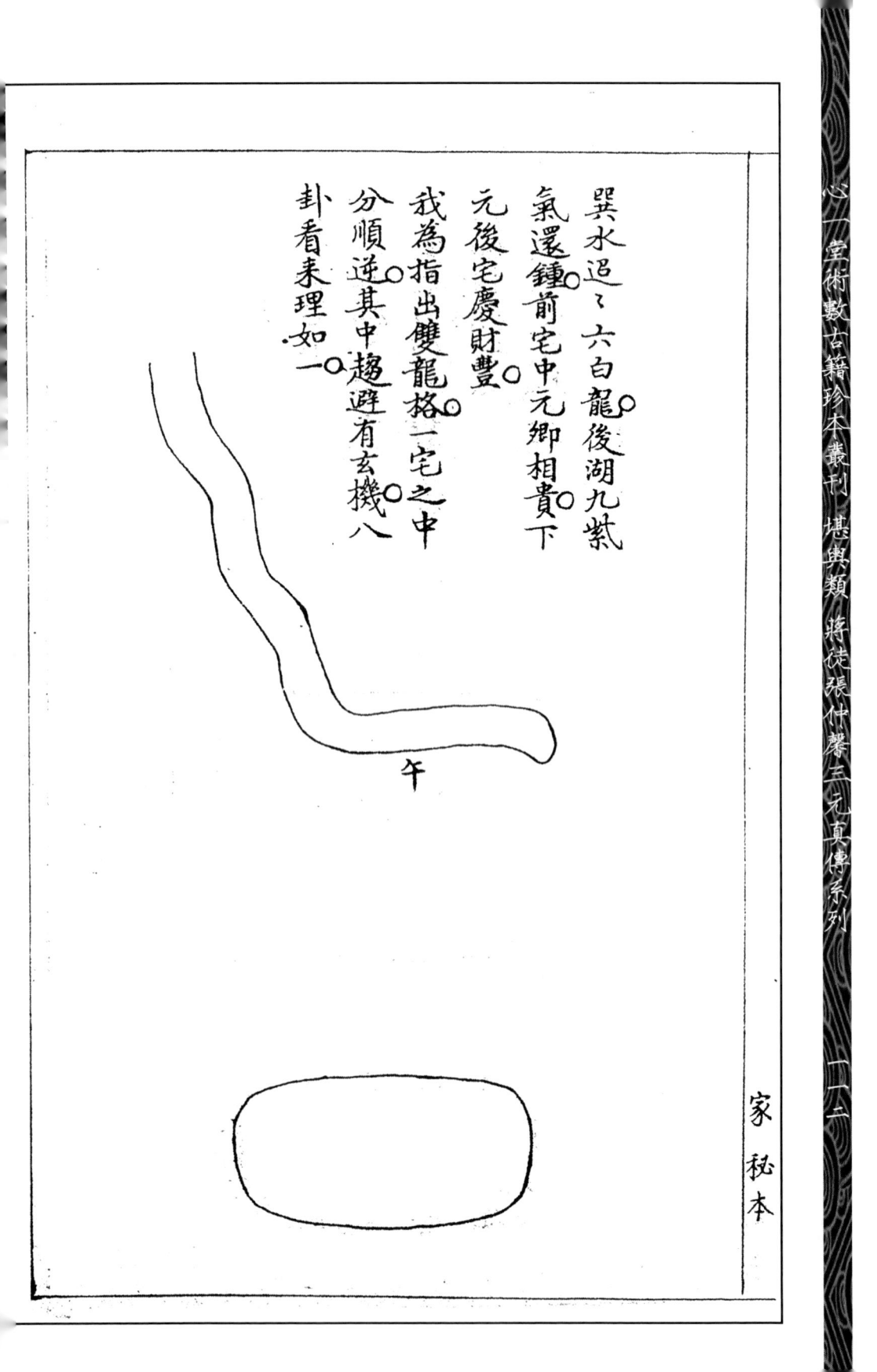

離宮丁水字兼未○
行到下元滿富貴○
此宅三元永不衰○
微ㄟ左右分宮位○

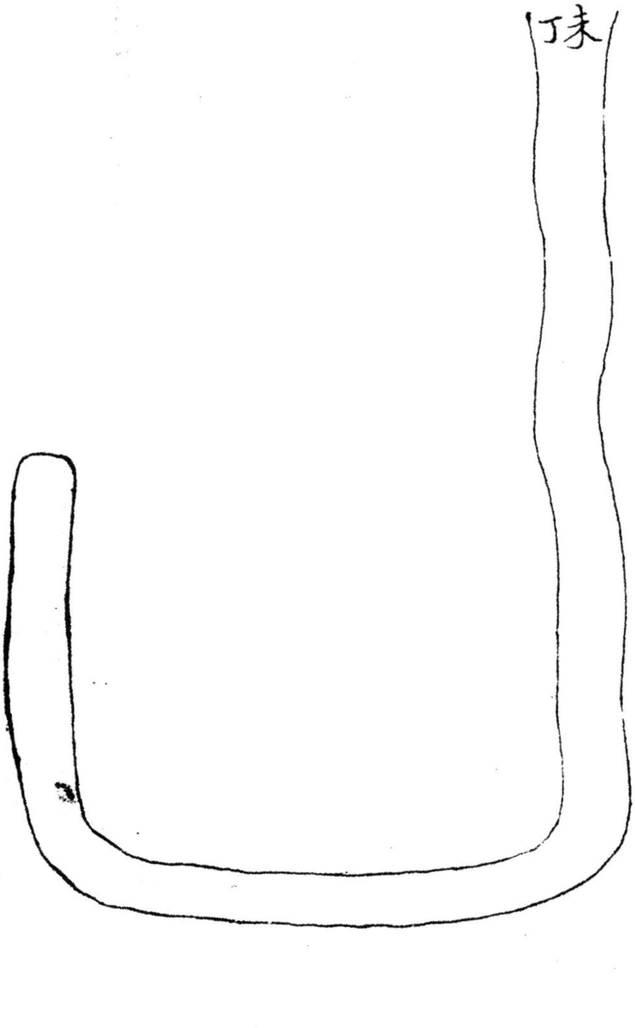

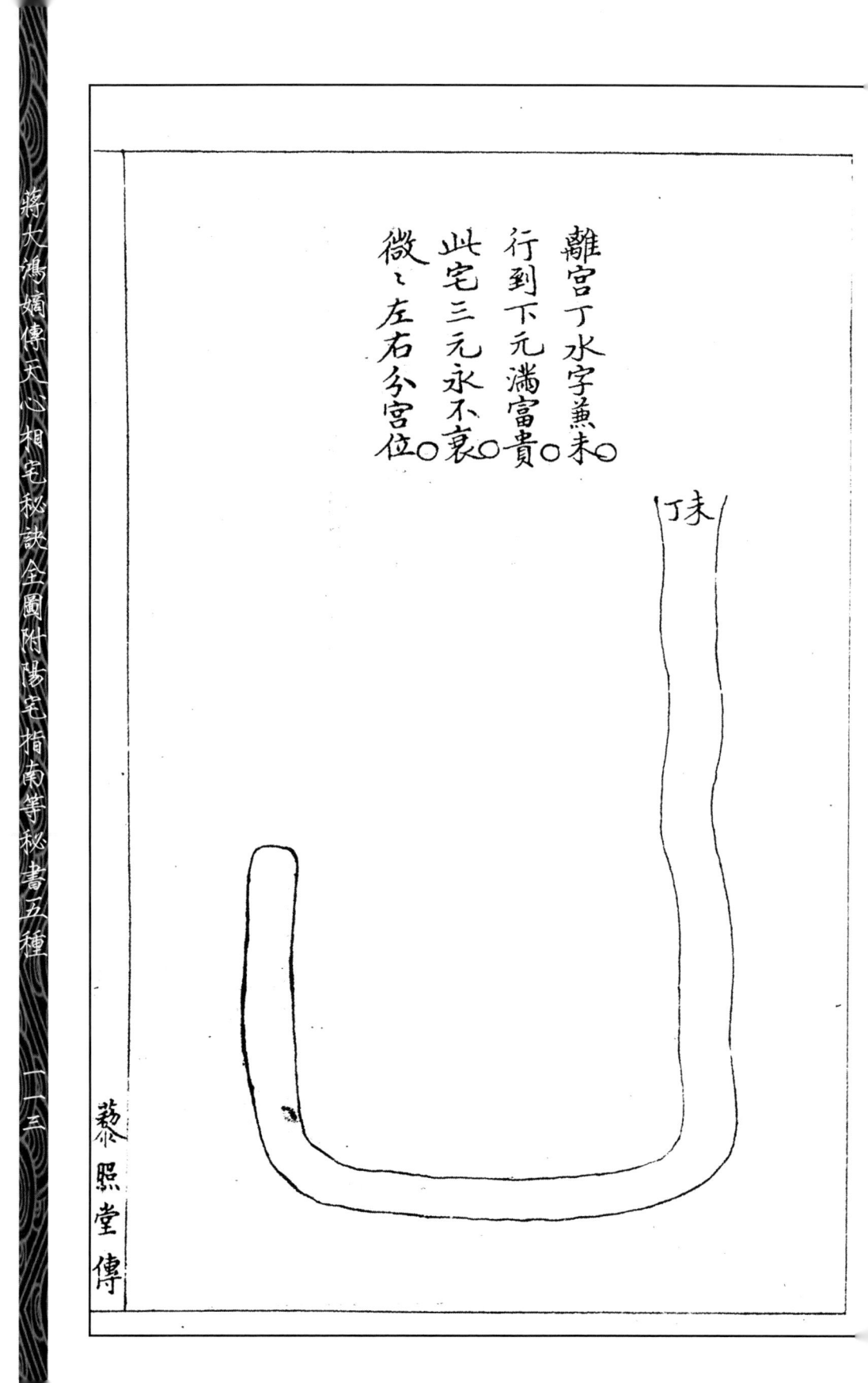

離宮曲水是蕙已○行到中元貴無
比○下元衰氣四十、秋官秩無閒宅
半毀○
我為指出分龍法○八卦方隅同此
訣○此中秘密不宜傳○留與兒孫作
寶筏○

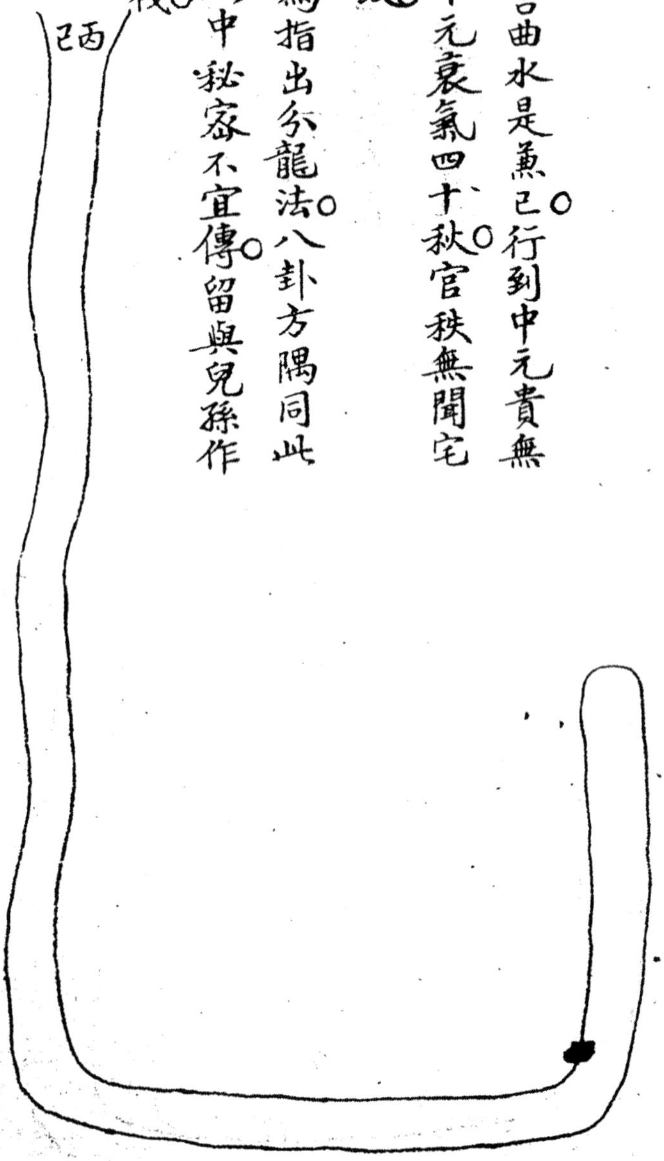

家秘本

傍城立局論宅法

高城一道巽方圍。萬户千門乾氣歸。若是中元居此宅。門前車馬日騑騑。

中元

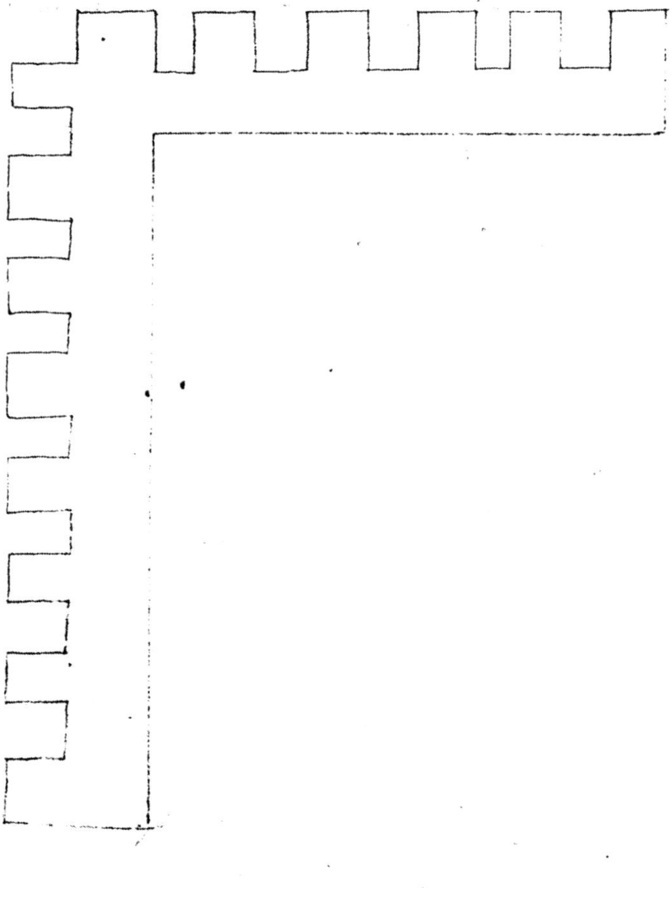

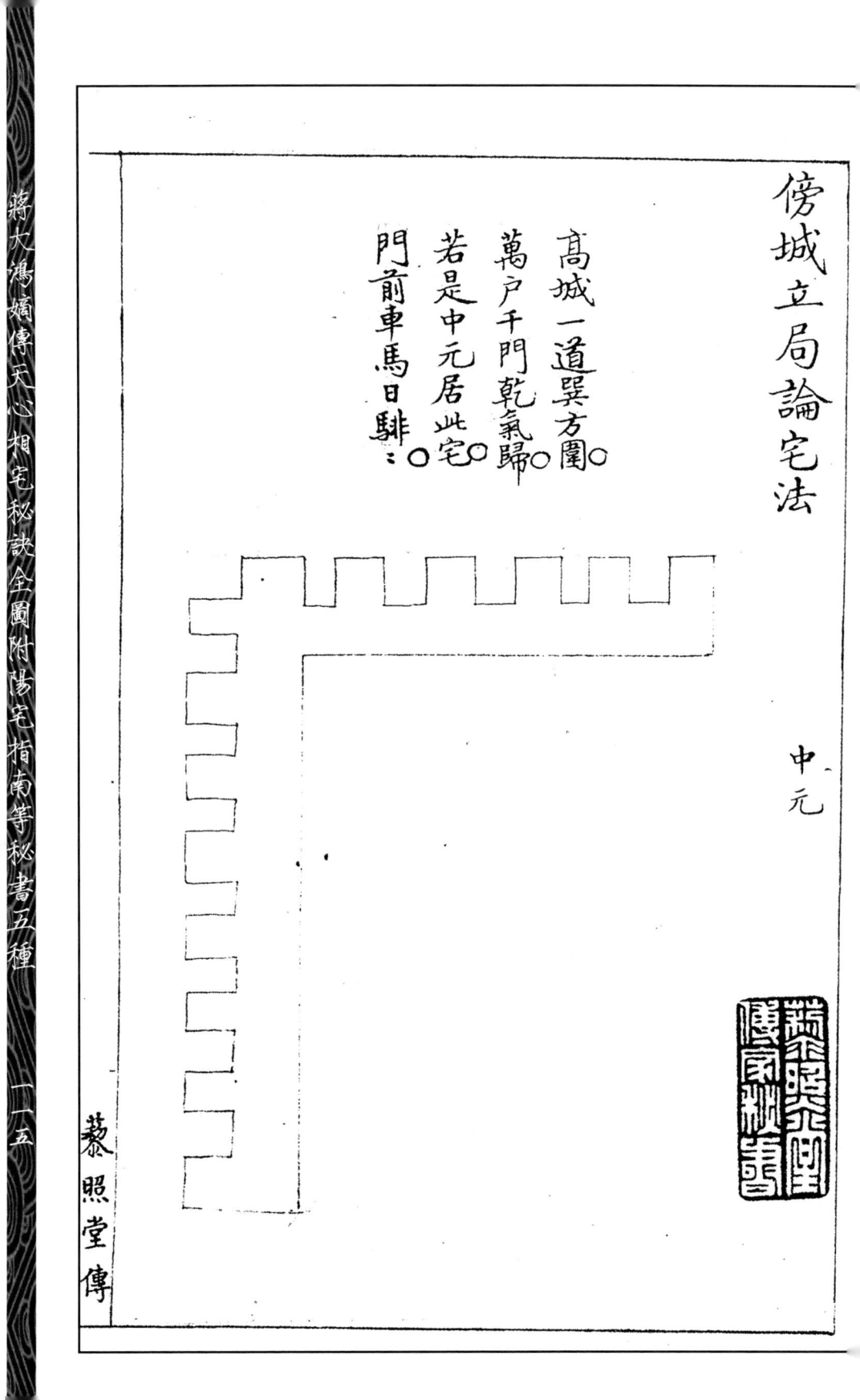

下元

睥睨環連過在坤○
滿門旺氣艮方屯○
下元宅(此)真瑰瑋○
不中魁元位也尊○

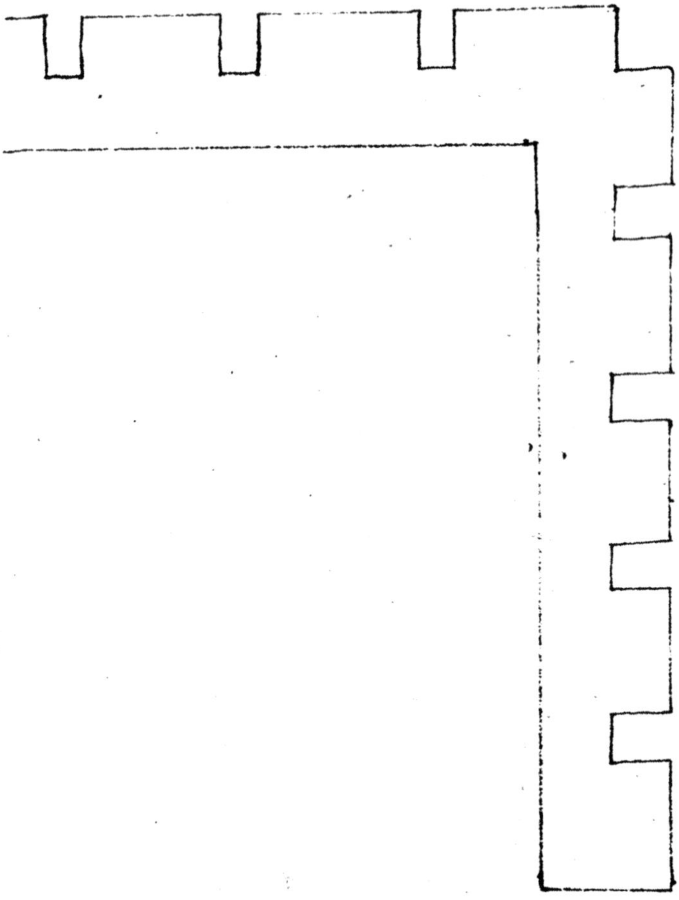

家秘本

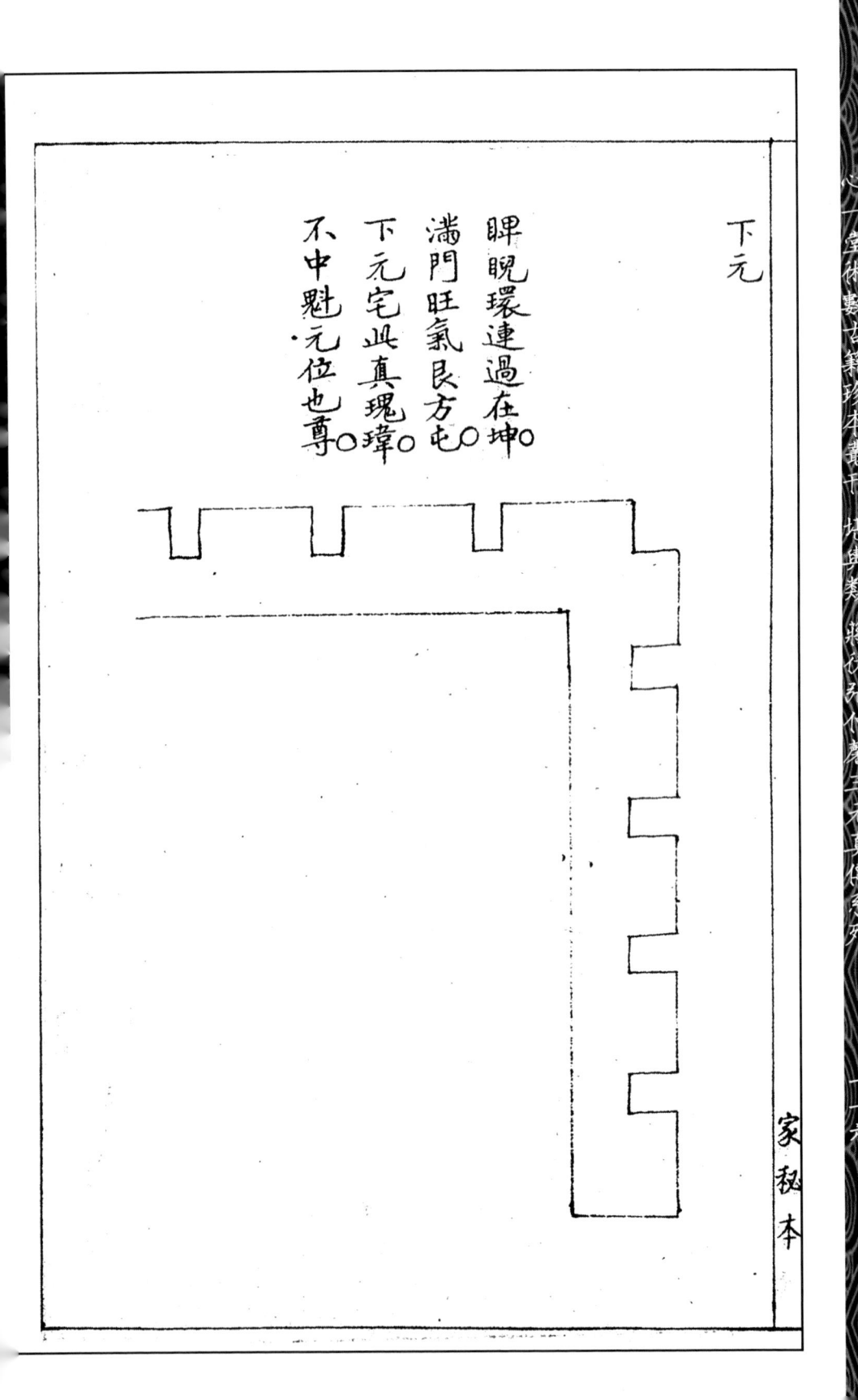

傍隣借氣論宅法

一帶高房壓在離○
人言蔽塞太陽微○
誰知坎氣擋攔足○
一白元中作旺推○

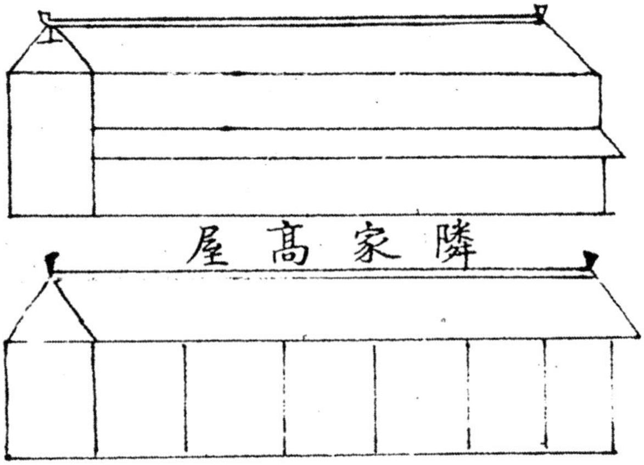

上元

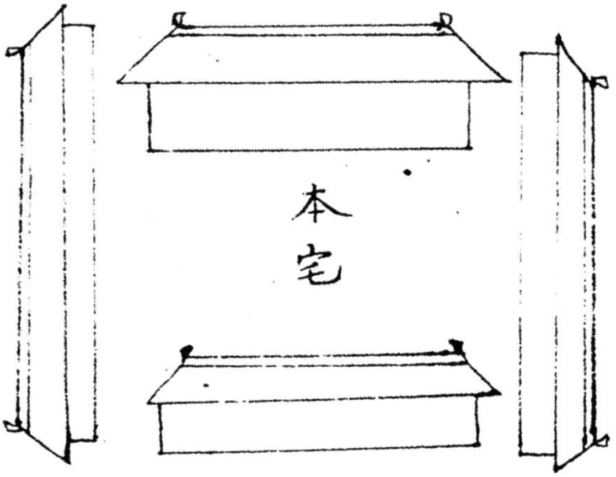

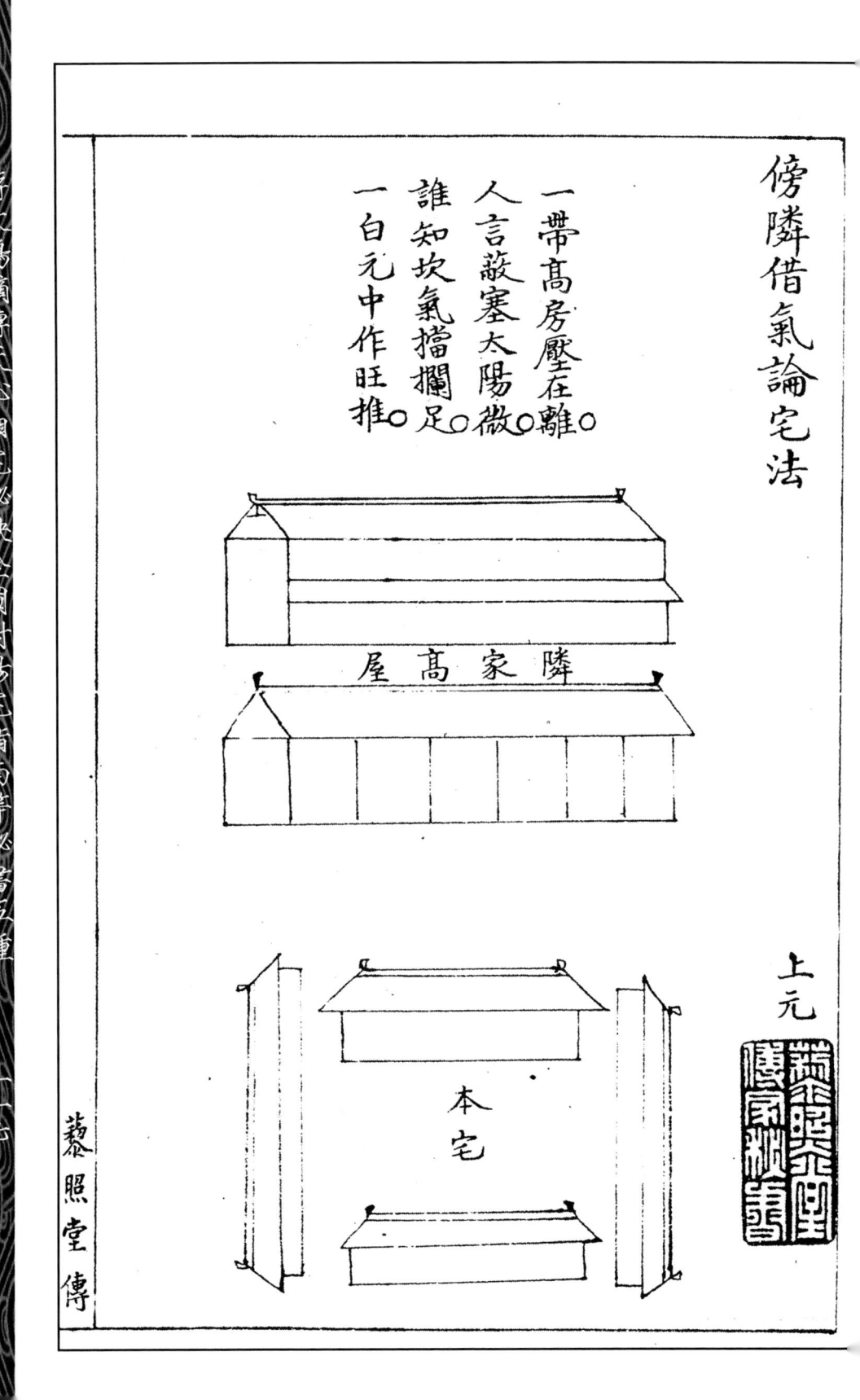

下元

西南隣宅有高楼○
靠彼低房艮氣收○
此宅偏宜下元運○
安居樂業日休〻○

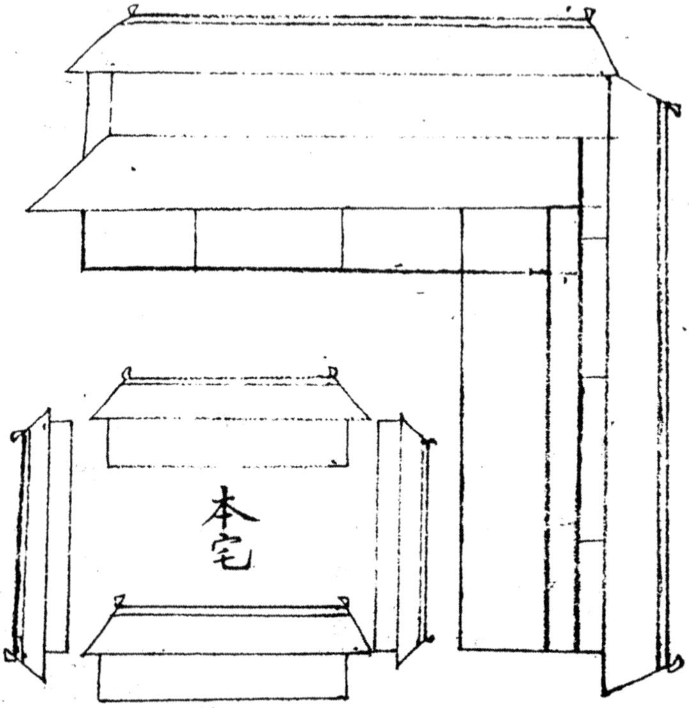

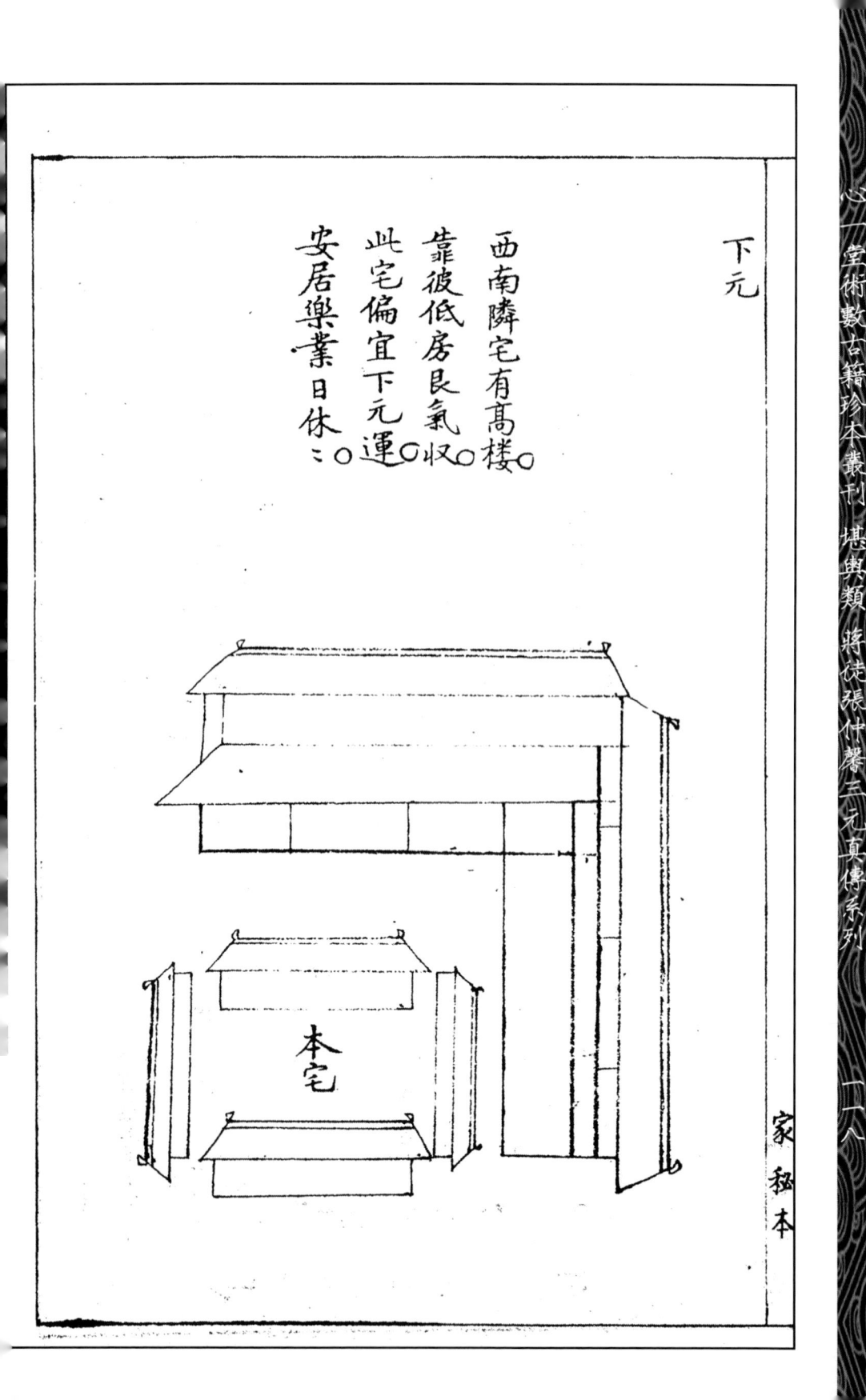

開風引氣論宅法

巽坤遮蔽正南開。
蕩蕩離風拂面來。
下元宅內多興發。
縱不三公也長財。

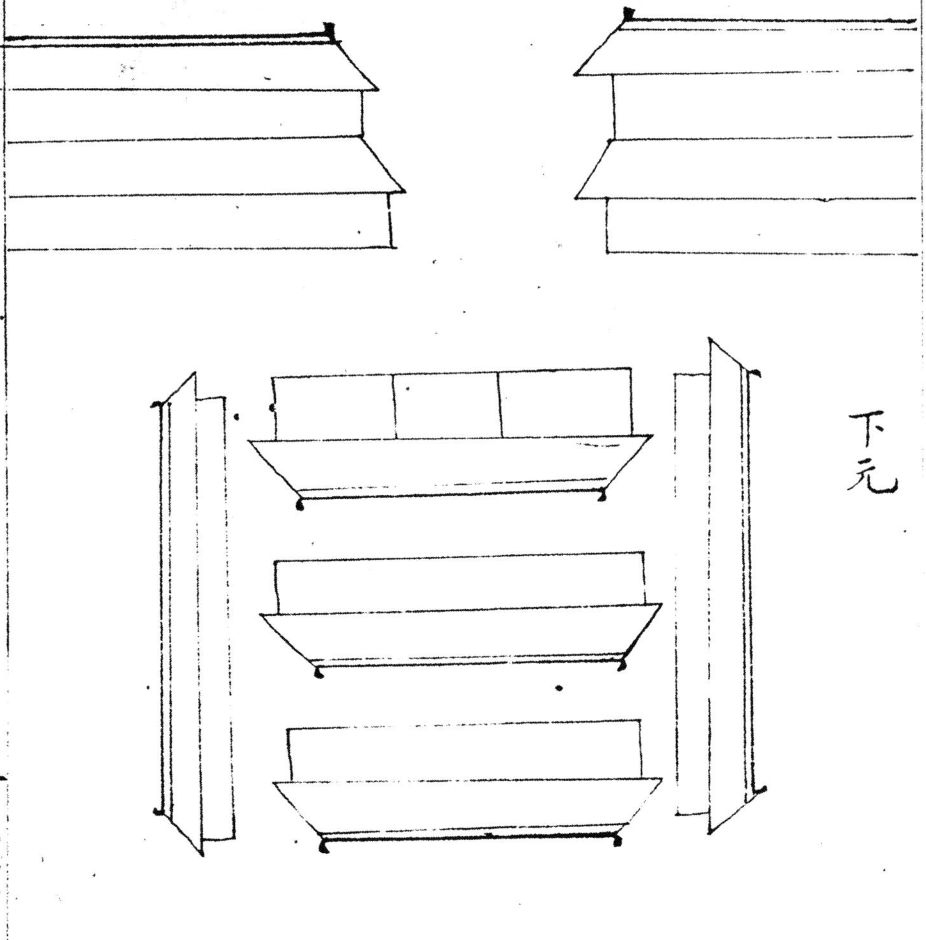

下元

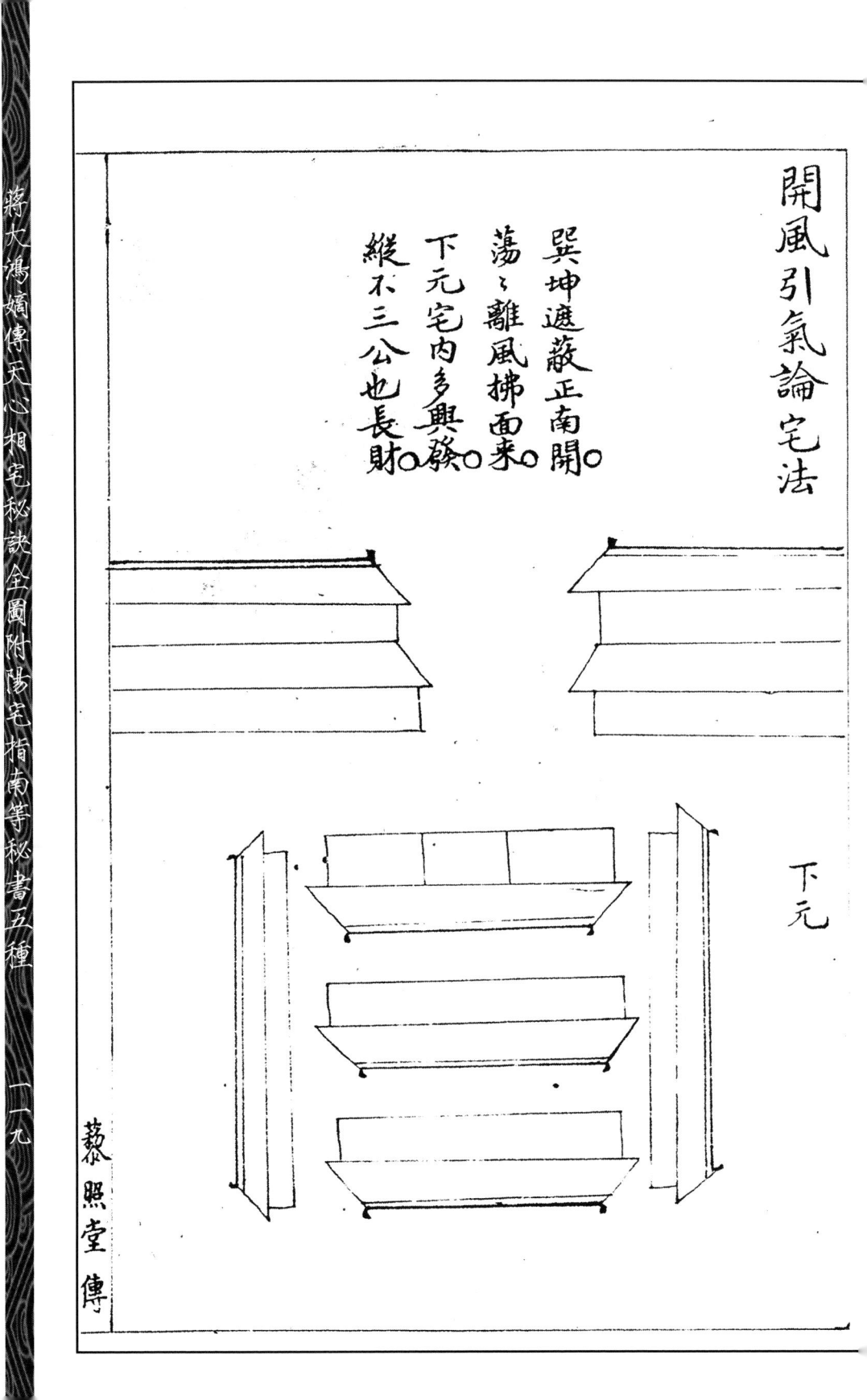

上元

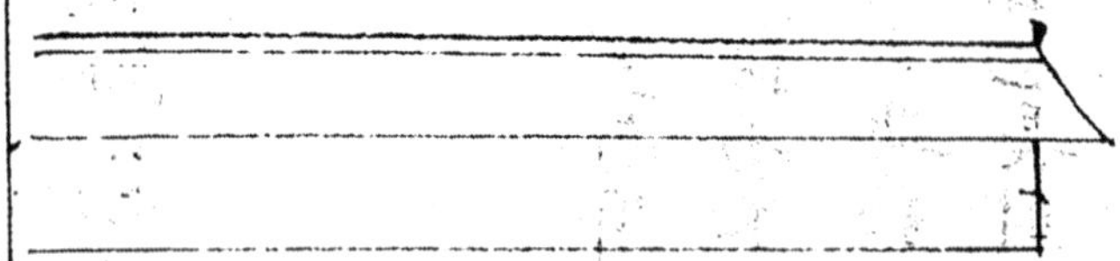

坤

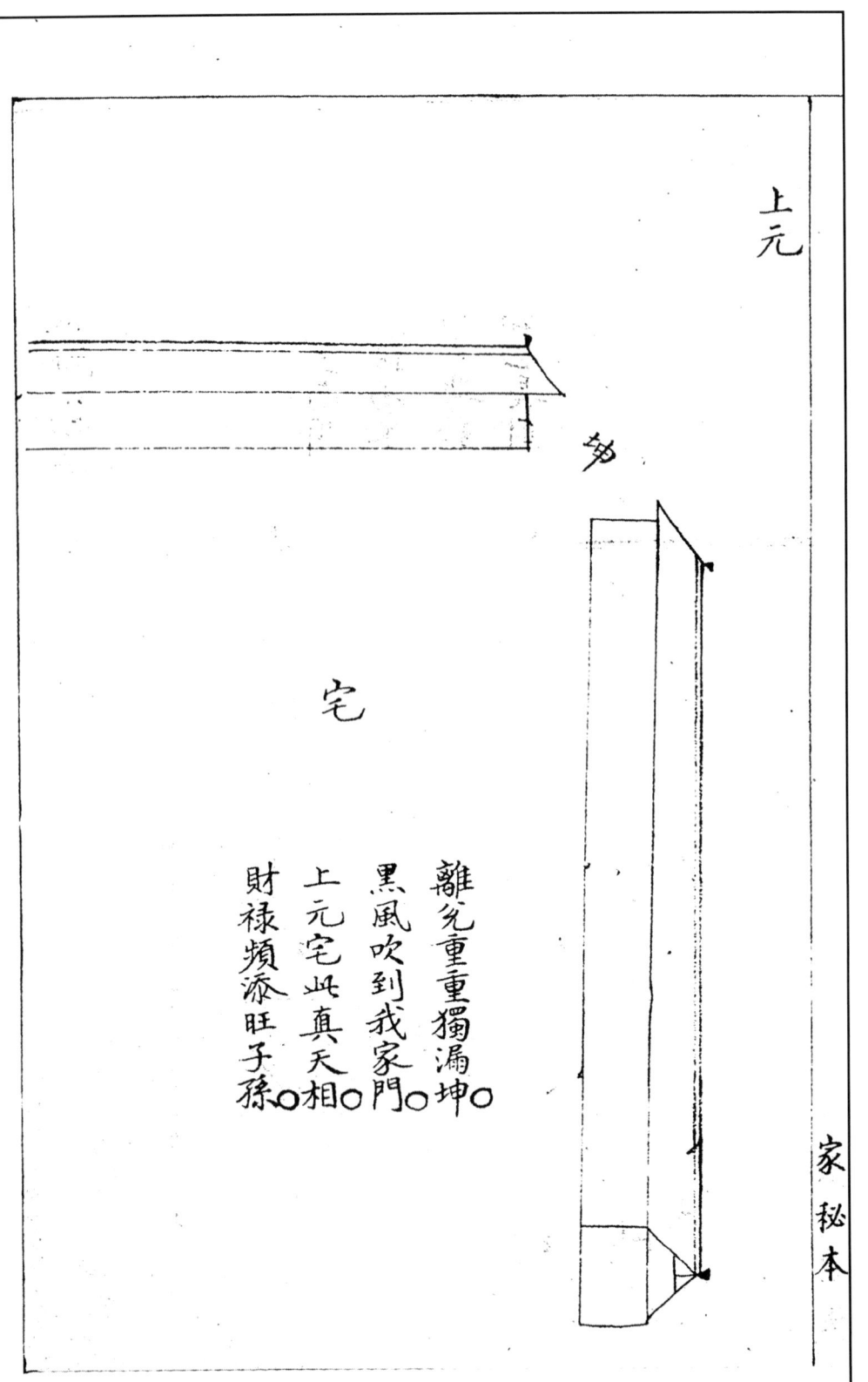

宅

離兑重重獨漏坤○
黑風吹到我家門○
上元宅此真天相○
財祿頻添旺子孫○

家秘本

衢路論宅法

街衢直過兩頭平○
誰見喧闐不動情○
此局無從生禍福○
另尋別事去題名○

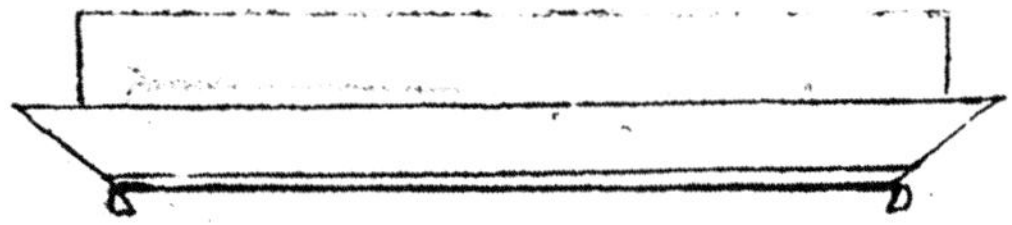

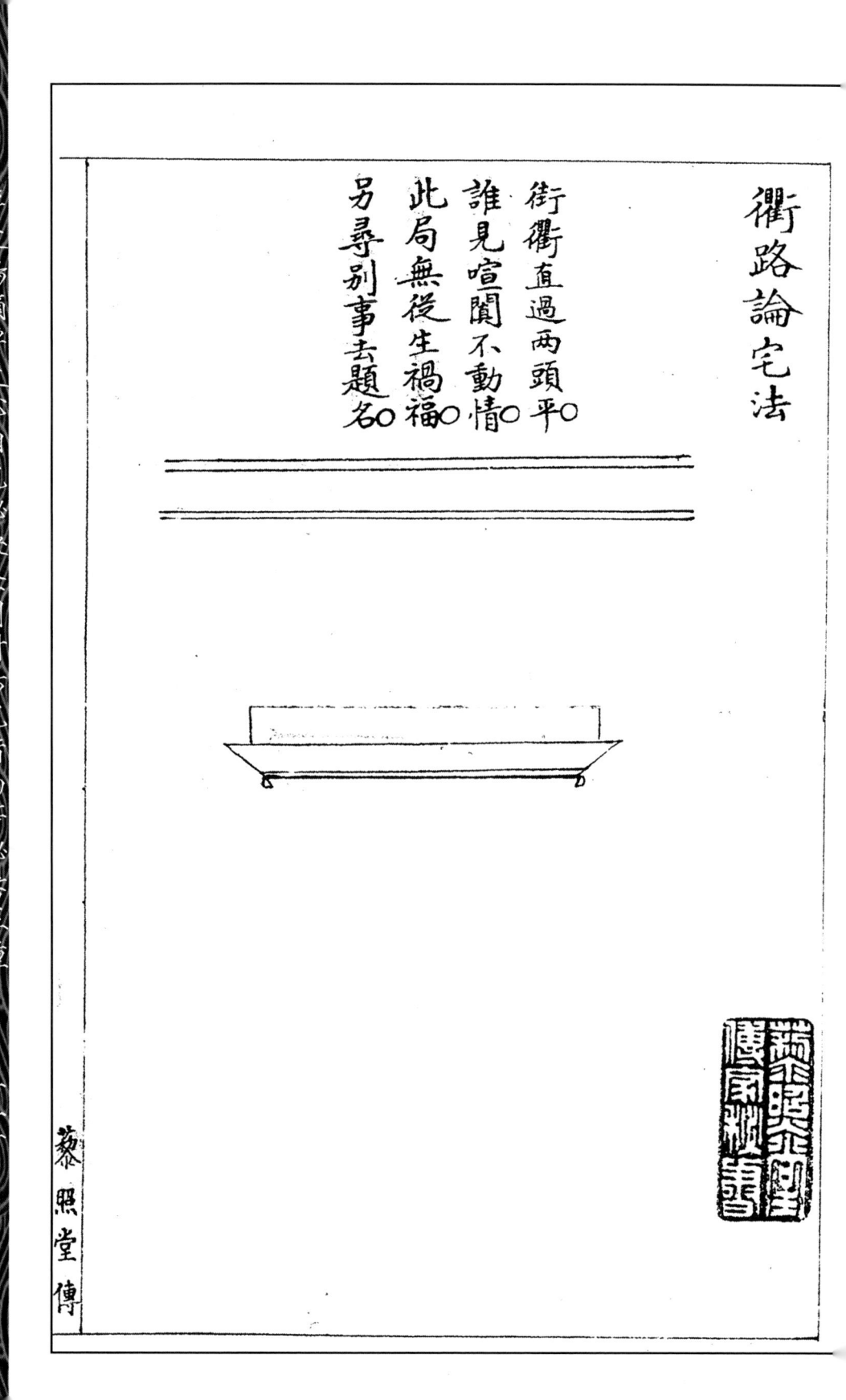

下元

曲尺街衢吝ゝ封○
西南兜繁不通風○
住宅正當坤角上○
氣鍾八白下元龍○

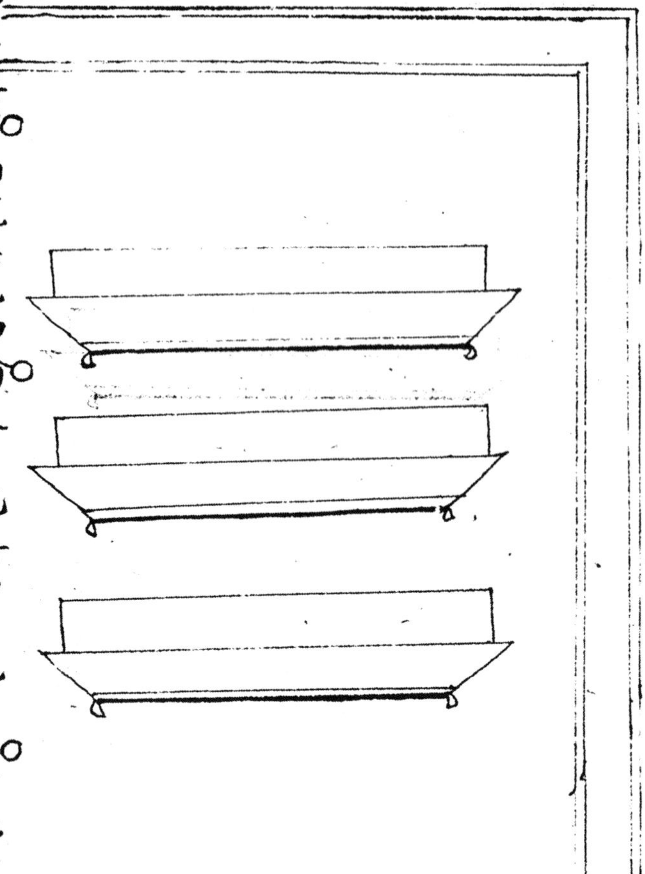

後覺子曰。隩隅之宅○移步換宮○即就此宅而論○東半宅與西半宅有別○前帶與後帶有別○東南角與西北角有別○蔣公此詩○是論此宅大勢○學者當從天元歌歸厚録指南篇細ゝ理會○斯自得之○若一拘泥○便失蔣公本旨○

比屋連甍城市間。
其中街道細推研。
冲来宅首龍神動。
若向東南作巽看。

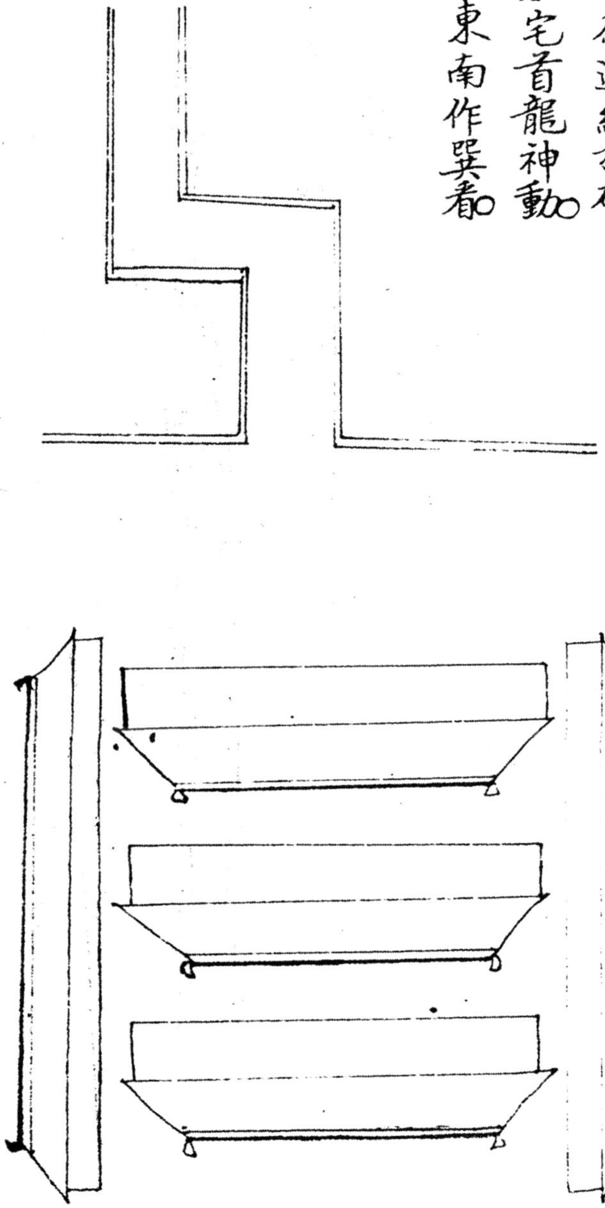

藜照堂傳

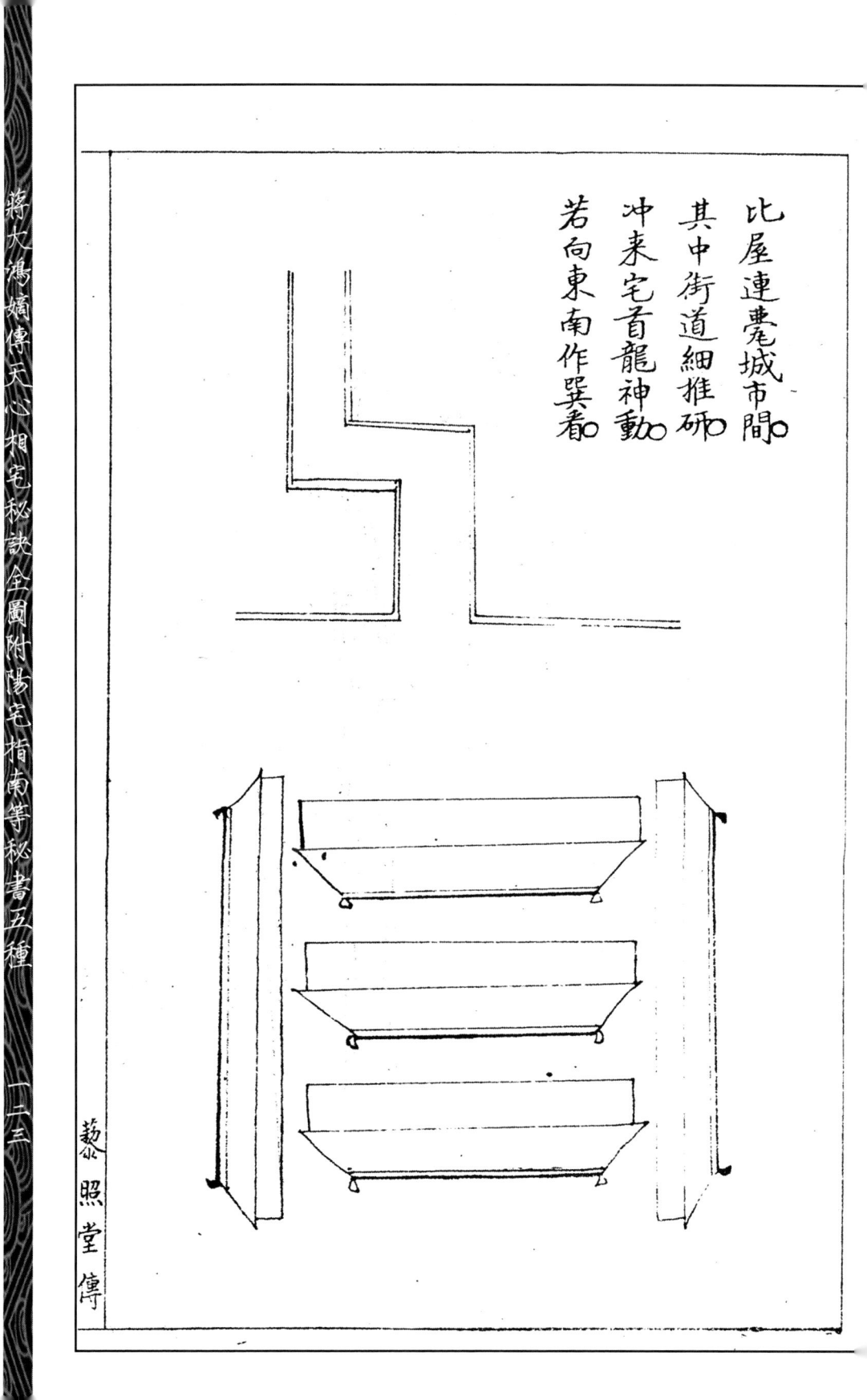

一直橫衕本靜垣。
其間微見曲斜灣。
若來坤位人朝衆。
開户迎之發上元。

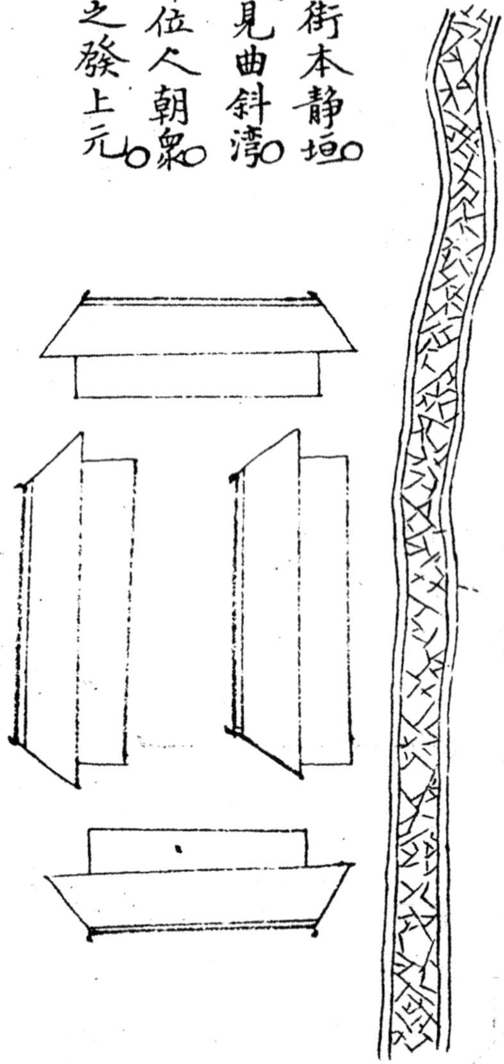

橋梁論宅法

木石橋梁壓在離○
莫言朱雀有災危○
當門冲激龍神動○
七赤元中事事宜○

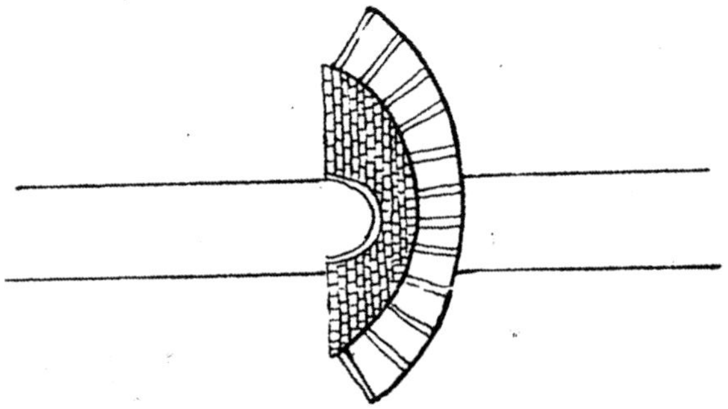

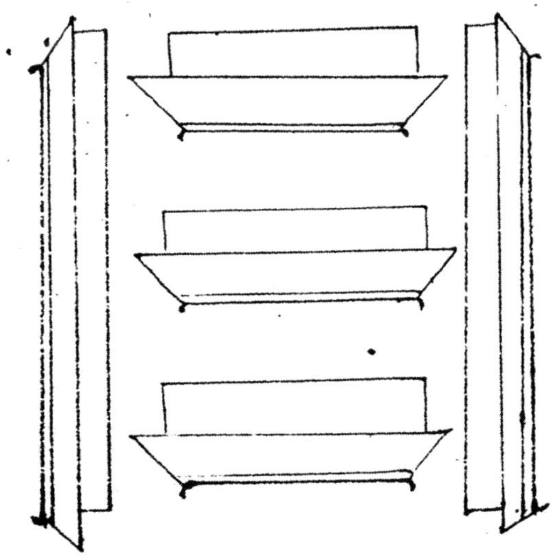

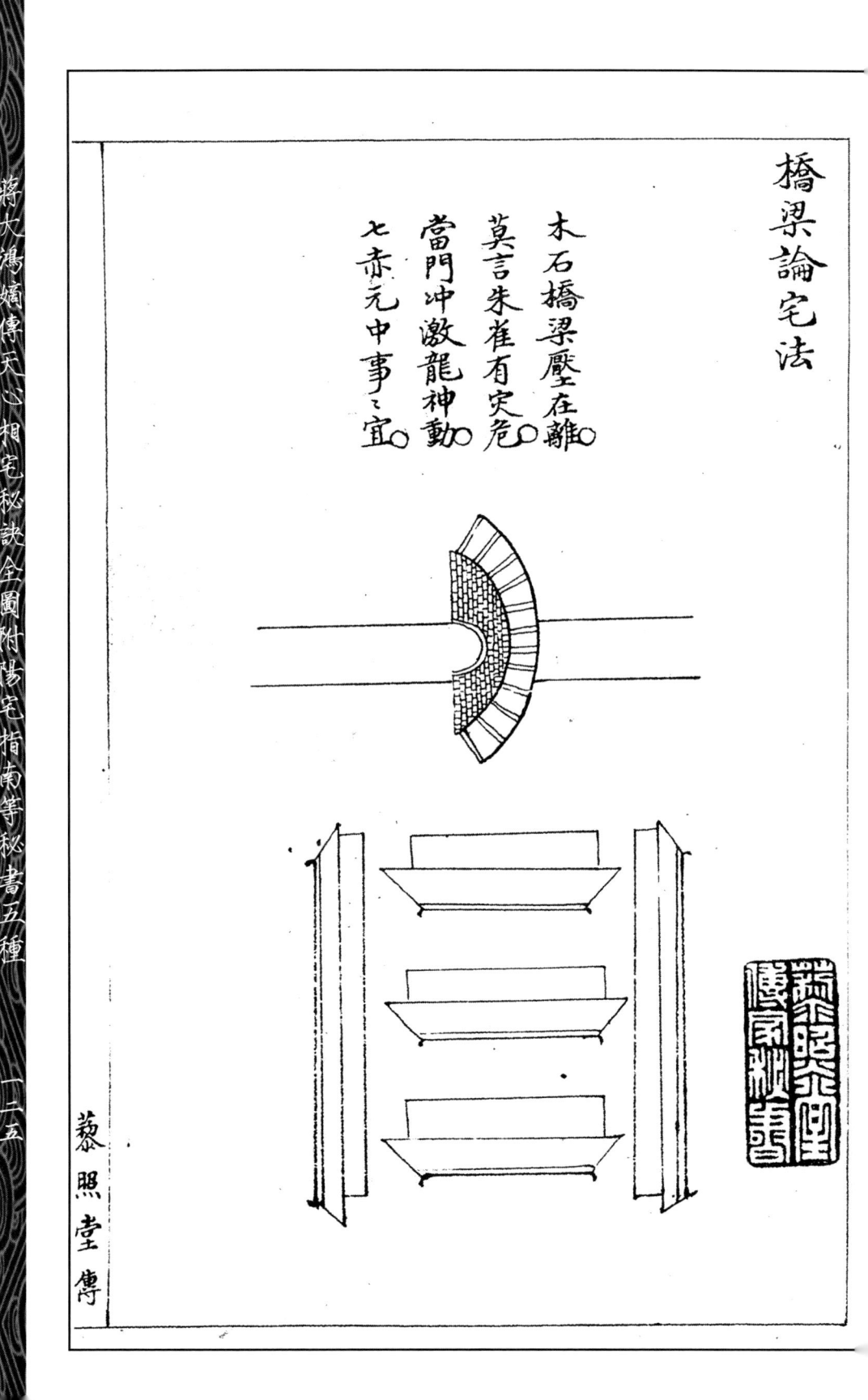

依山立局論宅法

坎上低〻一小山○
不須千仞也闗攔○
若然高插青雲上○
此宅真離發下元○

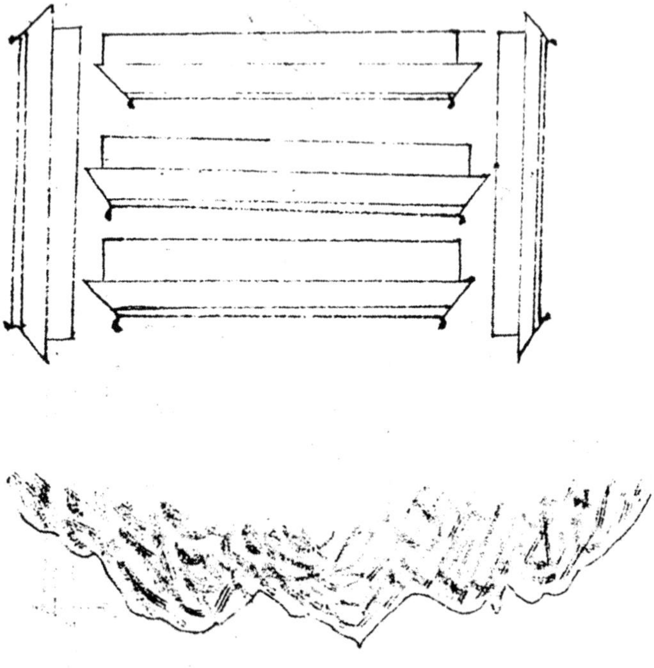

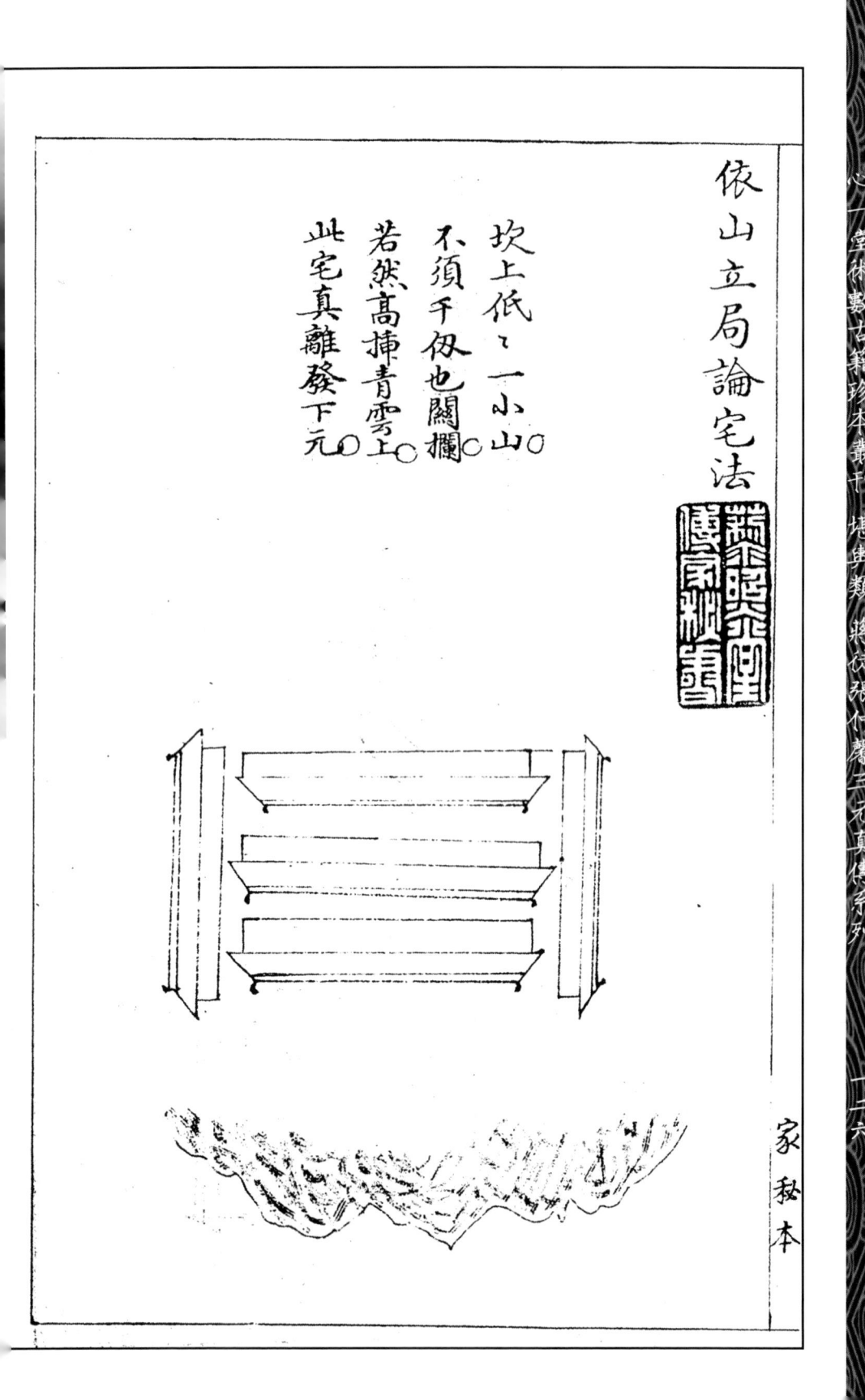

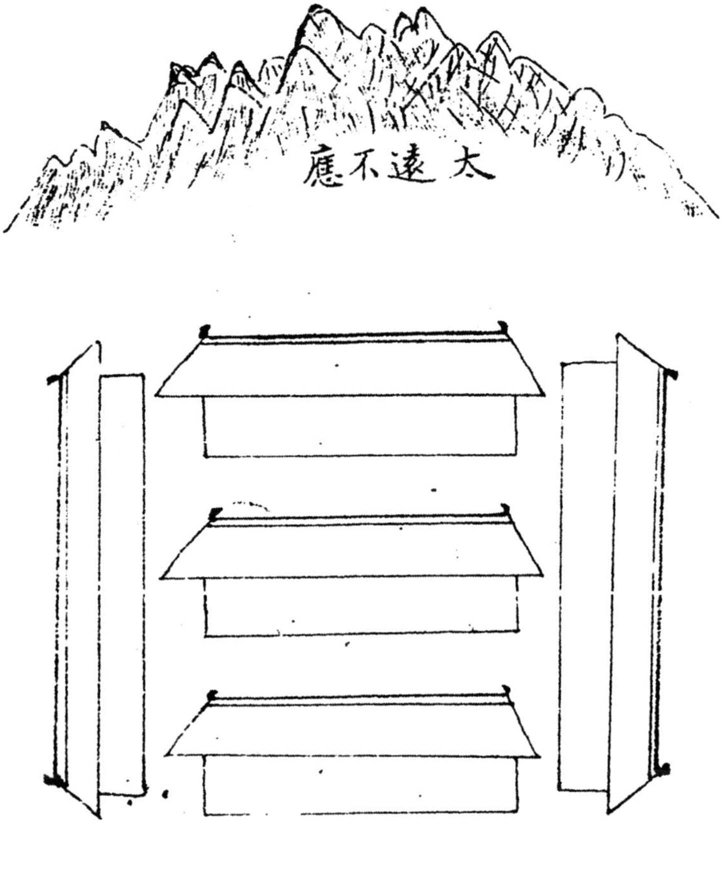

高山一帶在離方○
山下村庄處處強○
若少別星来破損○
三元常自享安康○

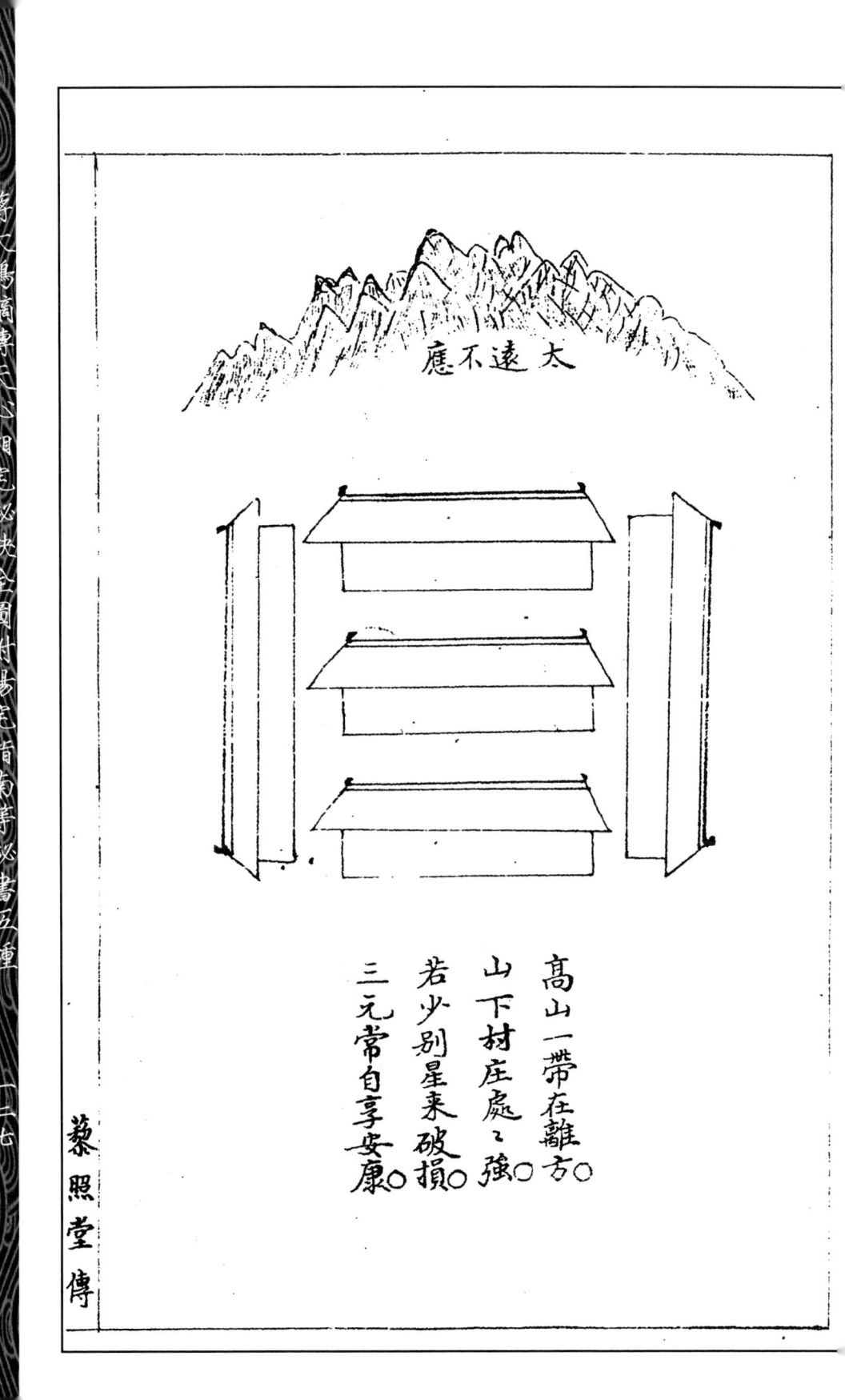

朝山近宅旺中元○
八白行来最不堪○
若是高峰興廢大○
縱然低小也須看○

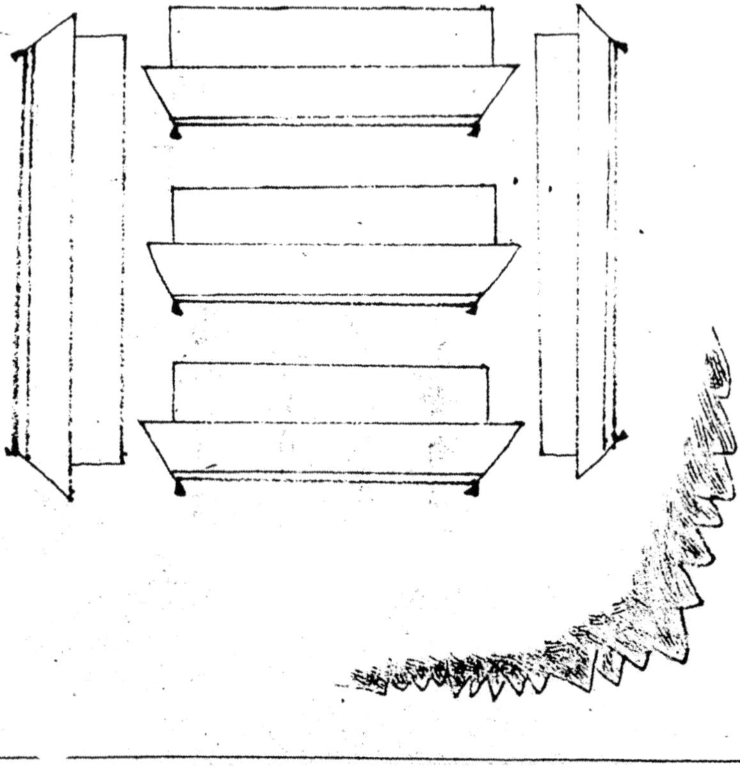

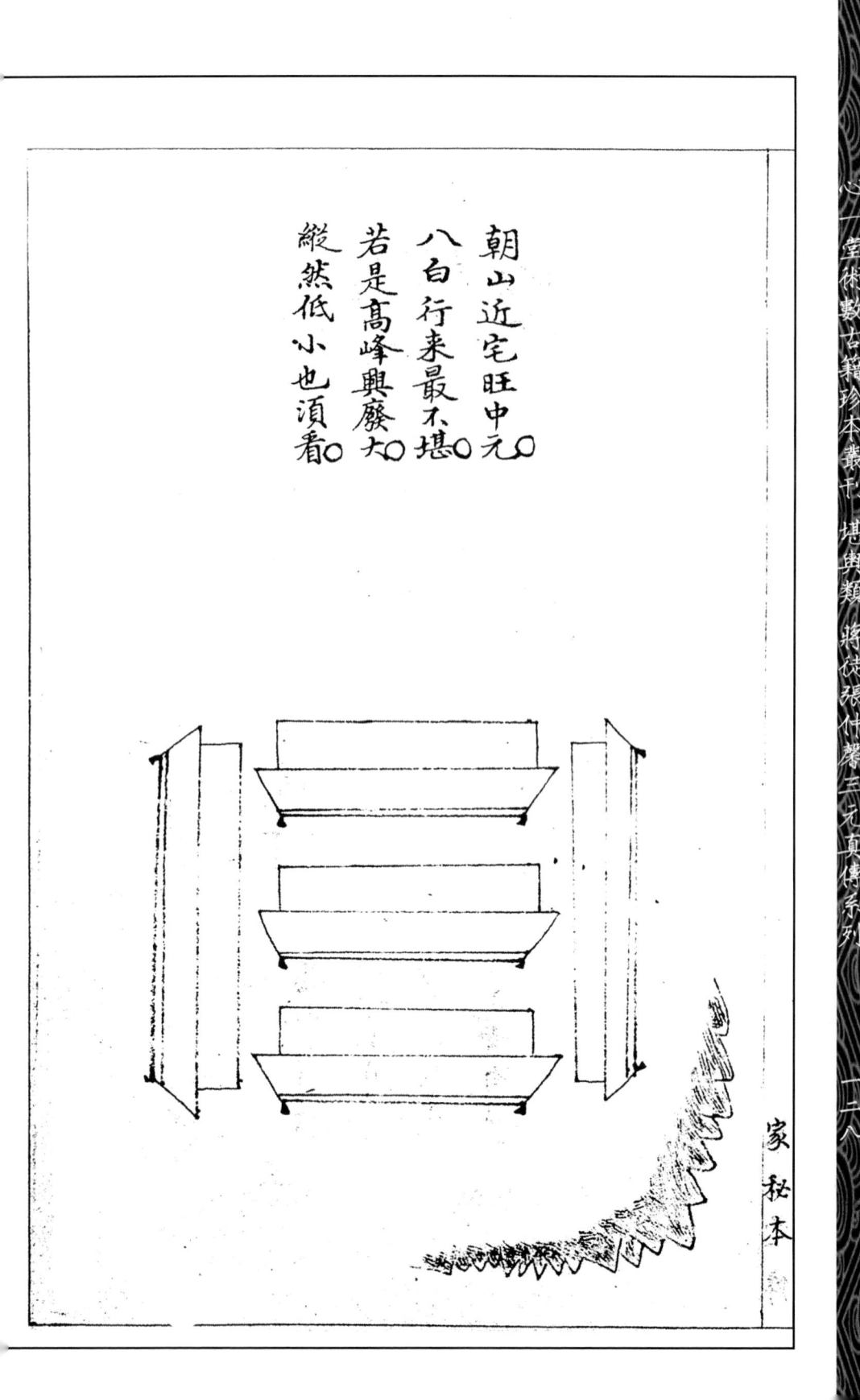

山宅風門論宅法

山勢周圍似洞天。
獨開坎上接人烟。
此中便是神仙宅。
不識人間晉魏年。

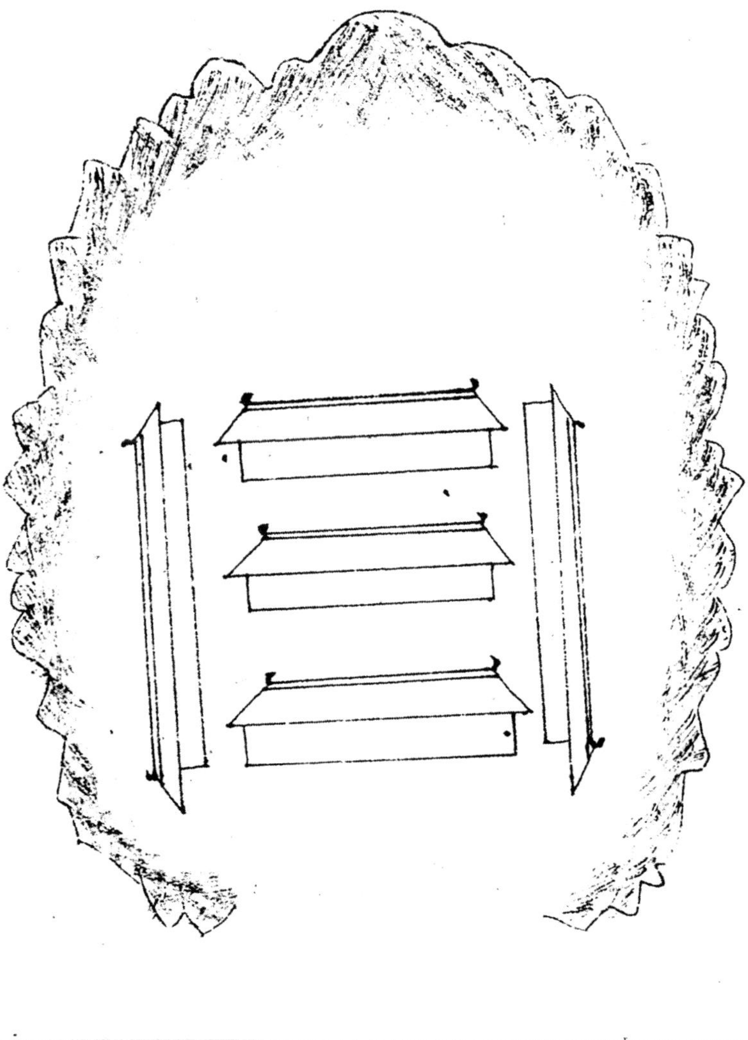

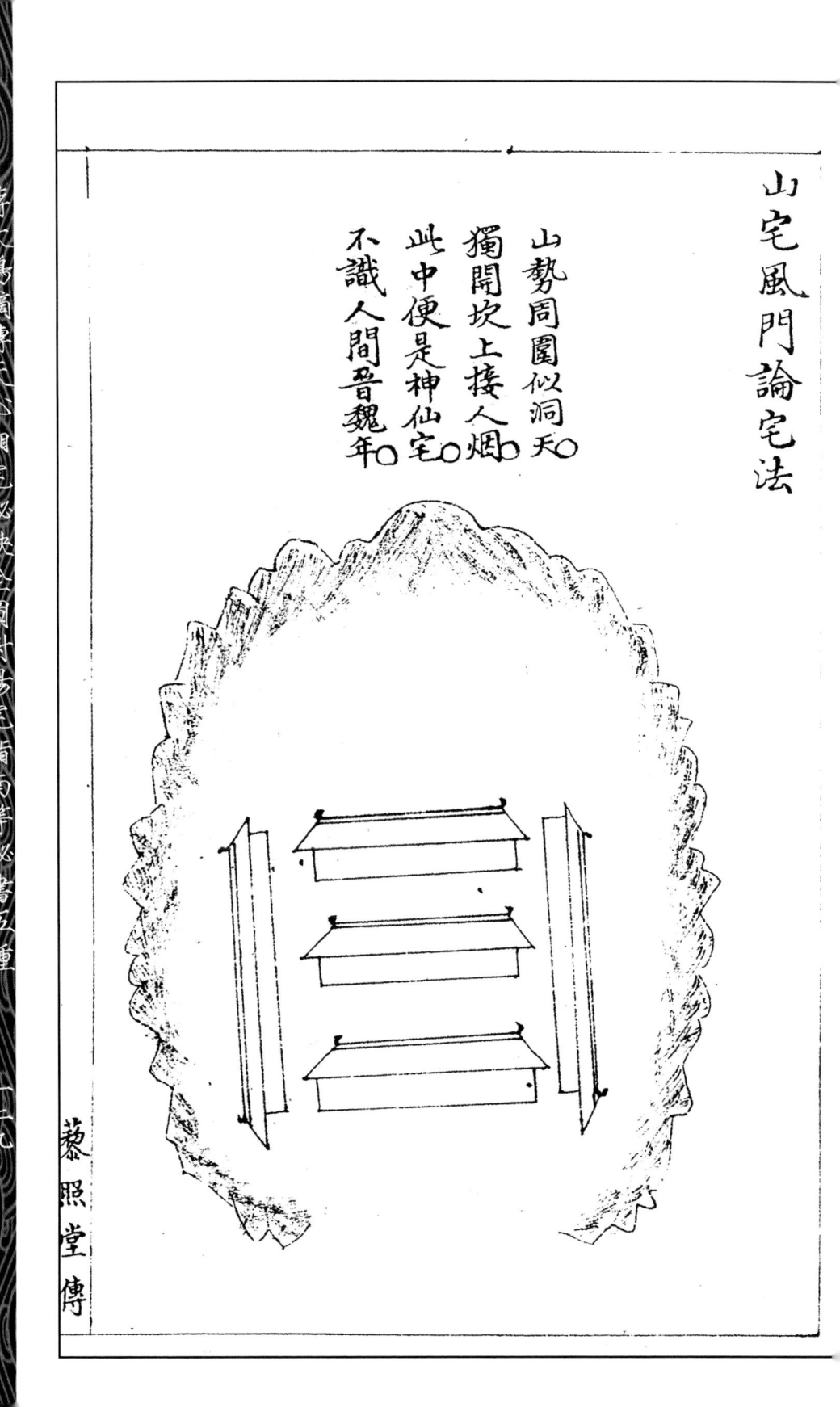

山路通風在巽隅○
看来也是列仙居○
中元享盡人間福○
七赤輪廻作廢墟○

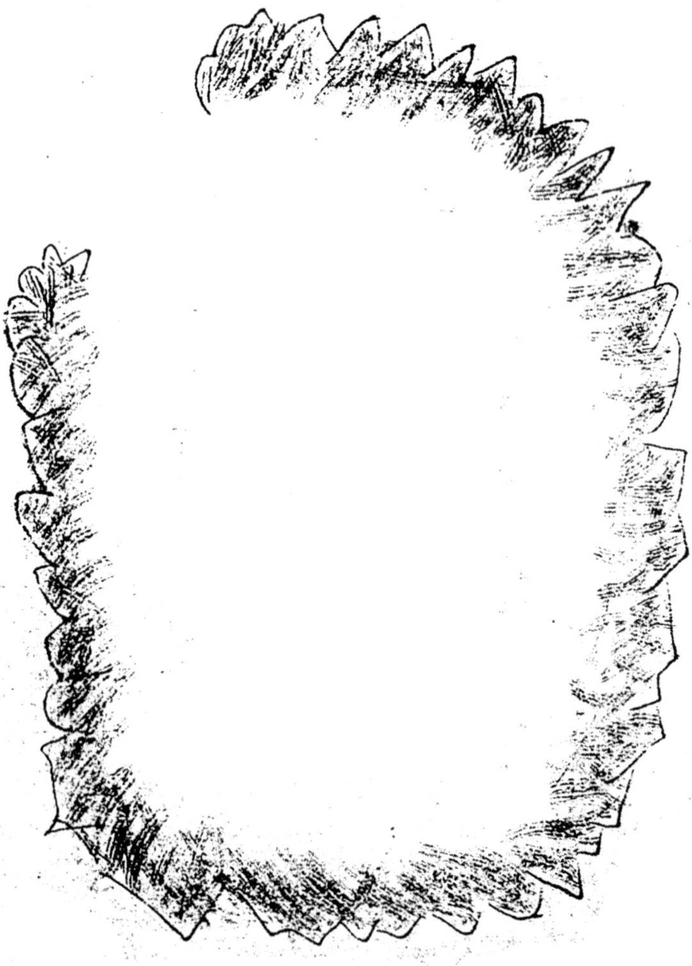

一白宫九紫風多死氣福何延

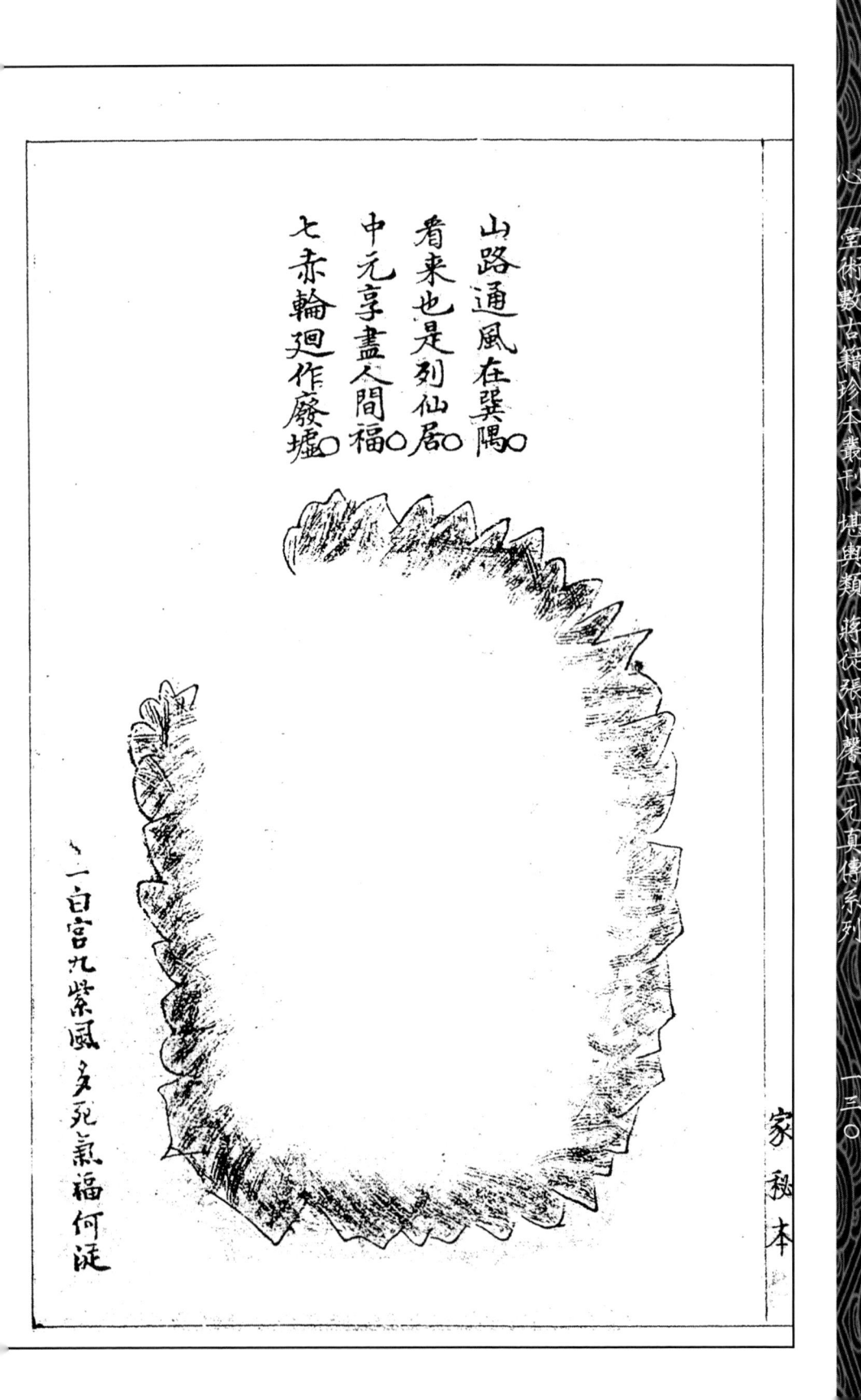

八廓周圍玄圃仙
離方開敞見青天
下元值此真瑶島
只恐衰時有變遷

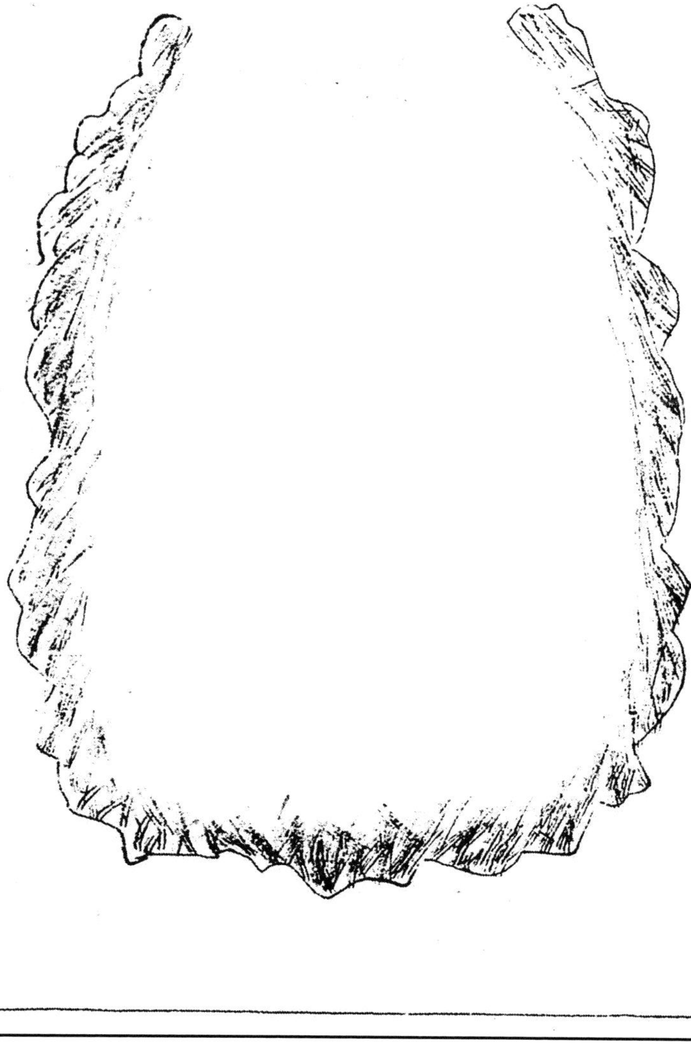

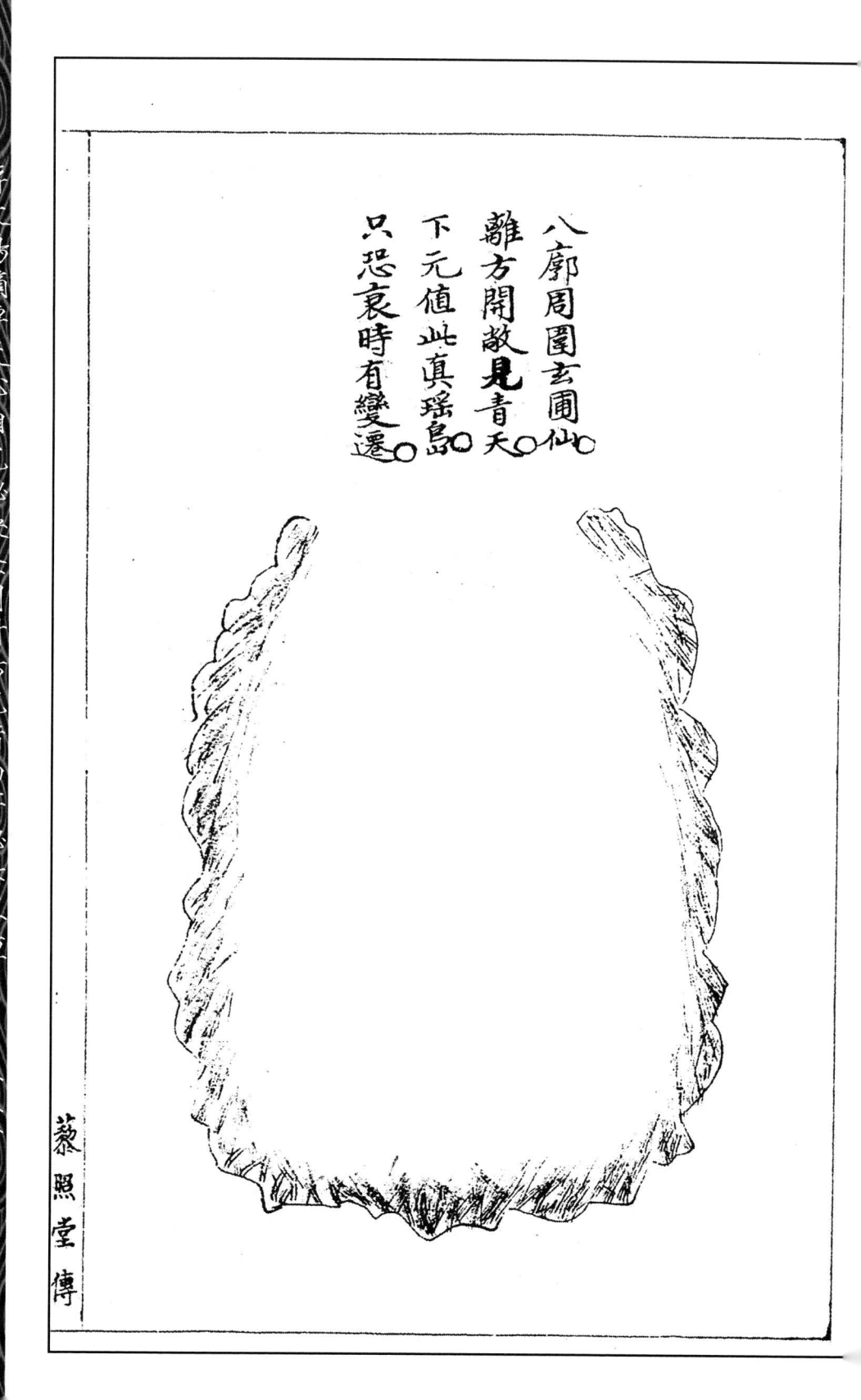

重巒疊巘掛丹梯○
四顧雲封仙路迷○
坤地繞通車馬跡○
下元畧見減容輝○

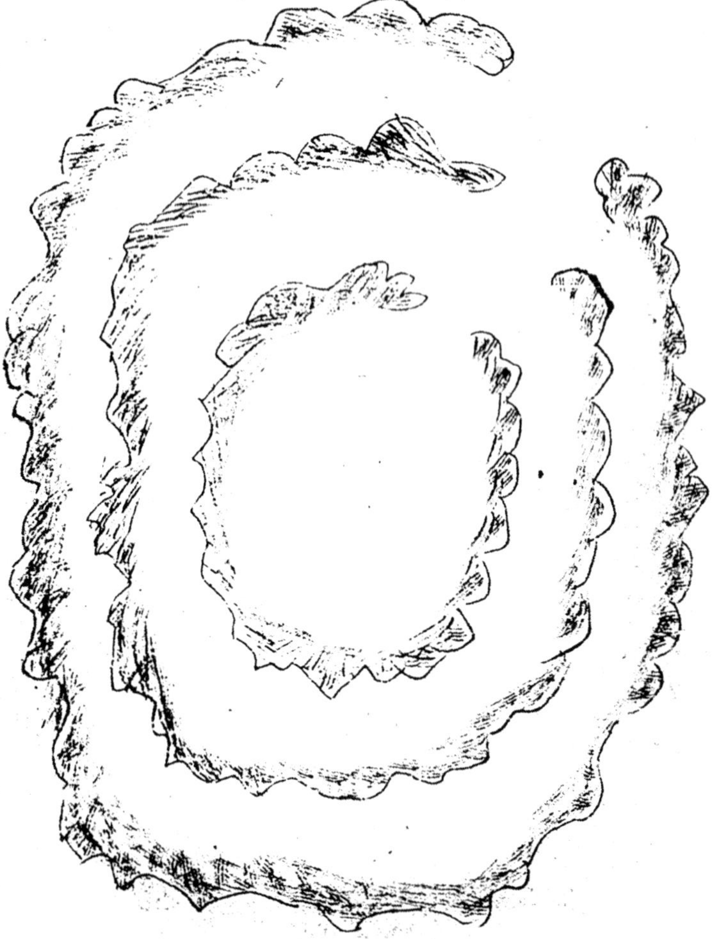

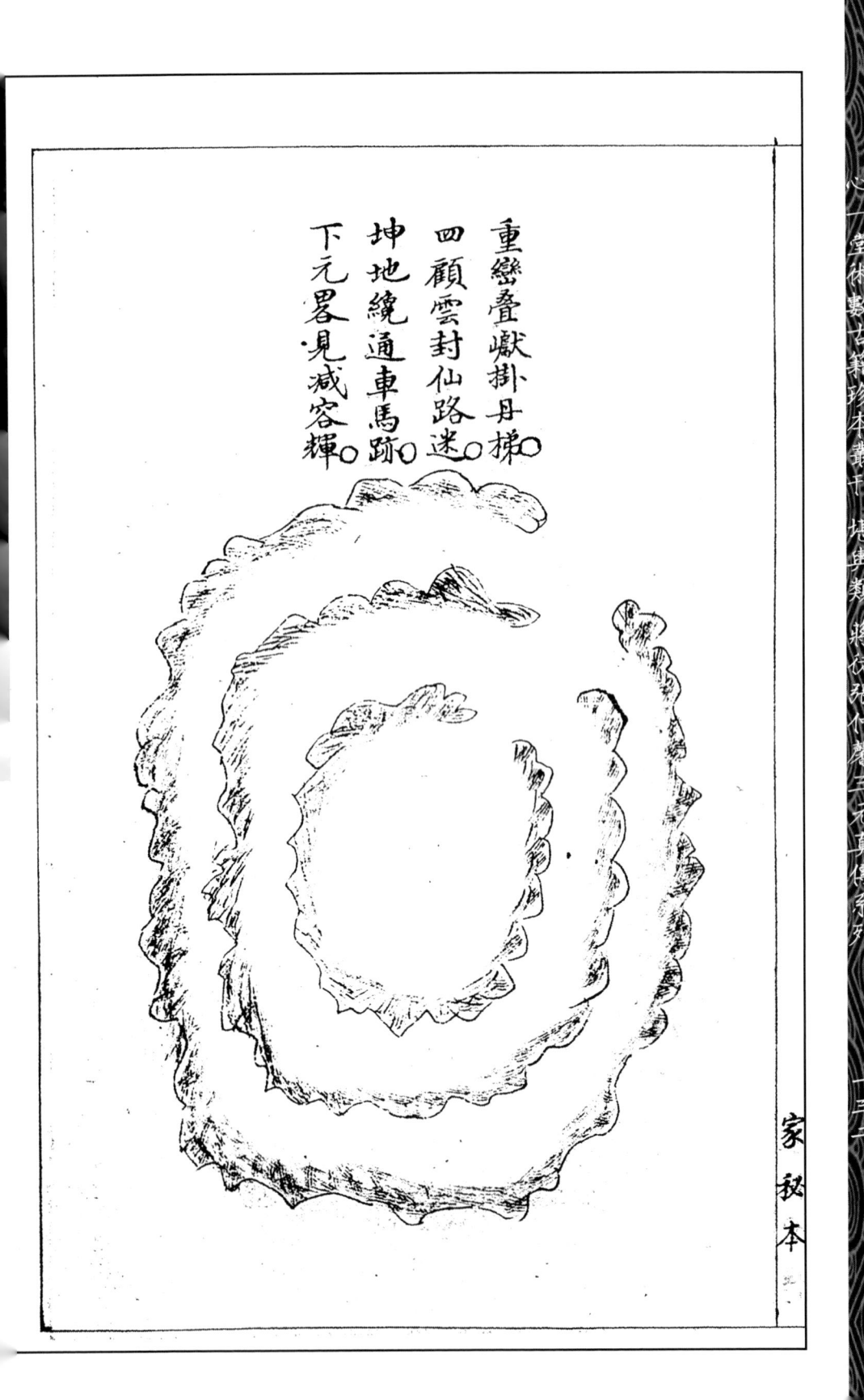

四面山圍不漏風。
獨於乾位見低空。
此山但喜中元宅。
赤白相交怕失踪。

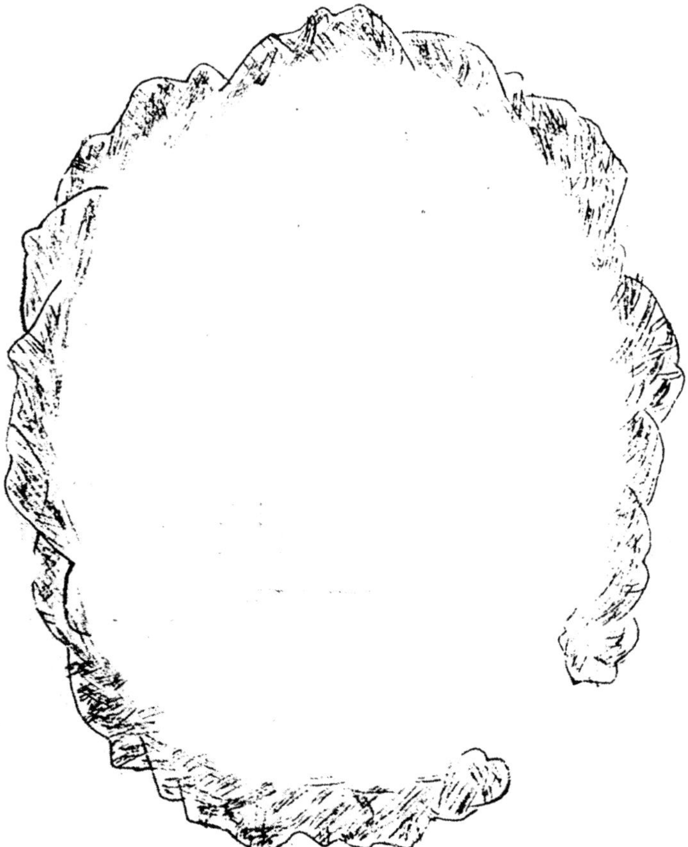

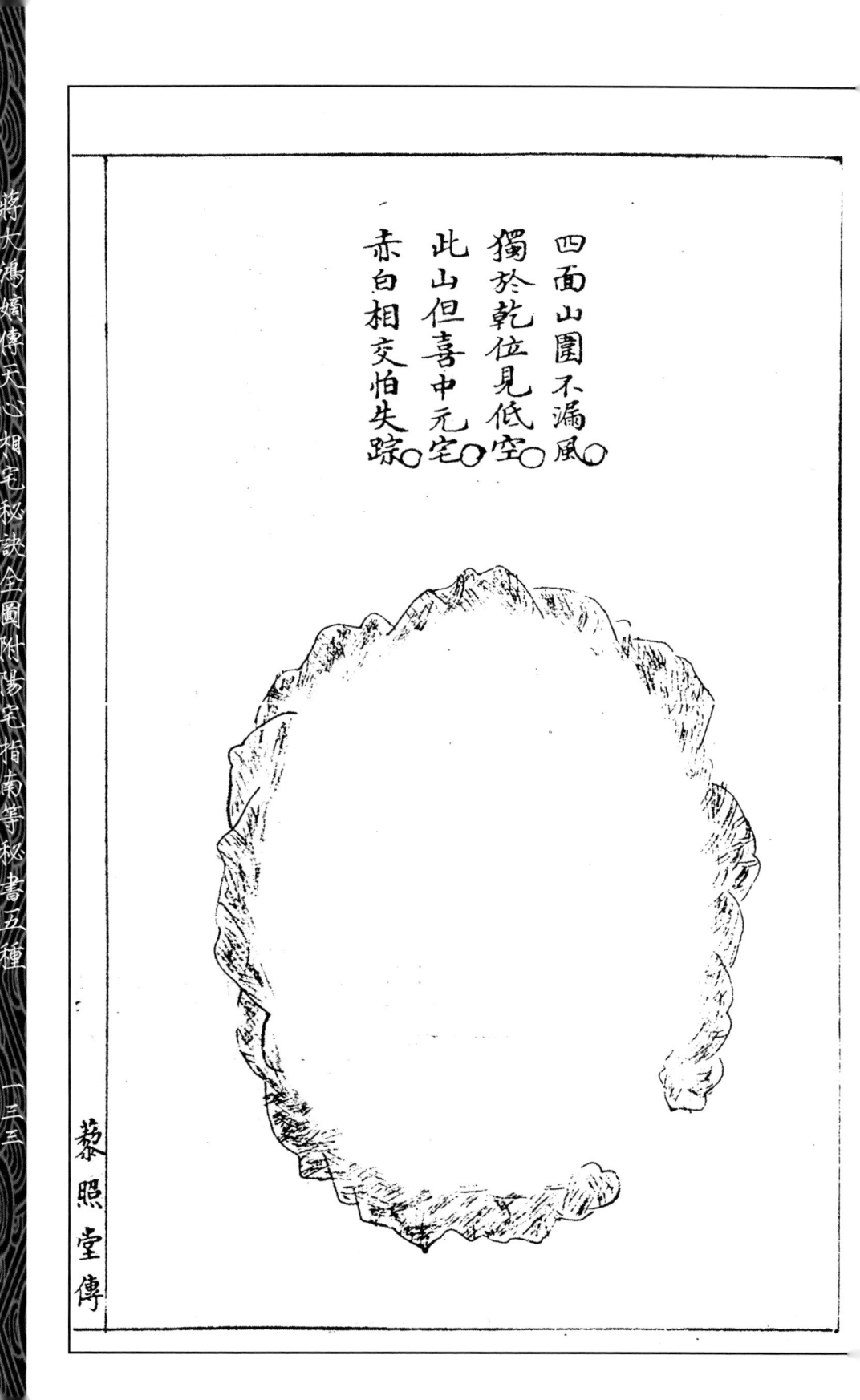

左右吹来两路風。巽坤雙氣入仙宮。上中百二千花發。運到衰時逐斷蓬。宅若居中两氣平。倘居山角又移星。左受坤風巽不到。右冲巽氣坤不侵。我為指出分風法。趨避之間看審情。

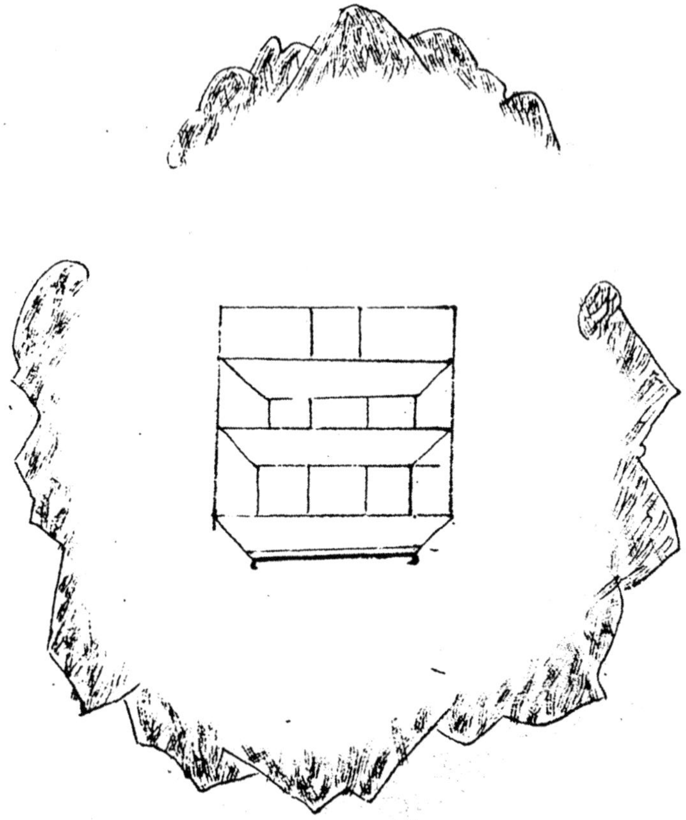

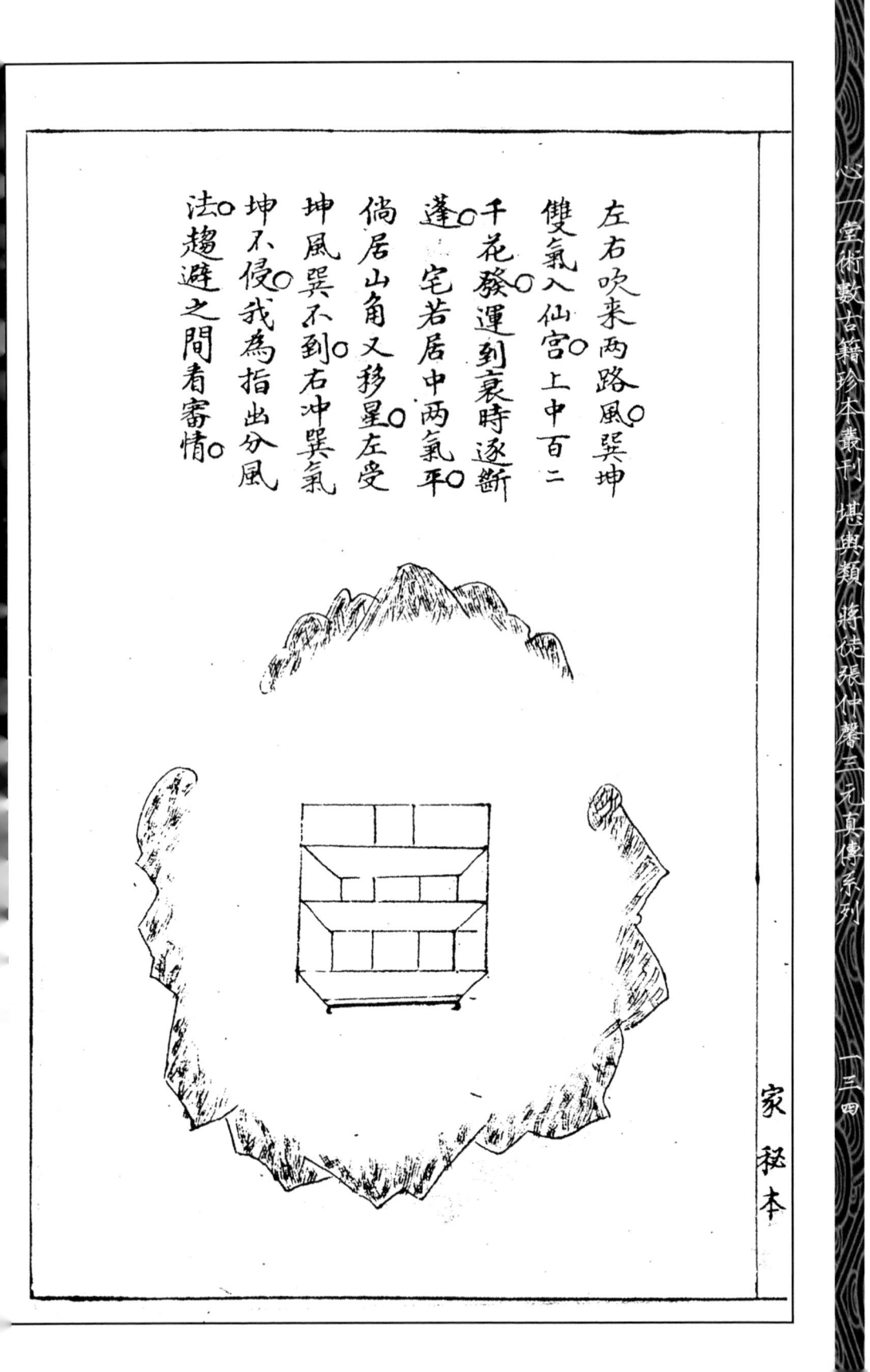

諸山列嶂錦為城。
城内開洋廣且平。
若曉依山安八宅。
得元得運逐時興。

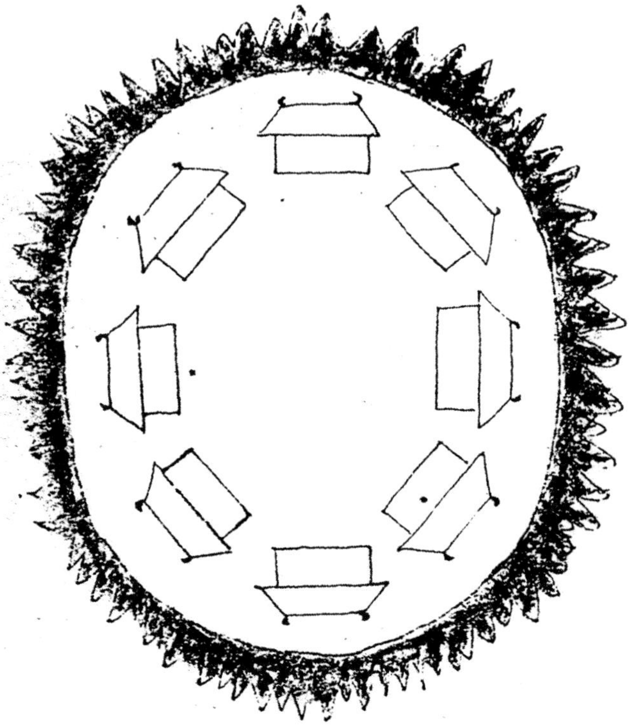

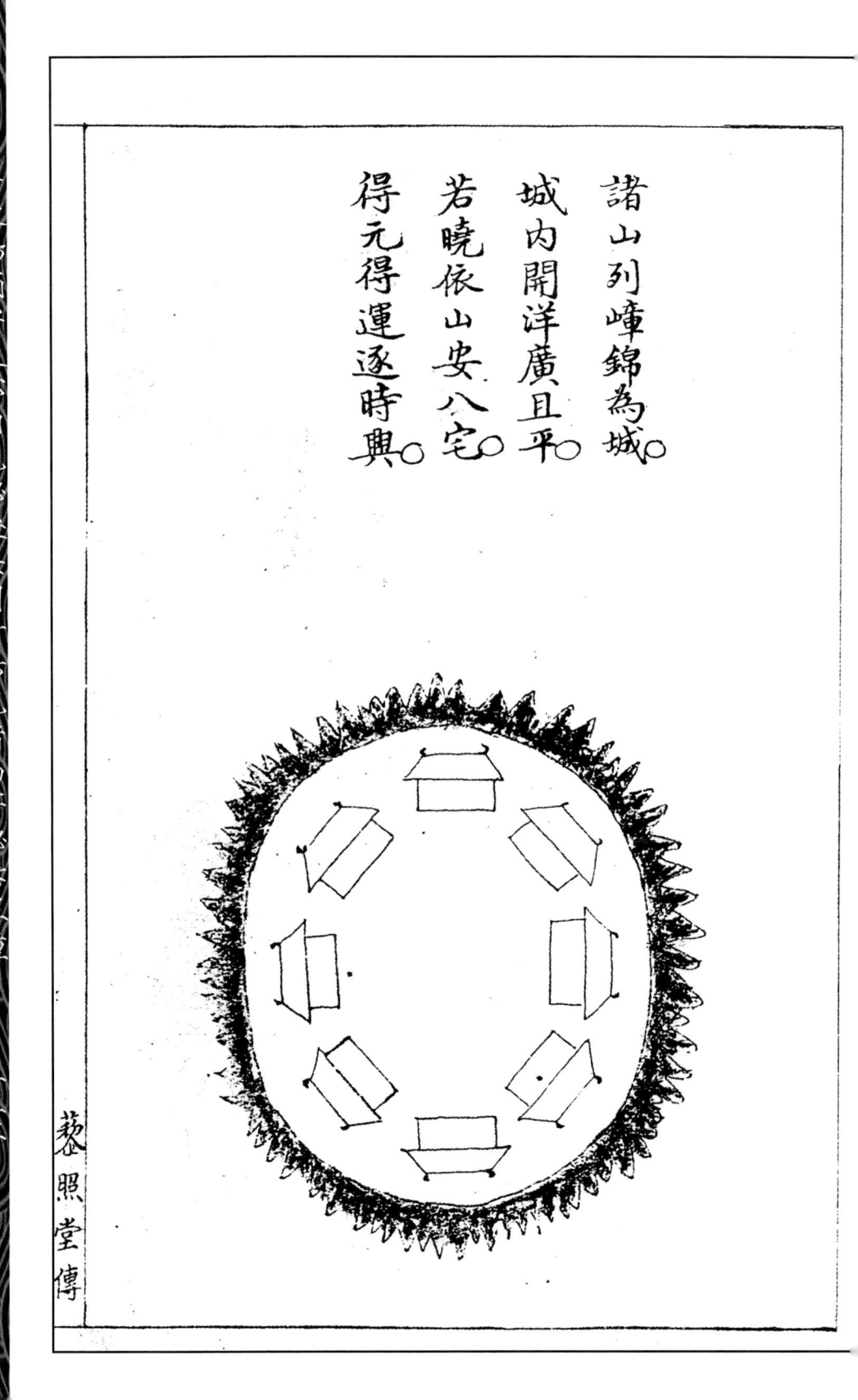

左右吹来两路風○巽坤雙氣入仙宫○上中百二千花發○運到衰時逐漸蓬○宅若居中两氣平○倘居山角又移星○左受坤風巽不到○右冲巽氣坤不侵○我為指出分風法○趨避之間看審情○

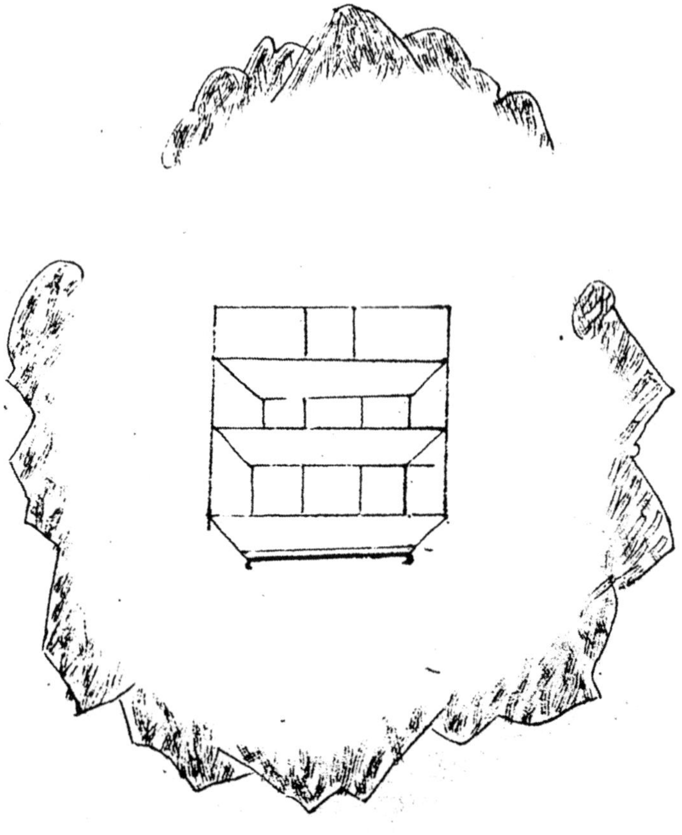

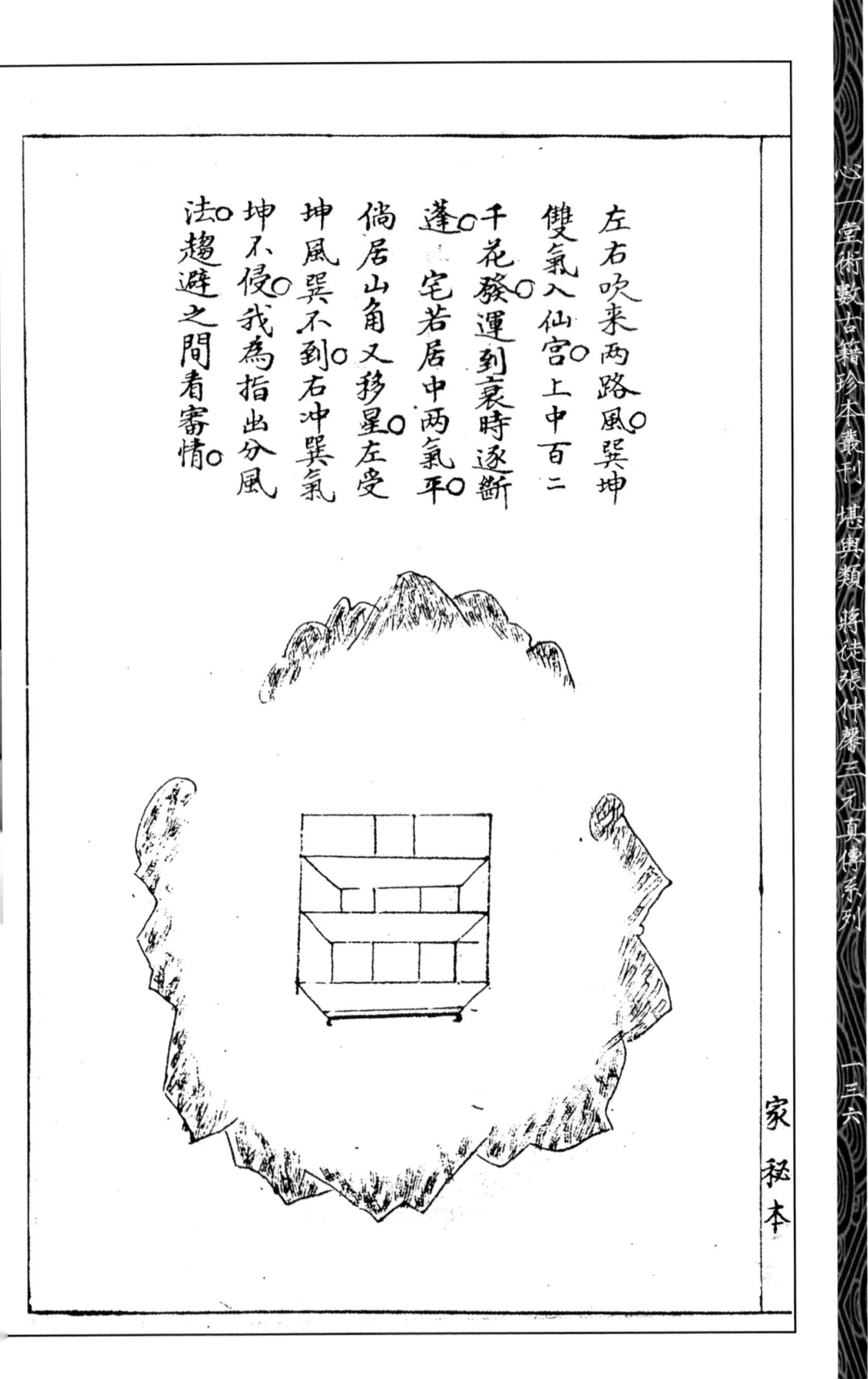

諸山列嶂錦為城。
城內開洋廣且平。
若曉依山安八宅。
得元得運逐時興。

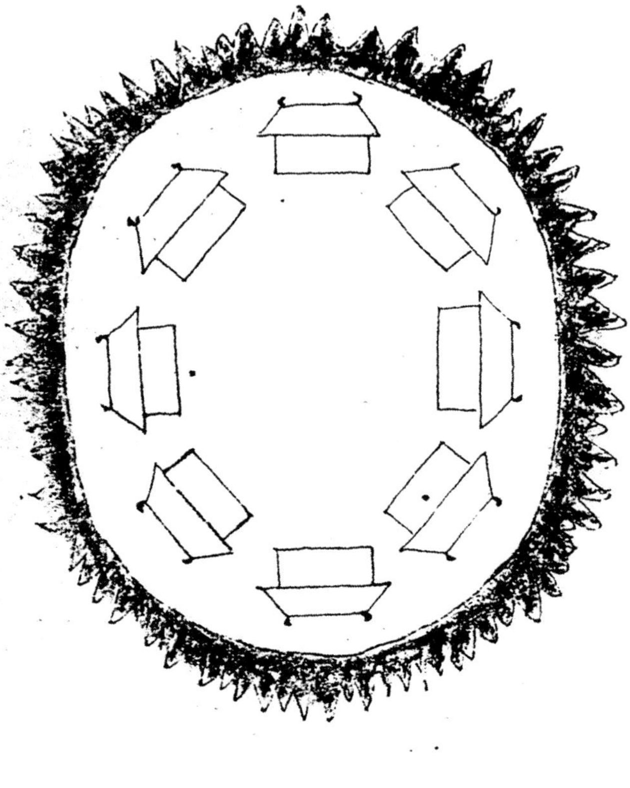

山水相兼論宅法

坤山一帶直　排〇巽水滔

滔遶抱來〇中下二元多發

福〇上元一見剩寒灰〇

此局山散氣輕不敵水專力重

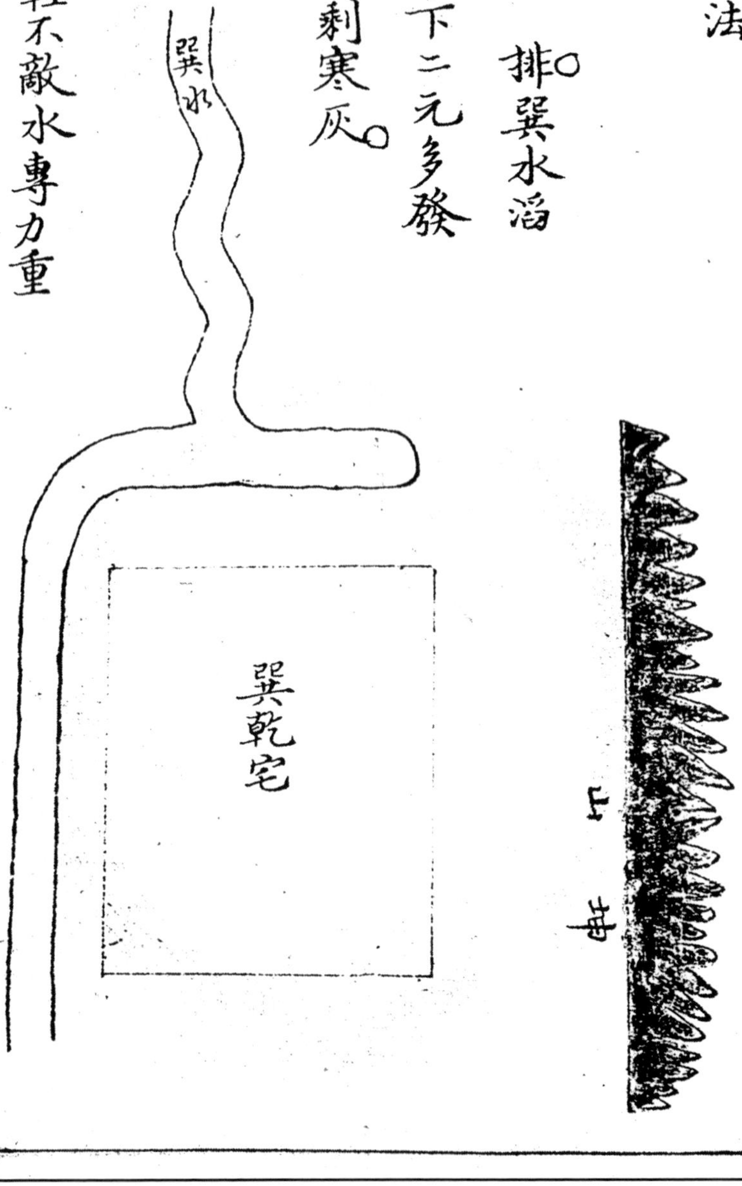

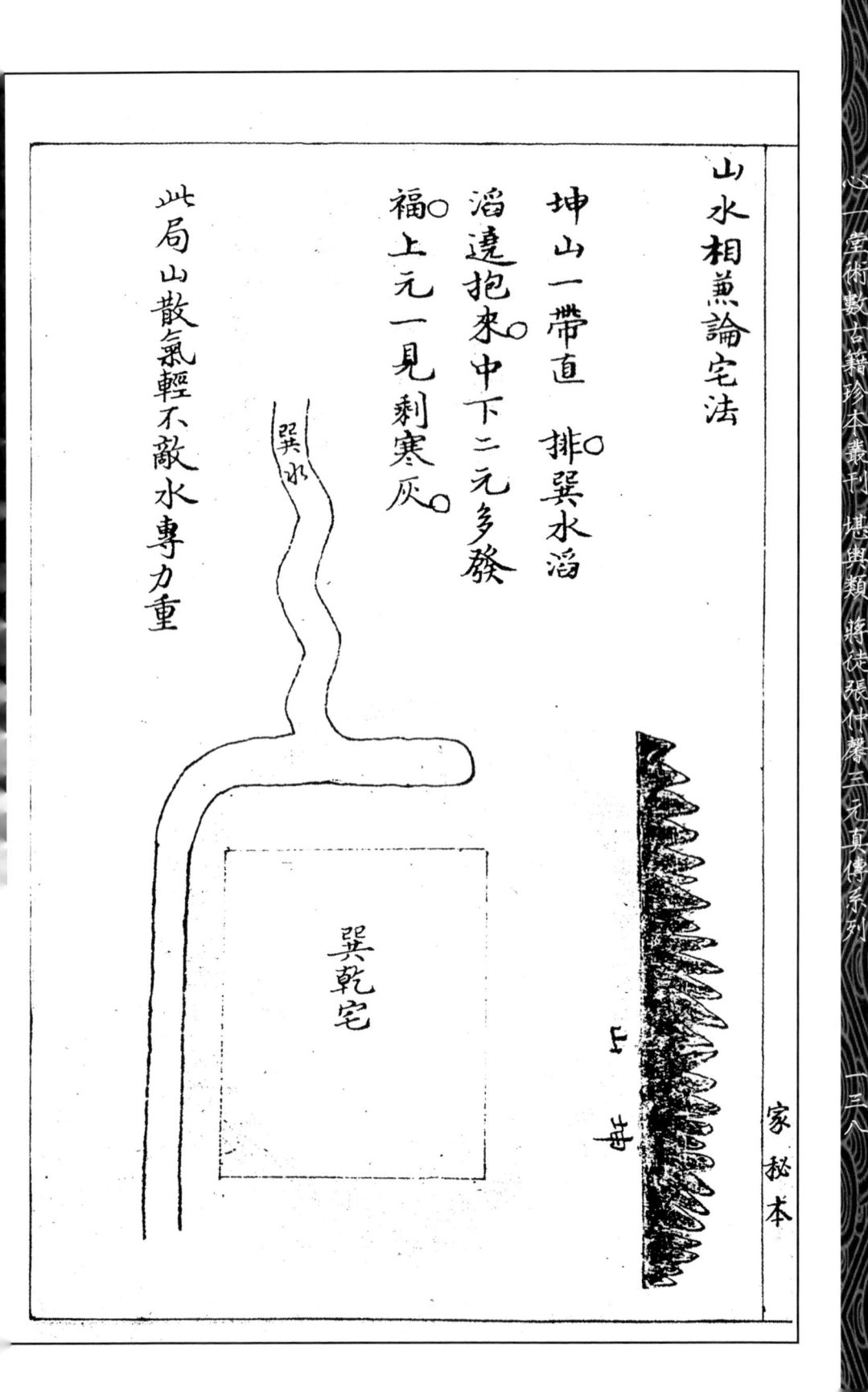

四山圍住旺離風○
水出東南巽氣通○
還是下元全盛日○
縱餘瑕玷可消融○
此局山風旺水氣短

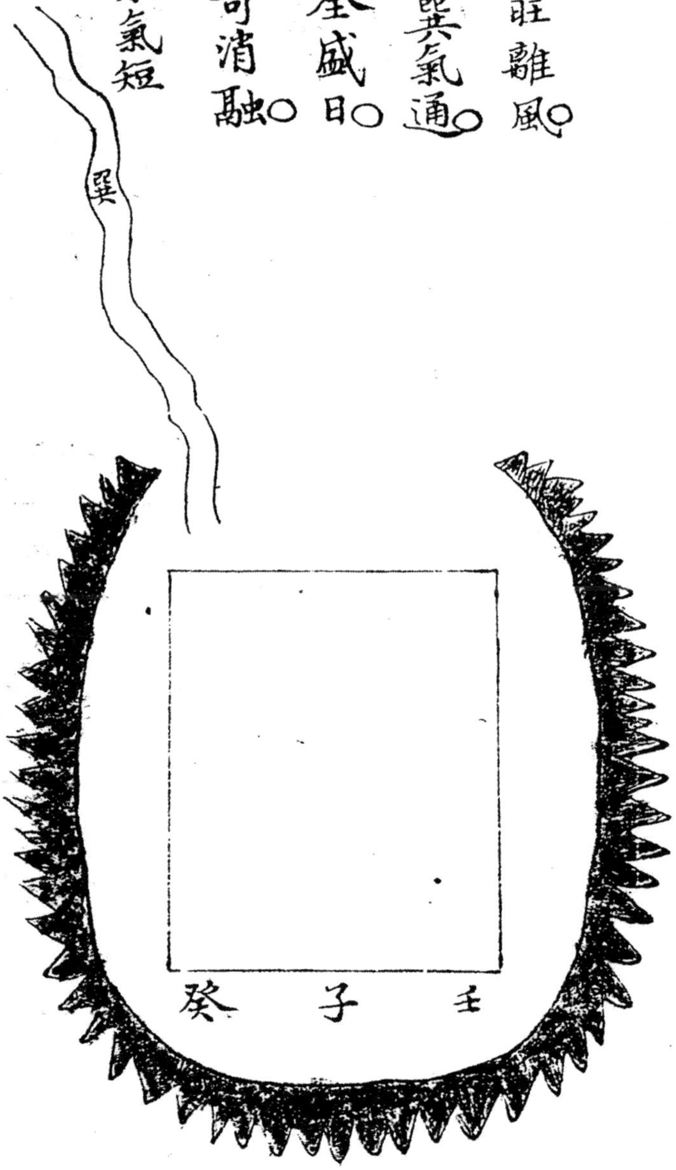

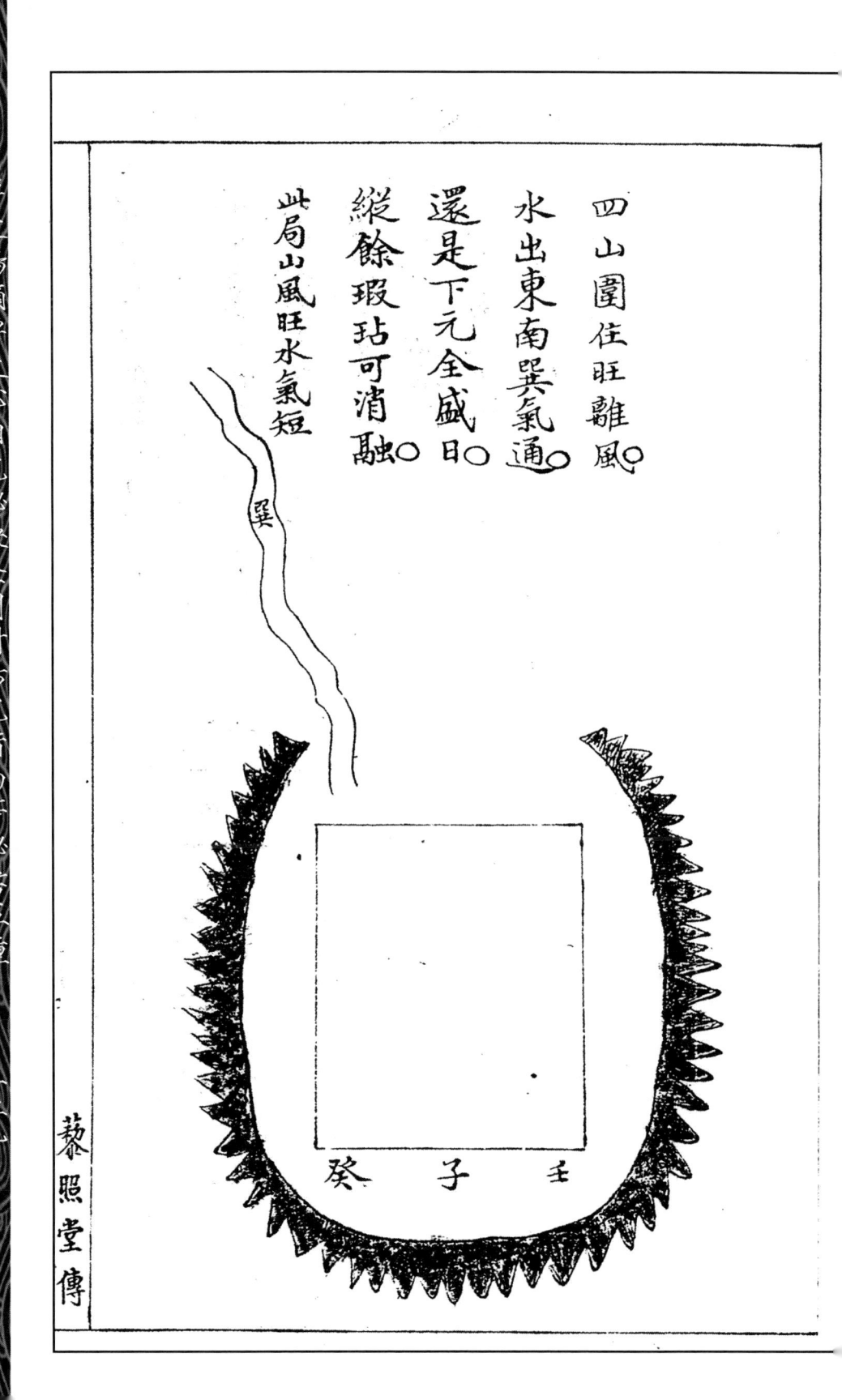

方隅邊際迎風論氣法

比屋連甍大宅通○
或居曠野或城中○
八方俱有分風路○
須向三元細審踪○
角掛東南風受巽○
若然東北艮風吹○
再將門路來相引○
叅錯毫厘辨吉凶○

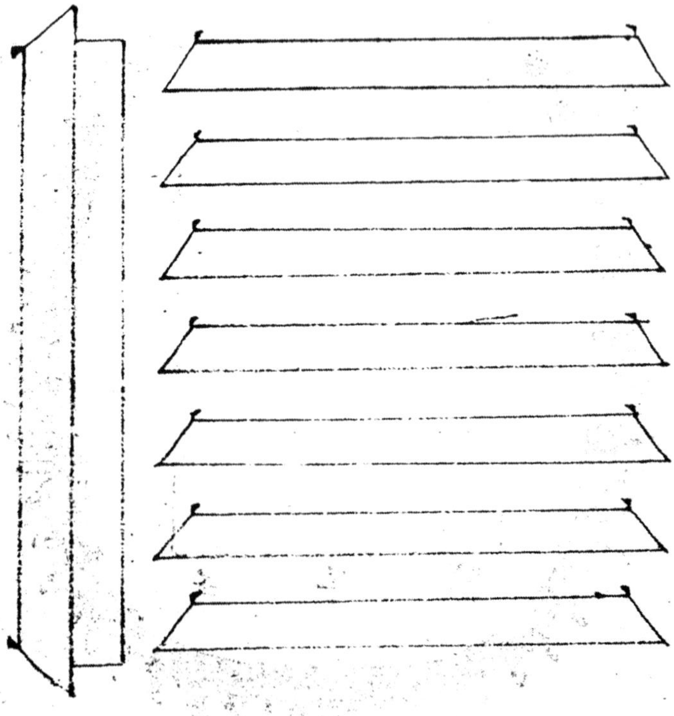

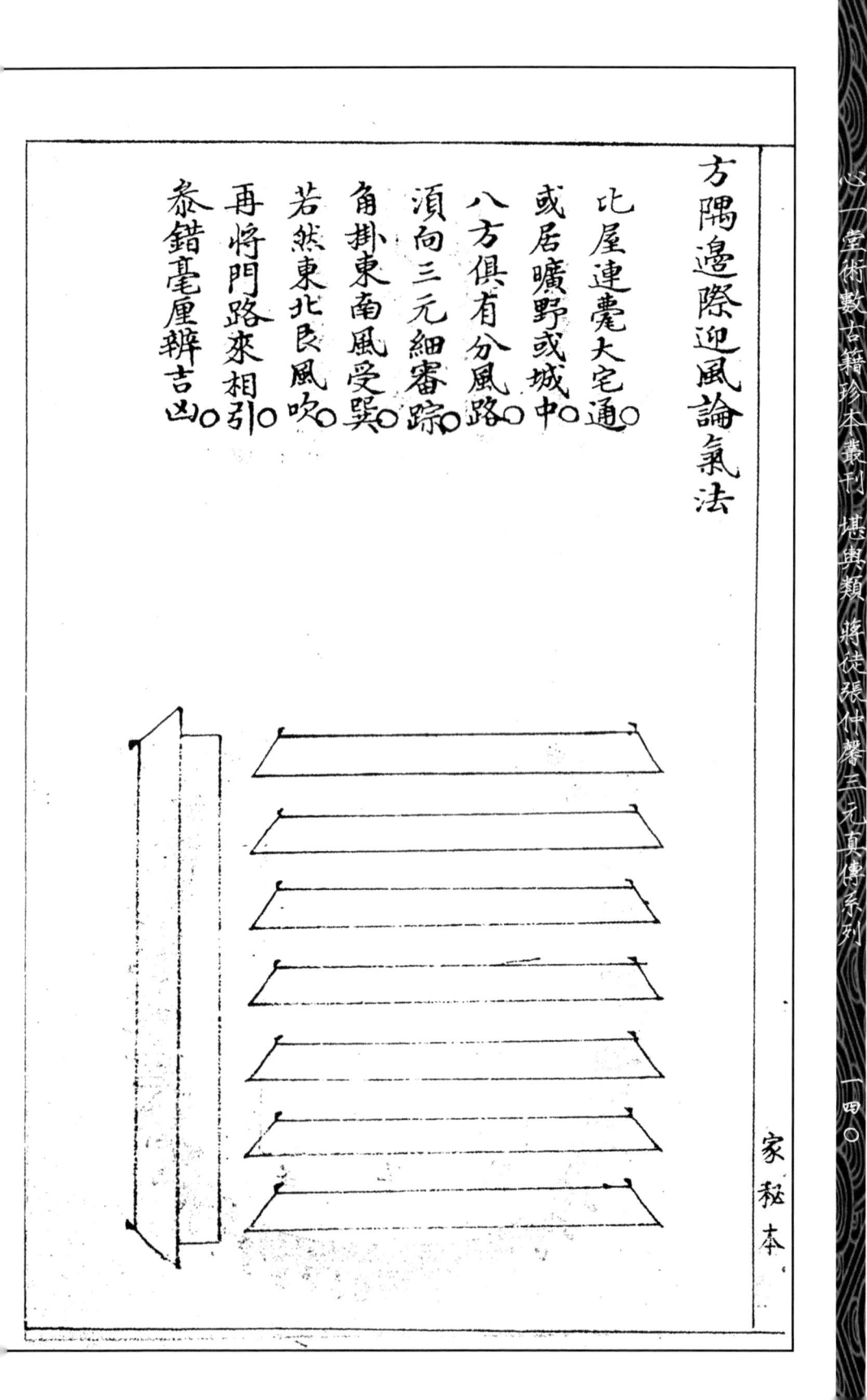

宅形正變法

四正八宅

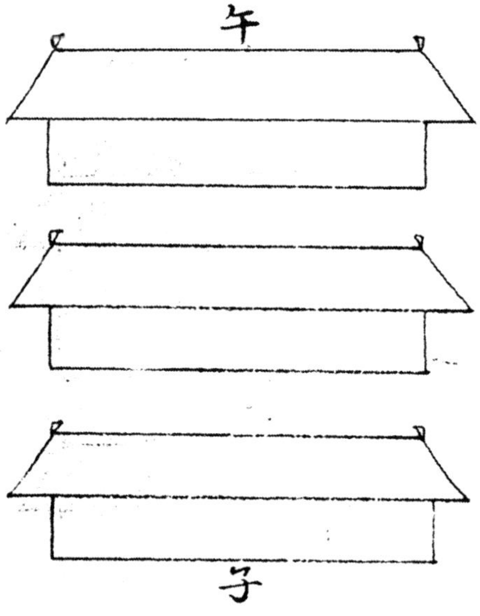

四隅八宅

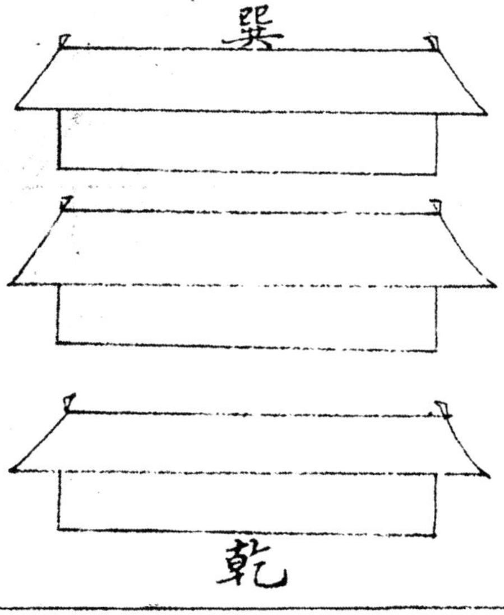

藜照堂傳

前後換氣宅

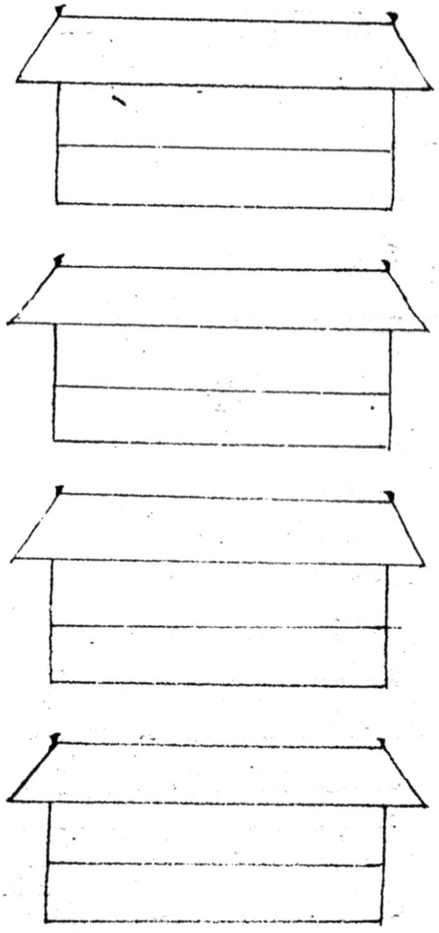

引氣秘法

朝南之宅正門開。此是離宮紫氣來。宅深七赤元中旺。扁淺中門未足胎。

此宅六七進、受離氣既長、門開中間、直貫氣真、下元大發、

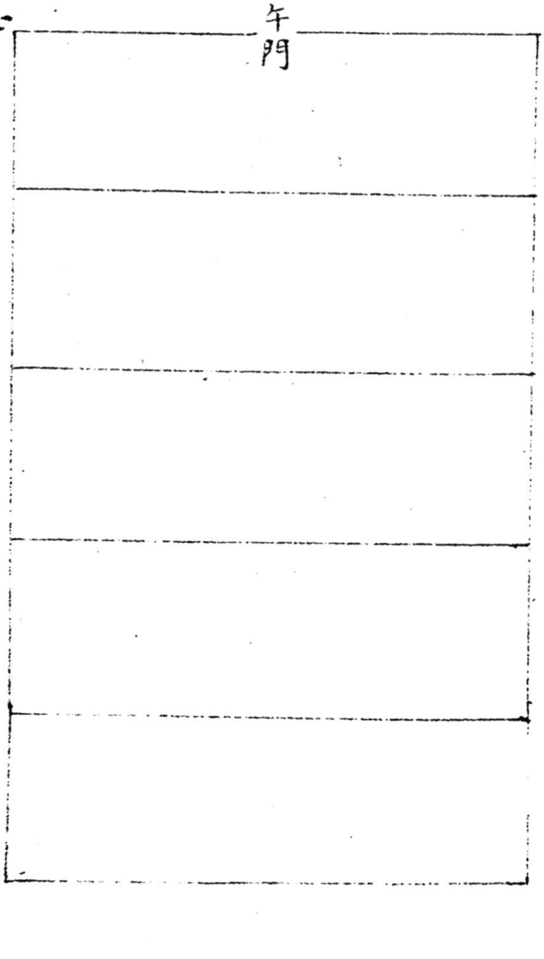

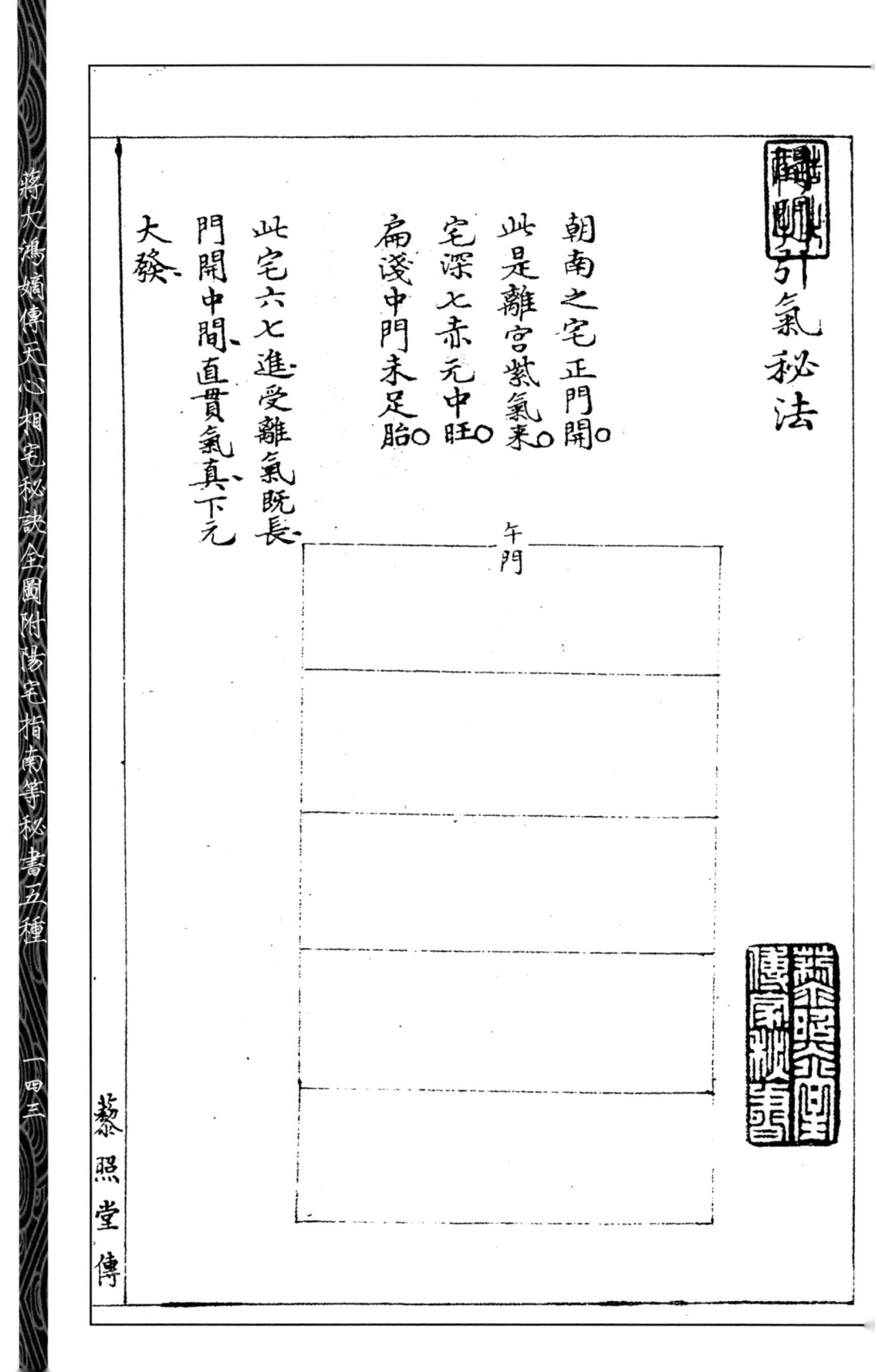

此宅兩三進、有六七間開濶、宅形扁淺是震兌之形、雖開離門、而內室在左兼坤氣○在右則兼巽氣○下元但可平穩、不能發福、

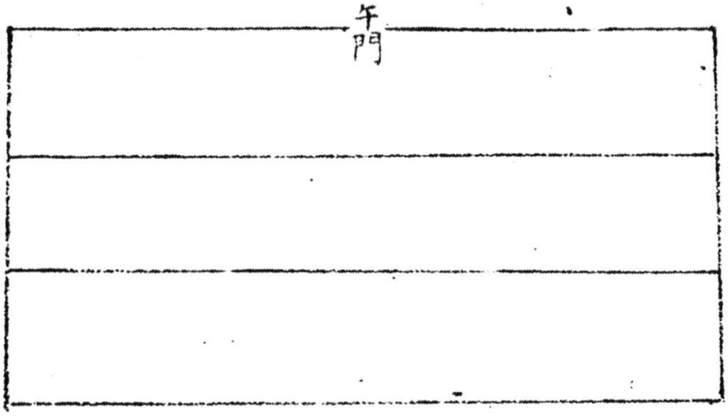

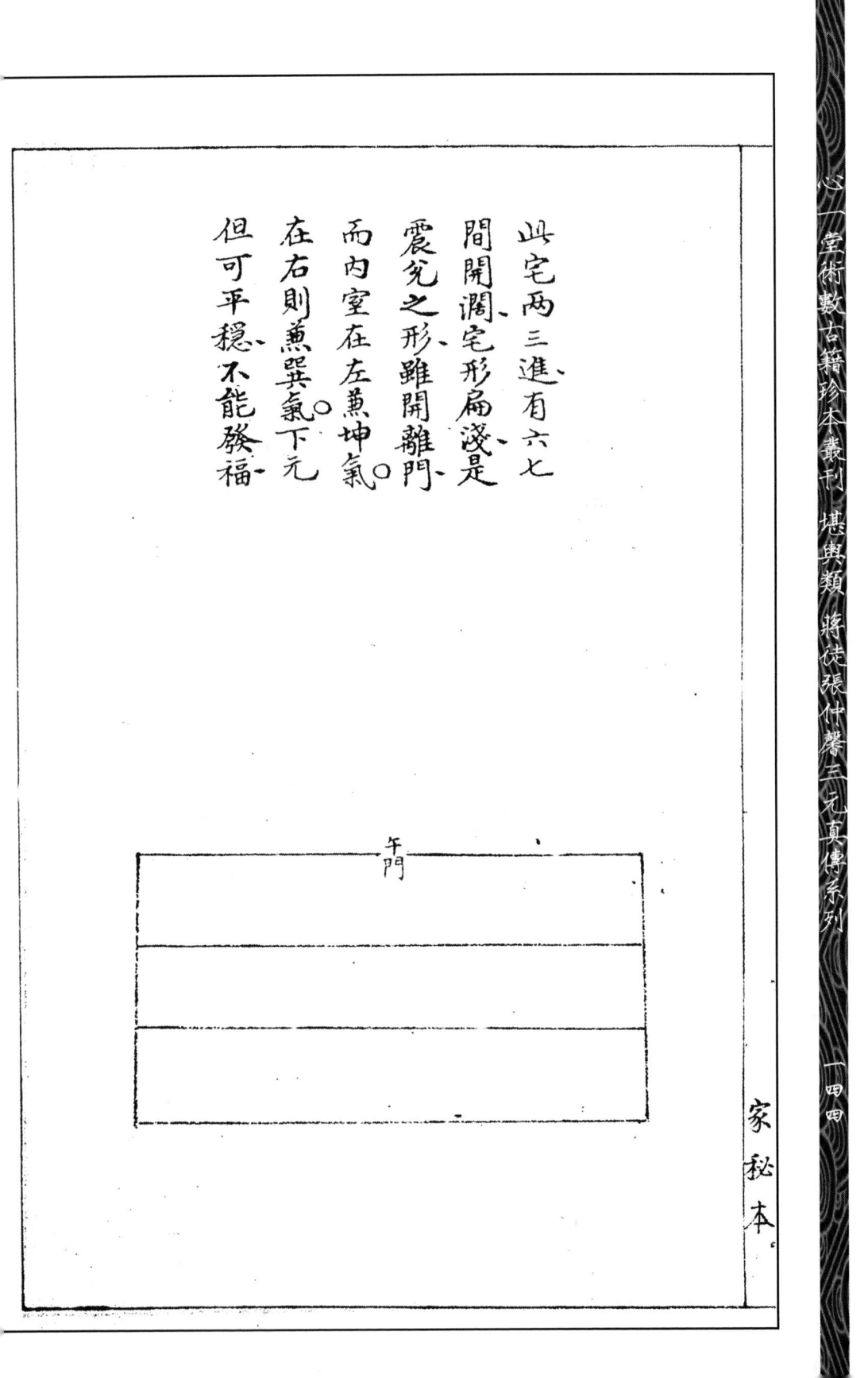

離門中道路重ゝ。
直引離風到寢宮。
此宅下元全旺氣。
更無瑕玷損春容。

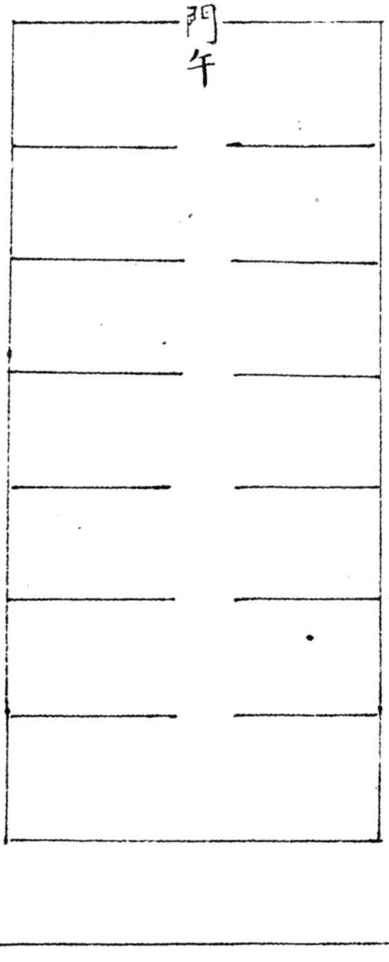

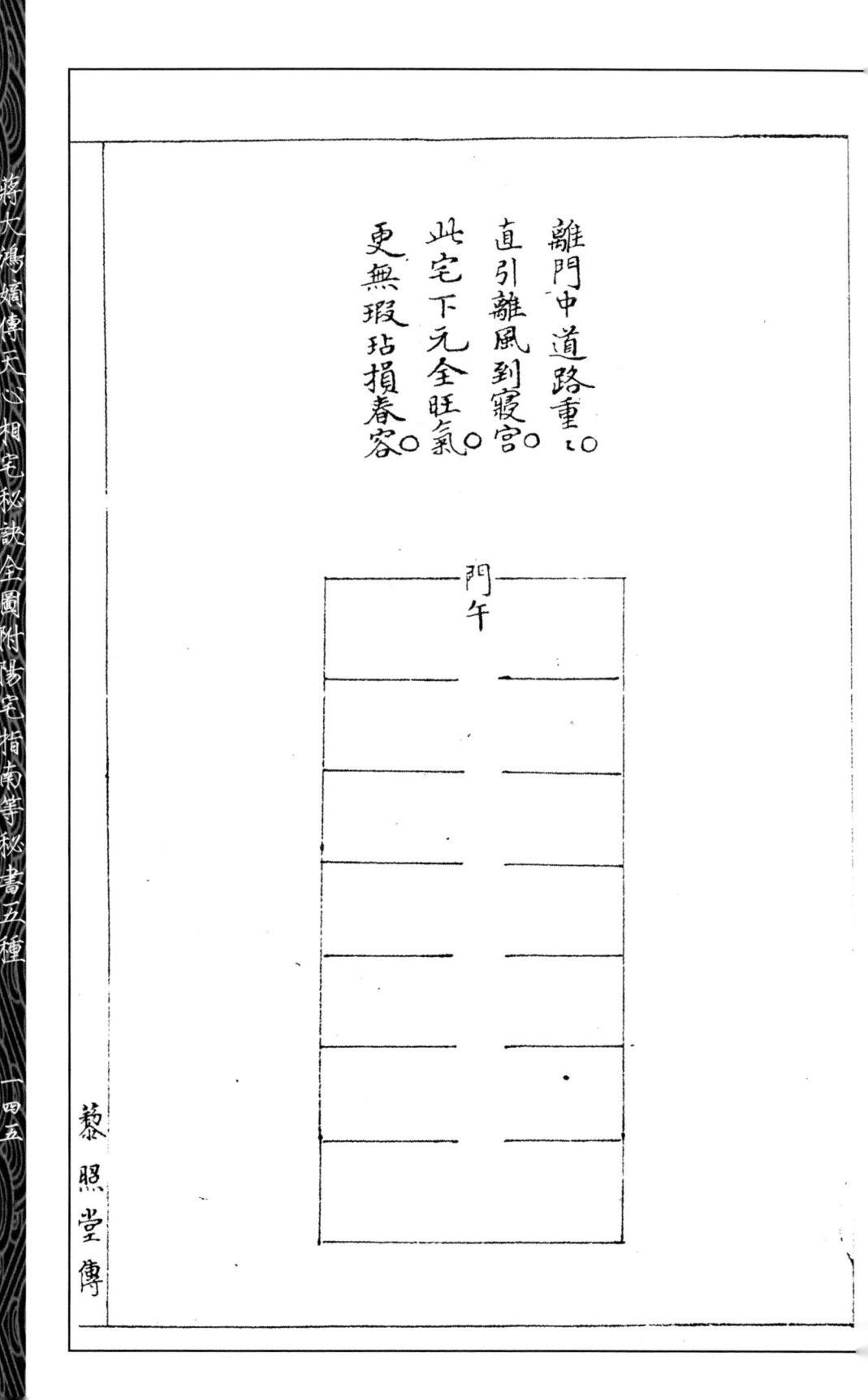

正門離上路偏東○
轉入深閨巽氣濃○
下元家道雖然旺○
閫内須防宊禍重○

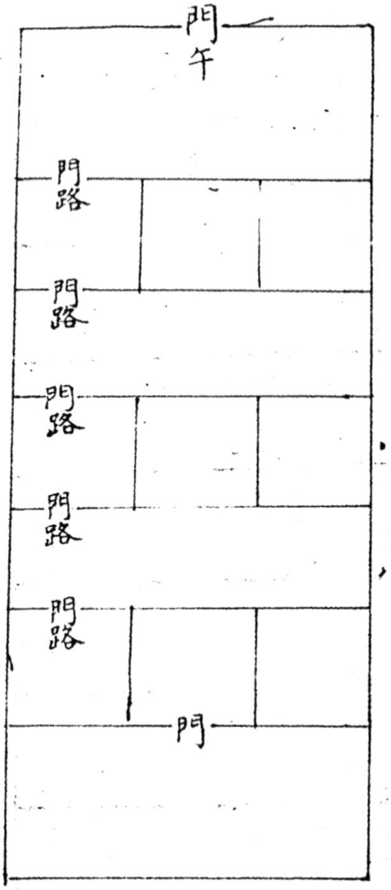

家秘本

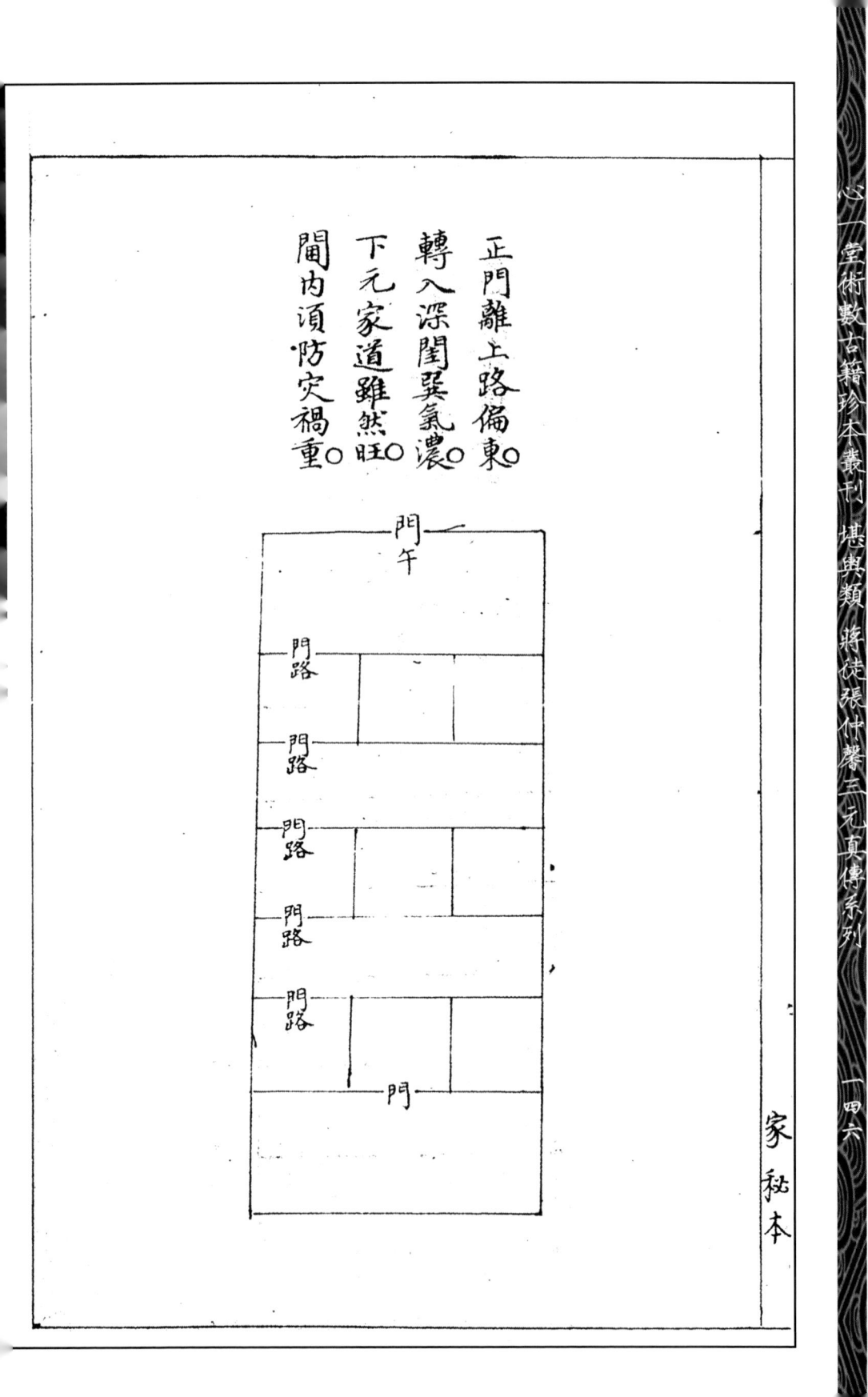

離門兩路夾東西○
並引離風兩不欹○
只要宅深(八宅皆然)收氣足○
下元此宅發無疑○

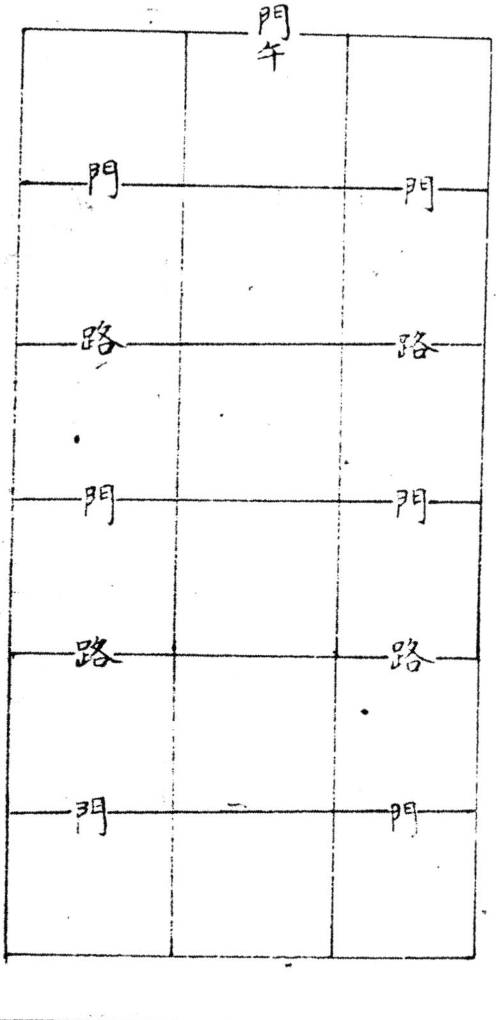

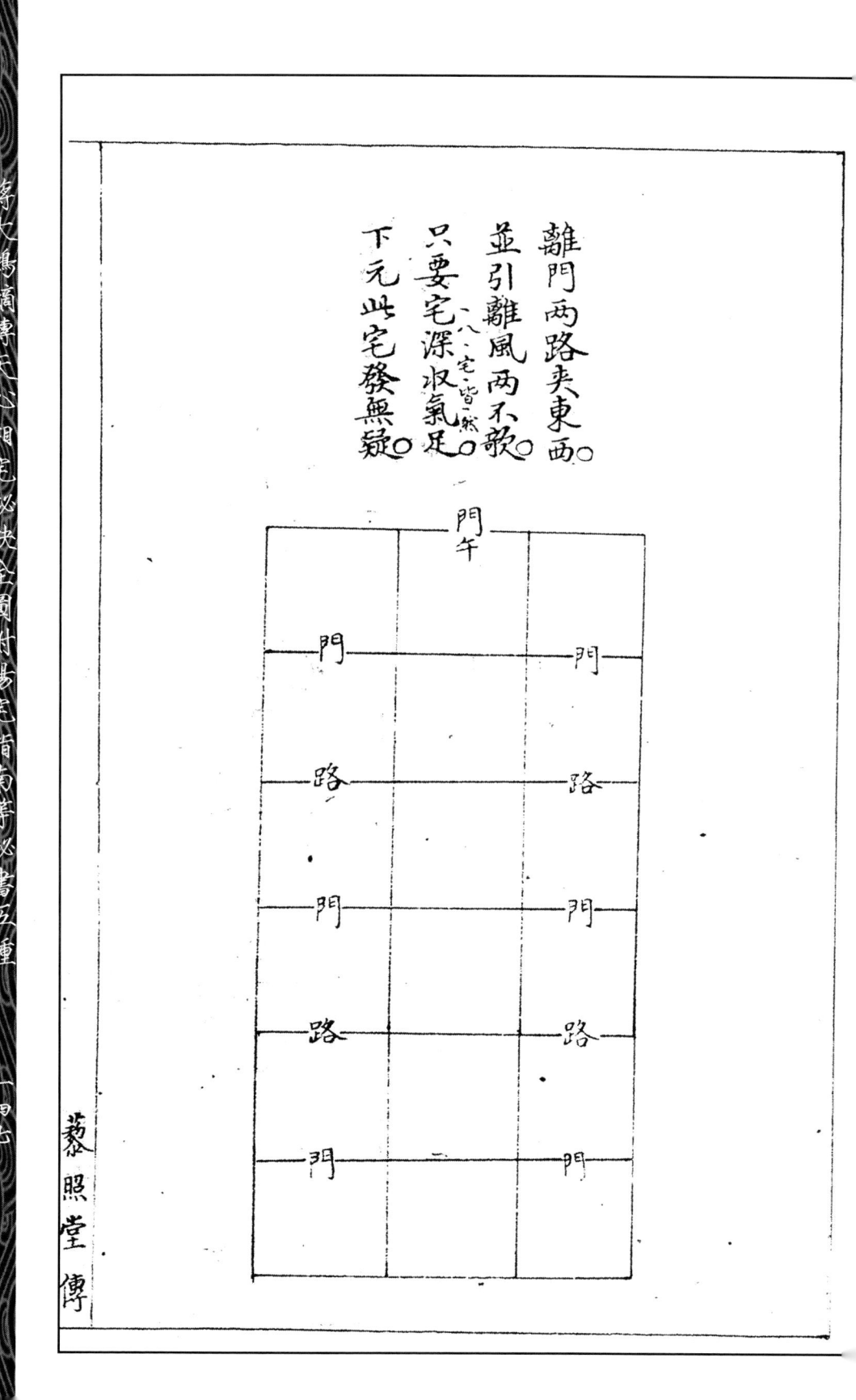

屋向西南宅艮坤。
門開左畔是離神。
只要宅方真紫氣。
若然深杳雜坤論。

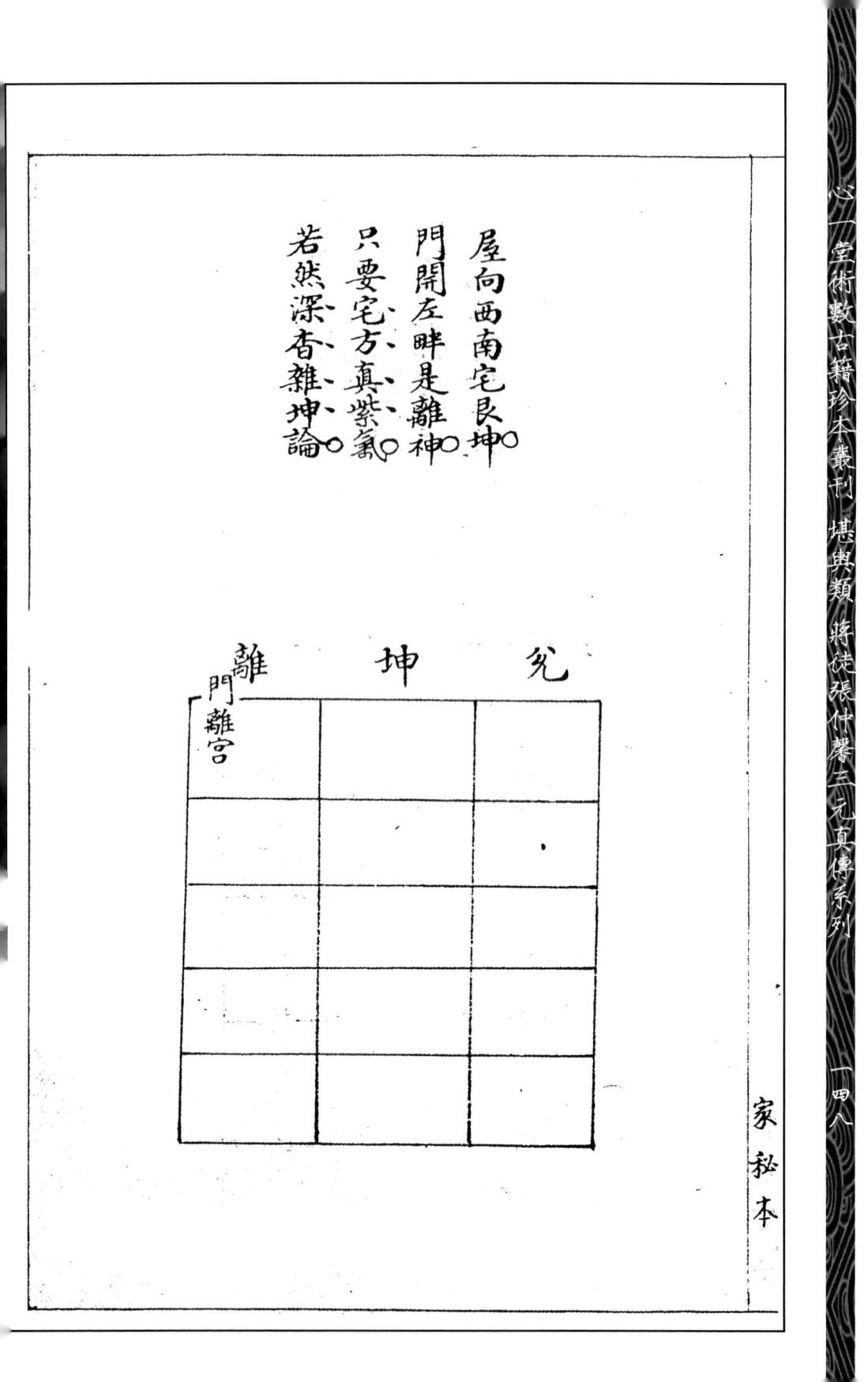

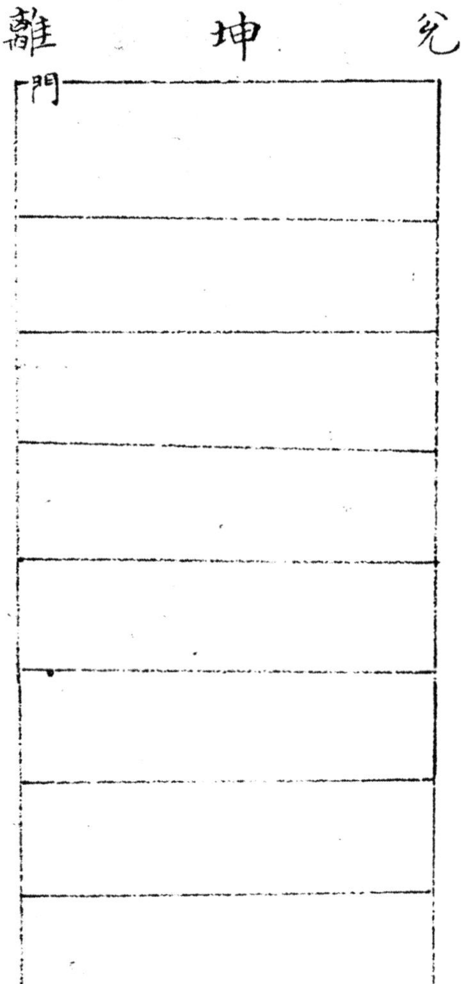

此雖離門○宅形直○長○畢竟坤氣深○故下元借離○只許平穩○終難發福○走左路猶可○

走右路全非○

屋向東南宅巽乾○
門開右畔紫風鮮○
亦取宅方與七運○
如逢深遠綠絲牽○
此宅方是離門、
下元大吉、

震	巽	離（門）

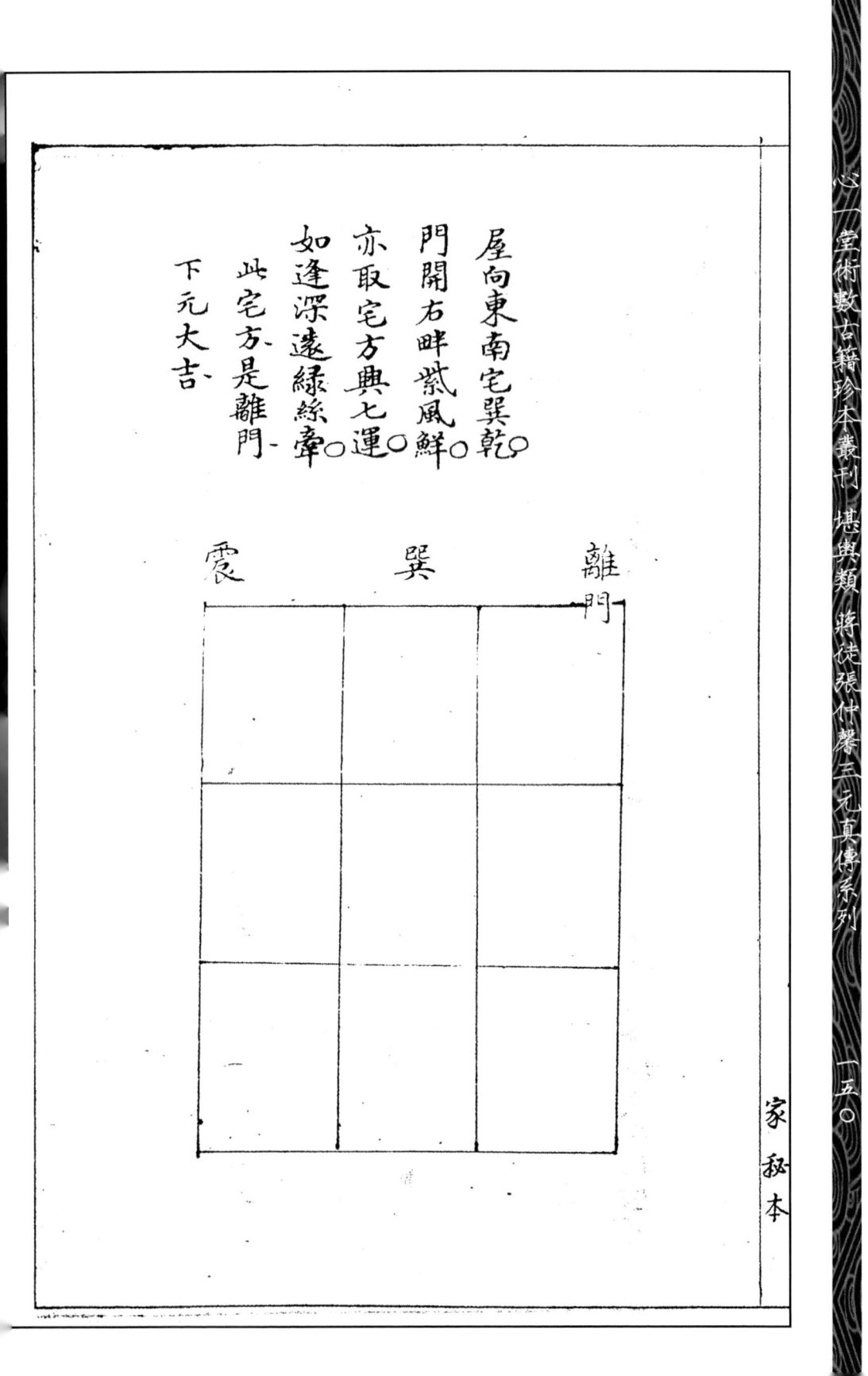

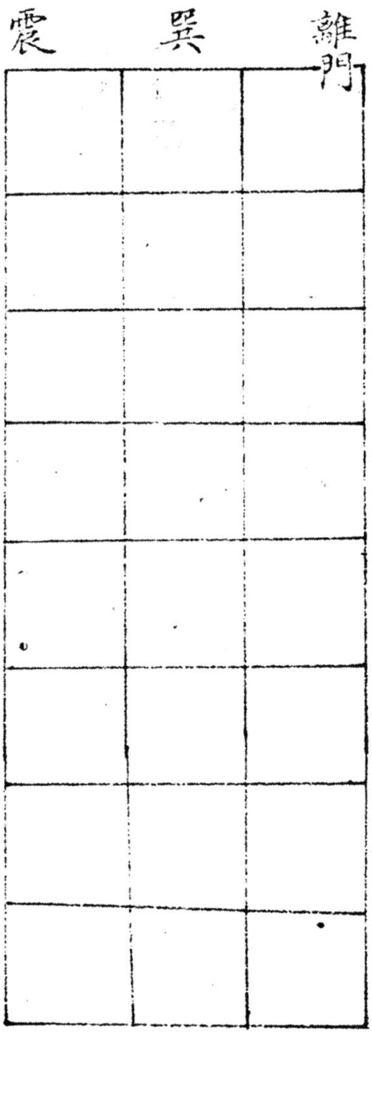

此宅深長○終帶巽氣○離門氣偏○下元不能大旺○走右路猶可○走左路全非○

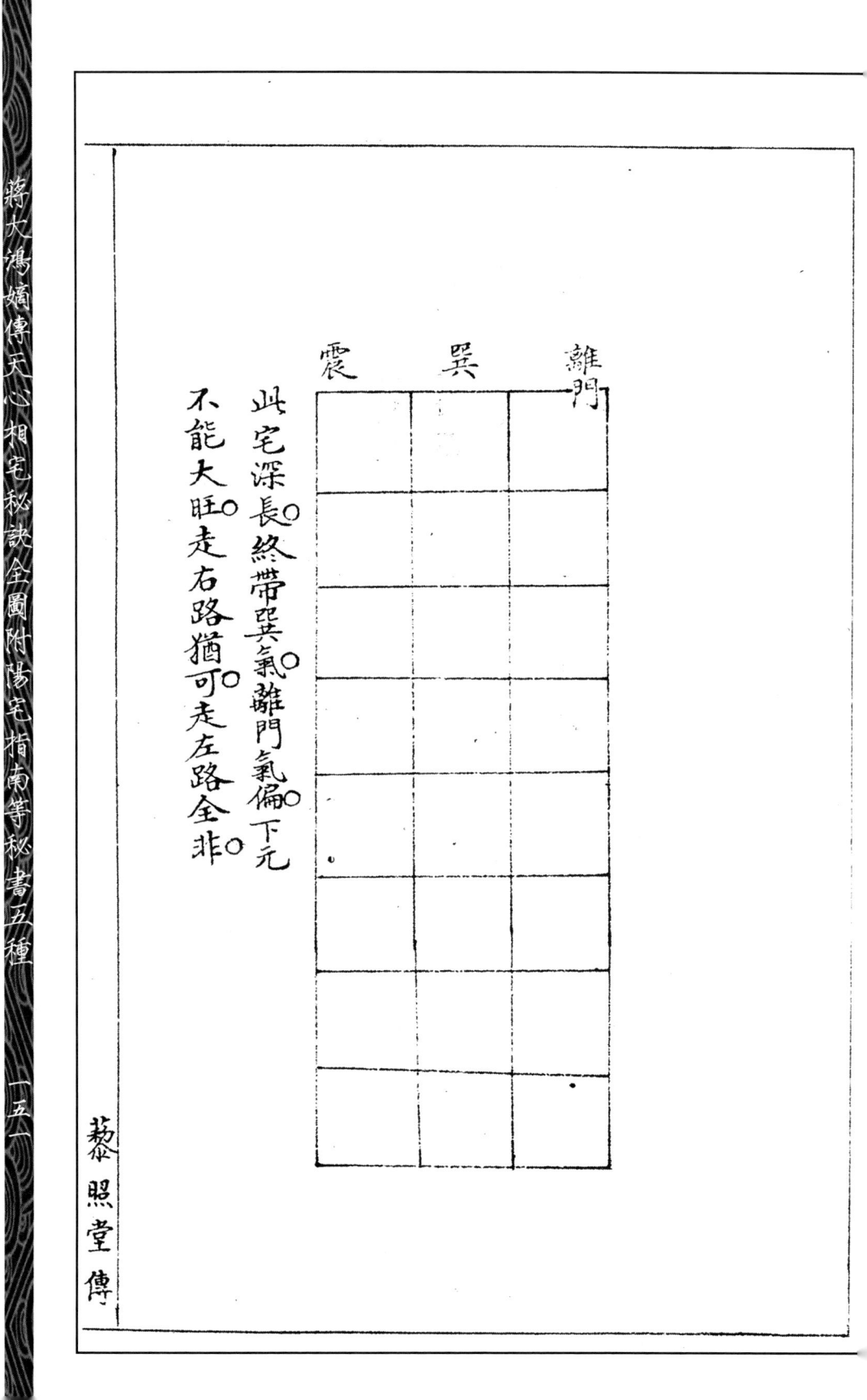

前門坤位後門坎○
兩氣俱從一白轉○
上中鼎甲不須言○
行到下元留一半○

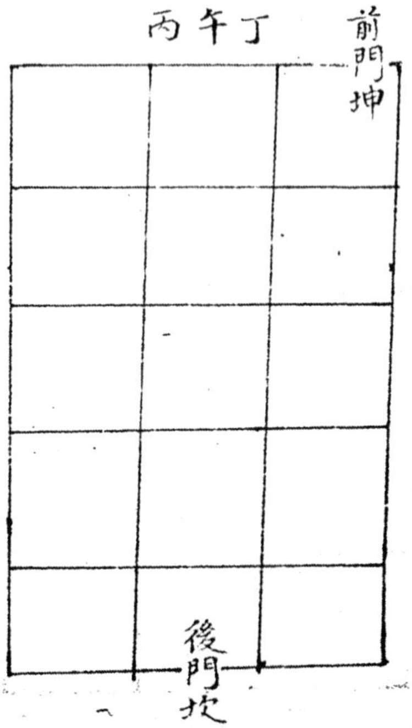

正門離九便門三○
此宅元〻失正垣○
只看分房親切處○
一枝花發一枝殘○

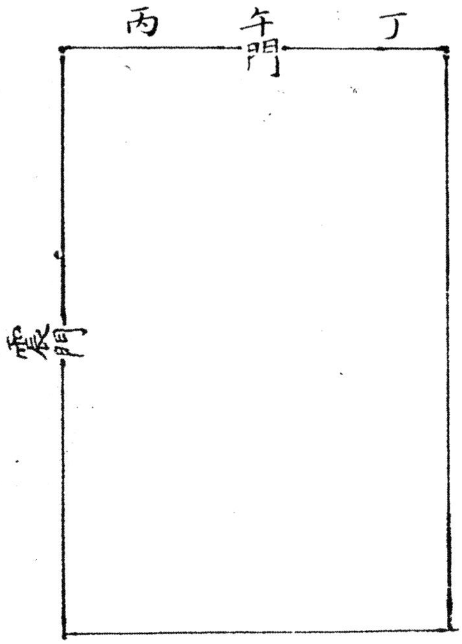

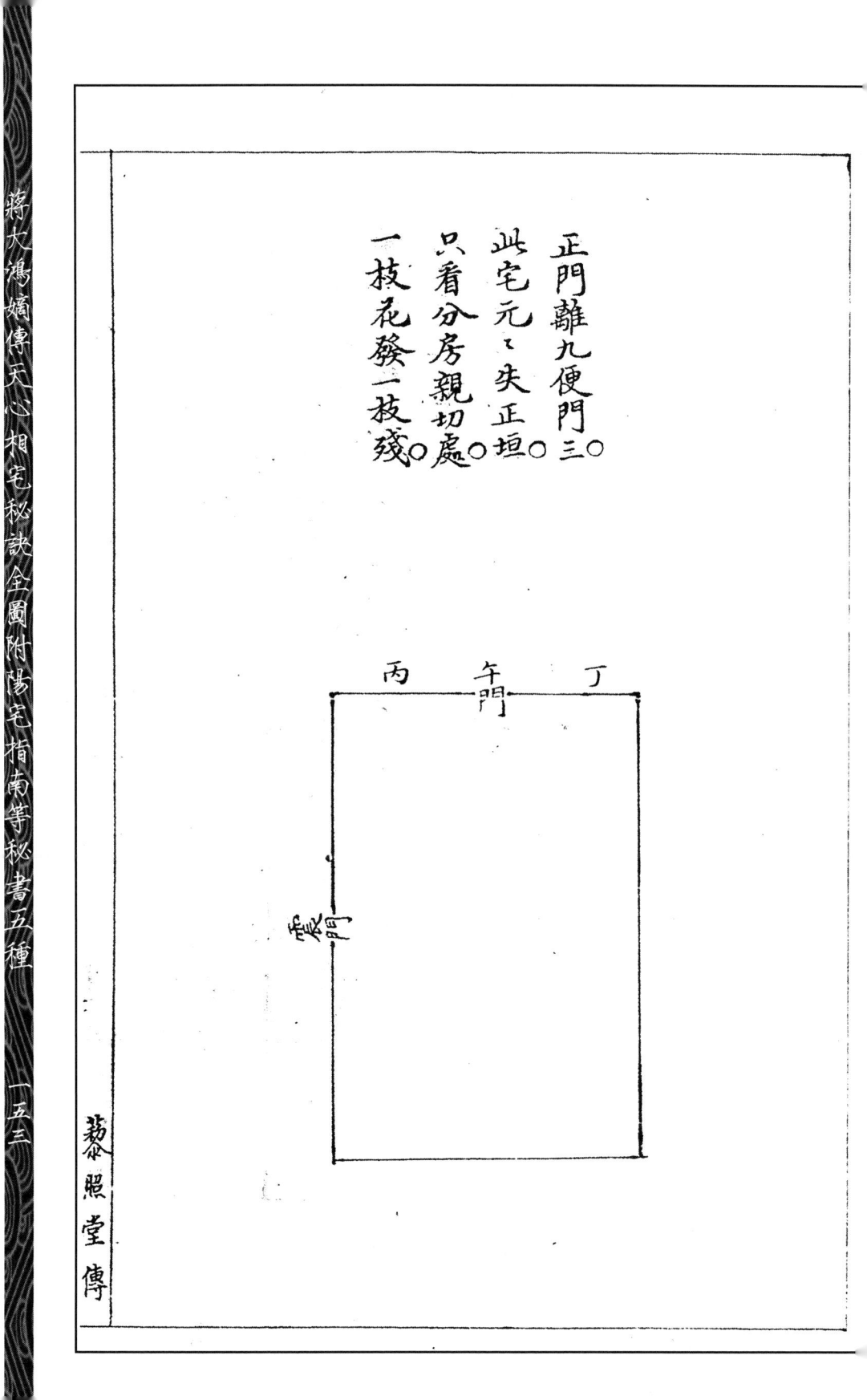

前門離位後門艮○
兩位俱從七赤進○
下元無救錦添花○
行到中元君莫問○

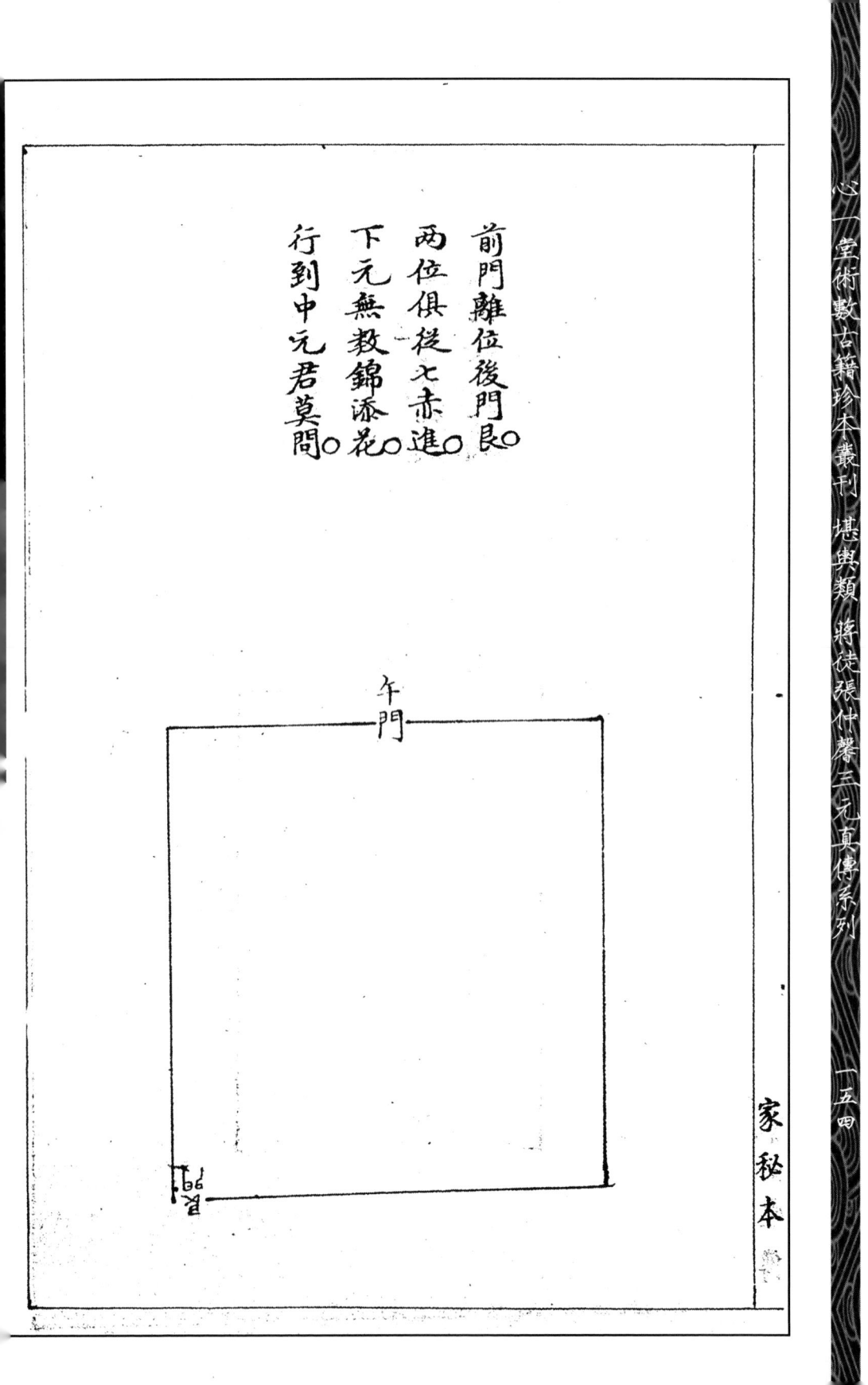

家秘本

一宅修長正向南○兩門南北對相穿○只看內房何處住○三元衰旺有多般○
房居前帶輿中上○後帶為房利下元○此是移宮真秘法○兒孫見此莫輕言○

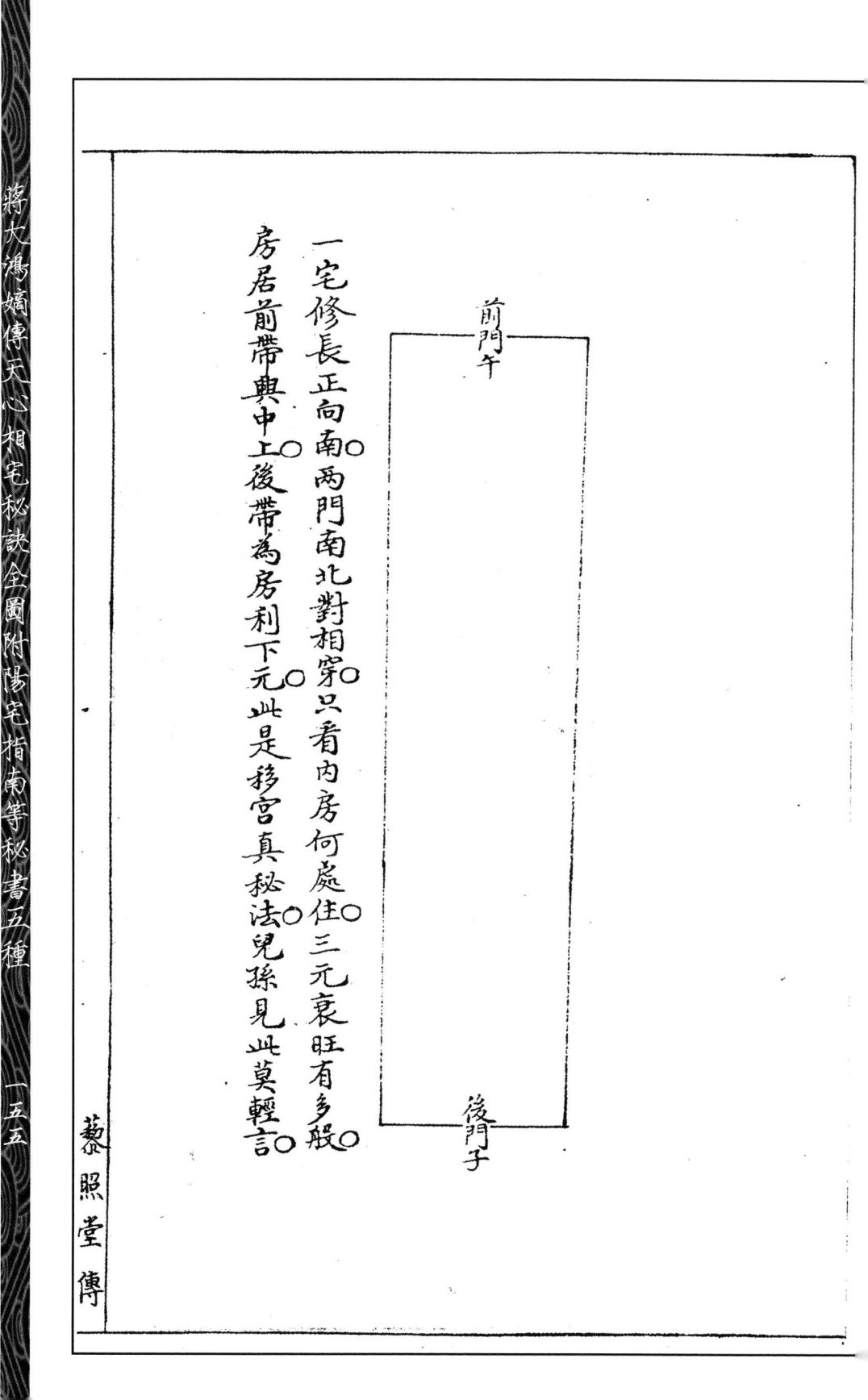

前門坤

四隅之宅艮坤長○前後通門兩口張○
亦取內房分旺替○移宮移氣不尋常○
下元端得坤方吉○中上深闈在艮良○

後門艮

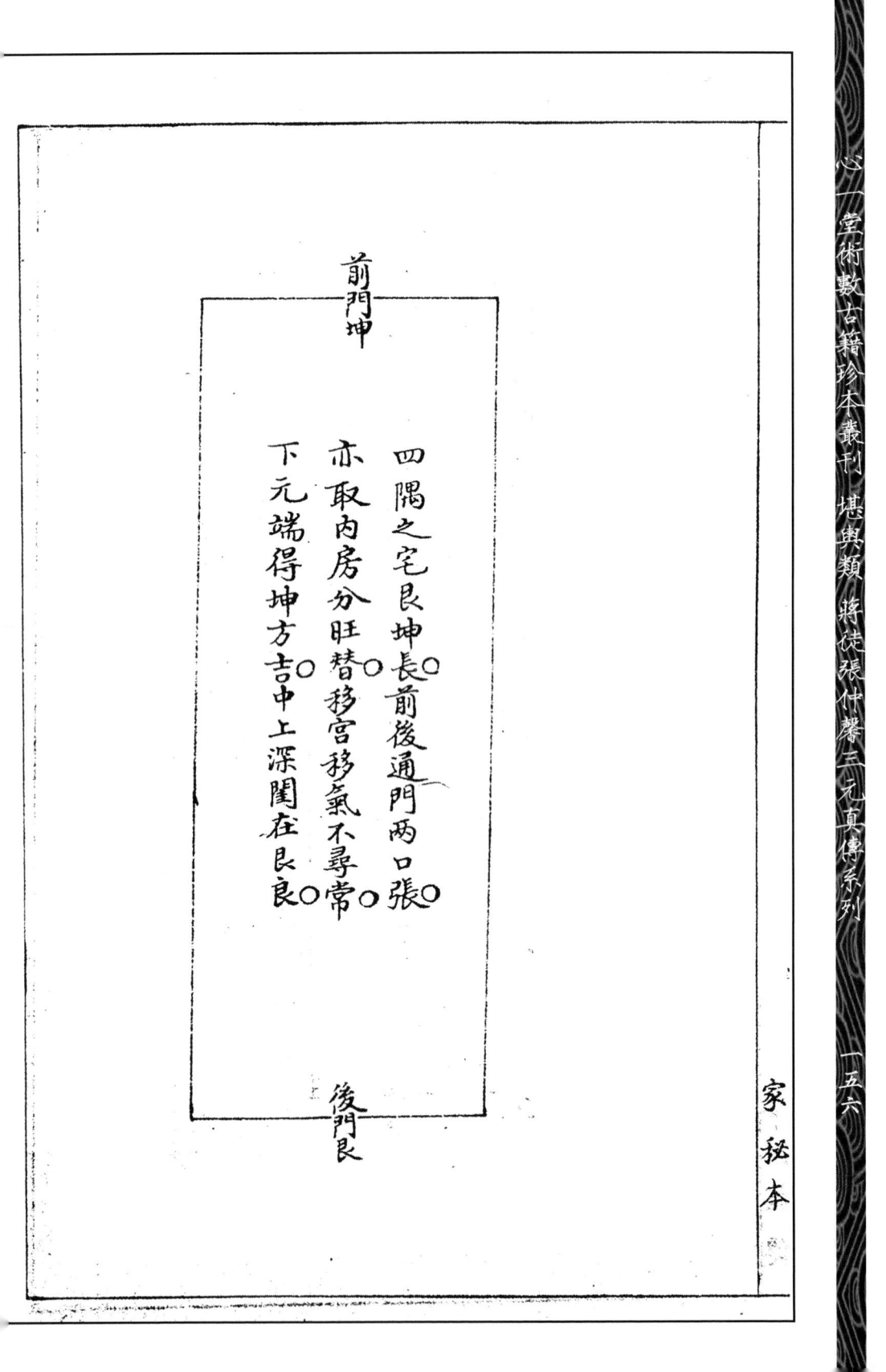

七赤元中門在坤○
如何此宅少灾迍○
只因間架東西闊○
允氣綿長免變息○

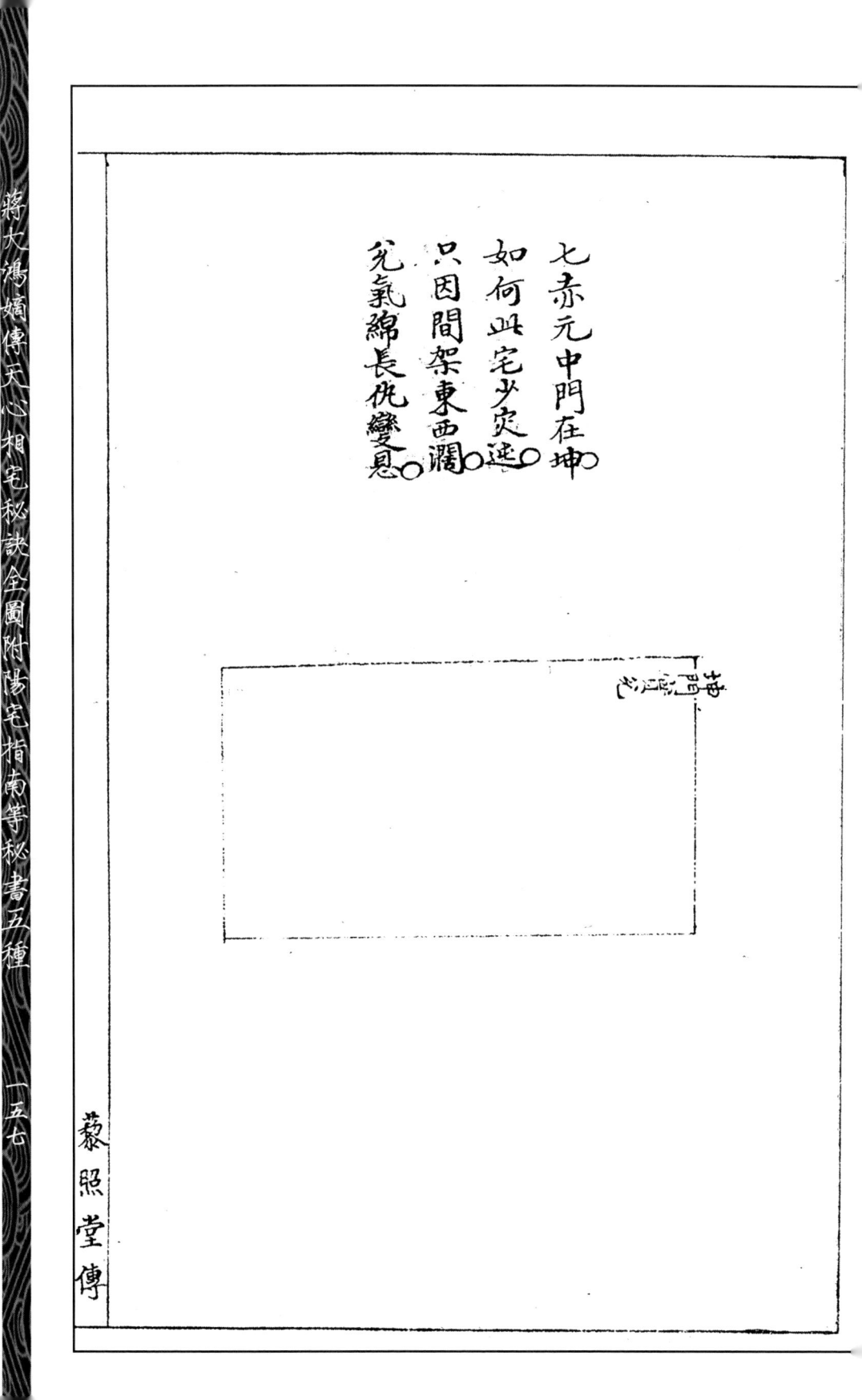

東北分明門在艮○
如何下元終不應○
只緣此宅東西深○
門變甲方常守困○

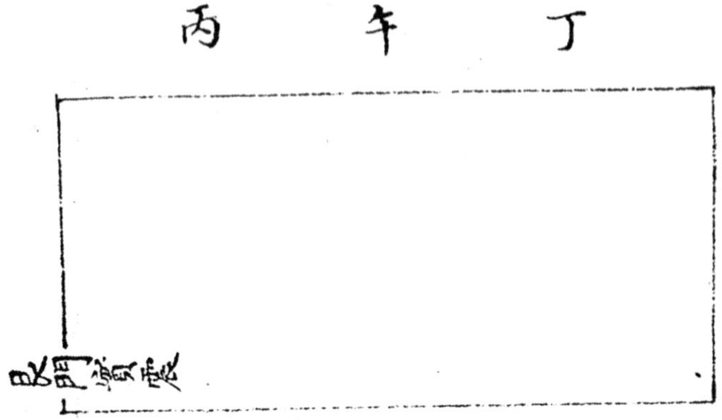

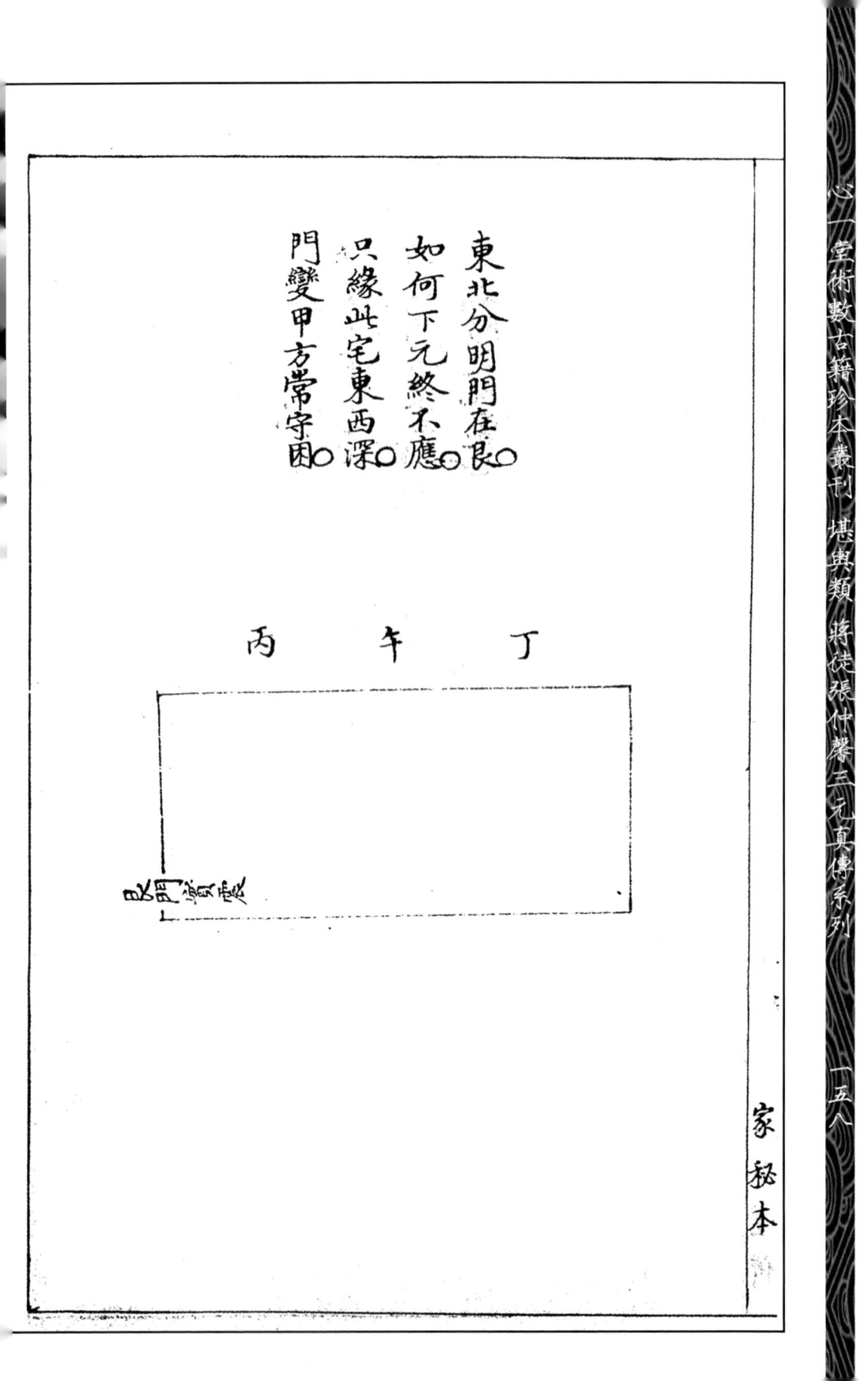

朝南之宅兑門清○
如何下元亦不興○
只為內房都在後○
門兼坤氣不分明○

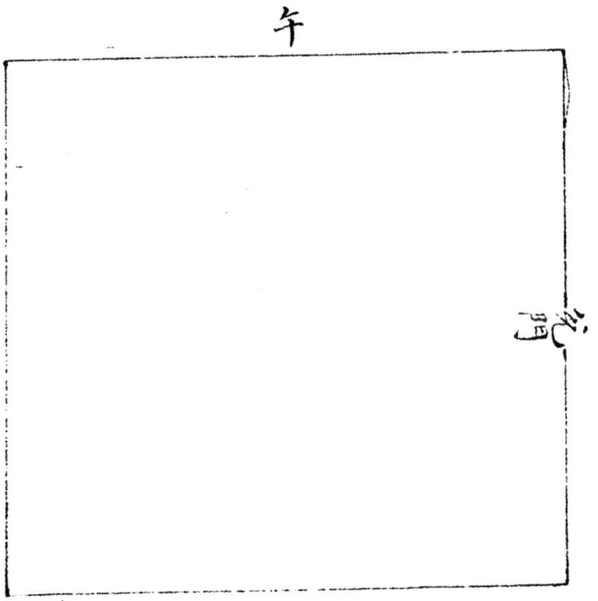

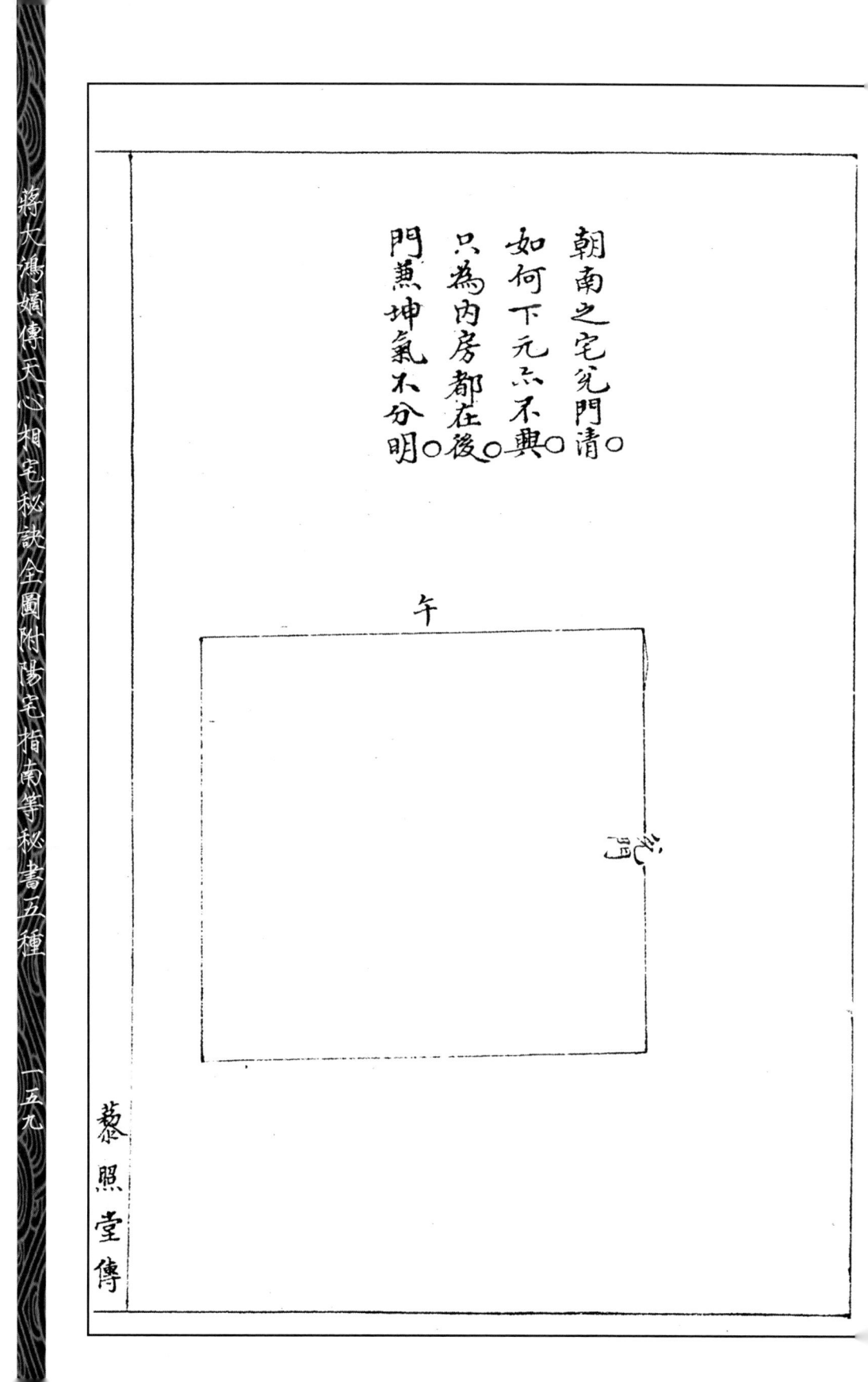

一樣兌門宅正方○
如何此宅比他強○
只為面西房在震○
兌風清潔少參商○

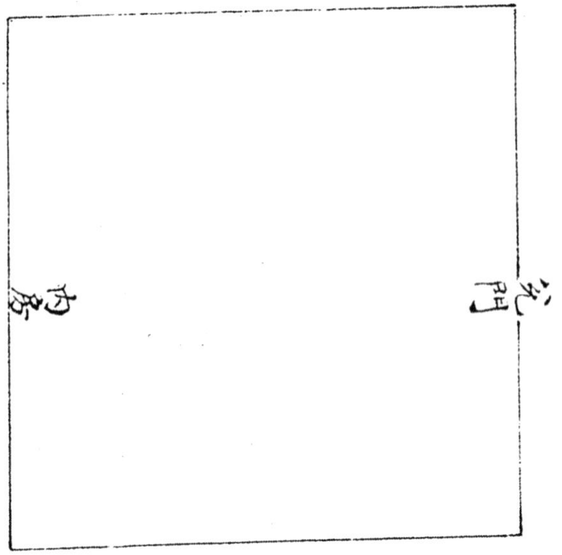

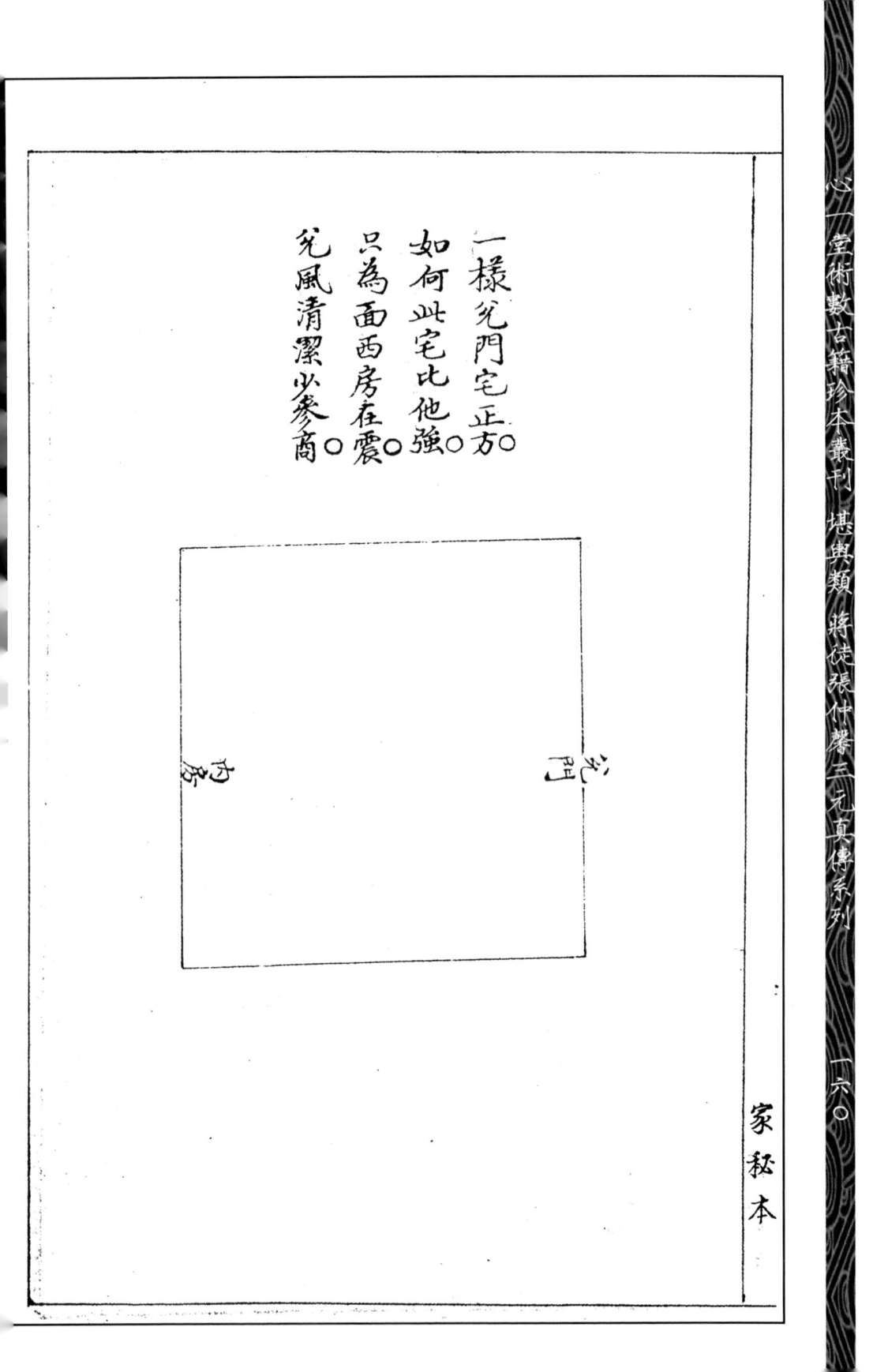

兑門之宅南北長○
漫說朝西七赤強○
必定内房偏左右○
乾坤夫帶恐周章○

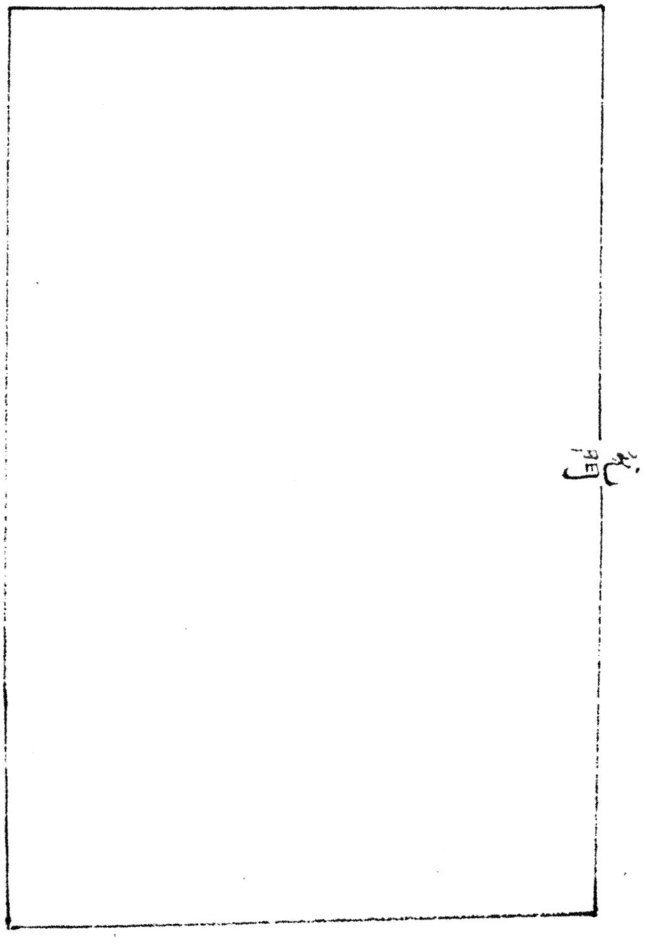

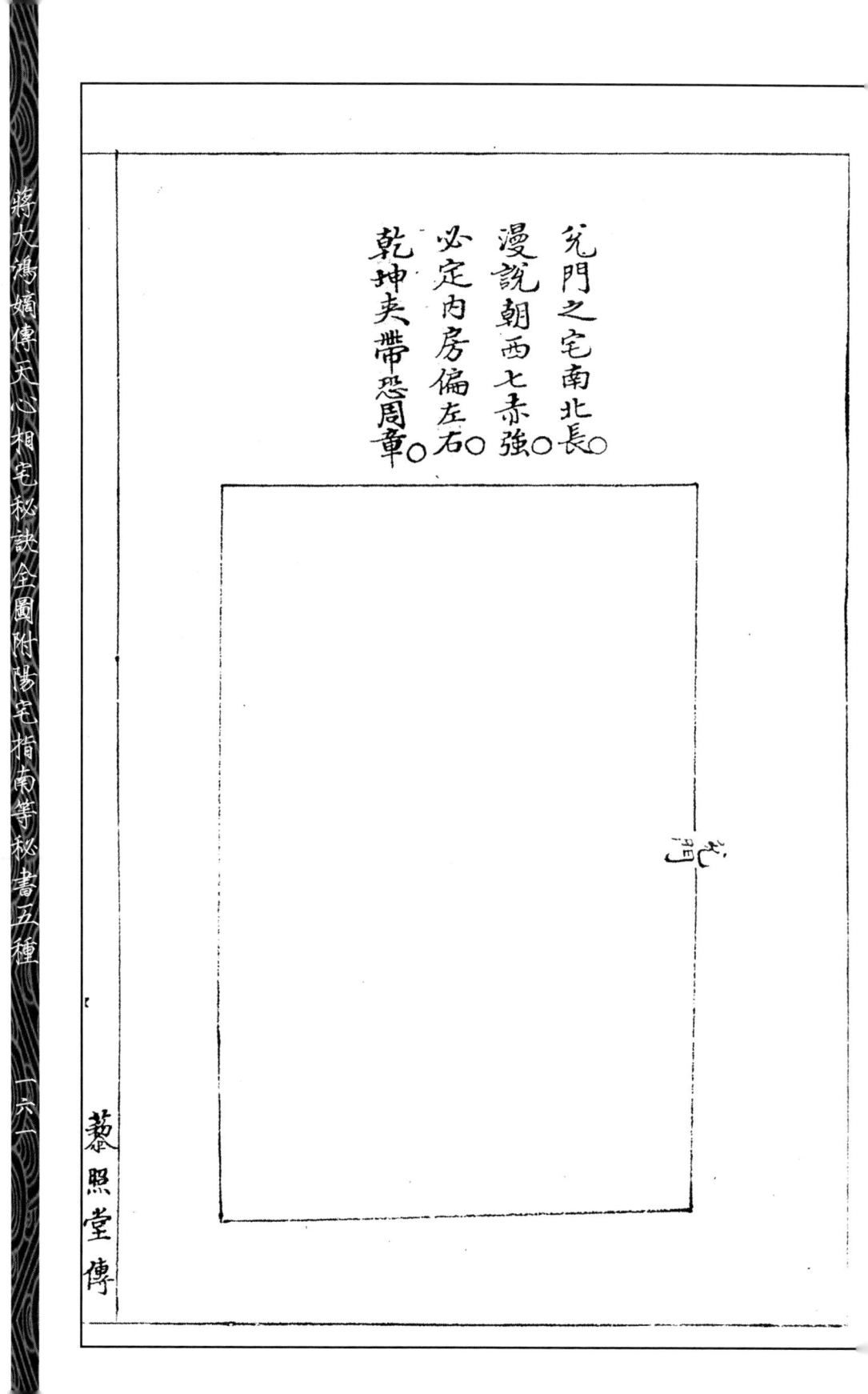

此宅朝南門正西○
下元於此露精奇○
只因宅相東西濶○
內屋迢迢兌氣齊○

離宅修長開正門○下元居此有愁煩○
只為乾方拖一脚○變成巽氣起攣摚○
內房居艮方含笑○若住乾方濕淚痕○

丙 午 丁

門

中元吉
下元凶
房

下元吉
中元凶
房

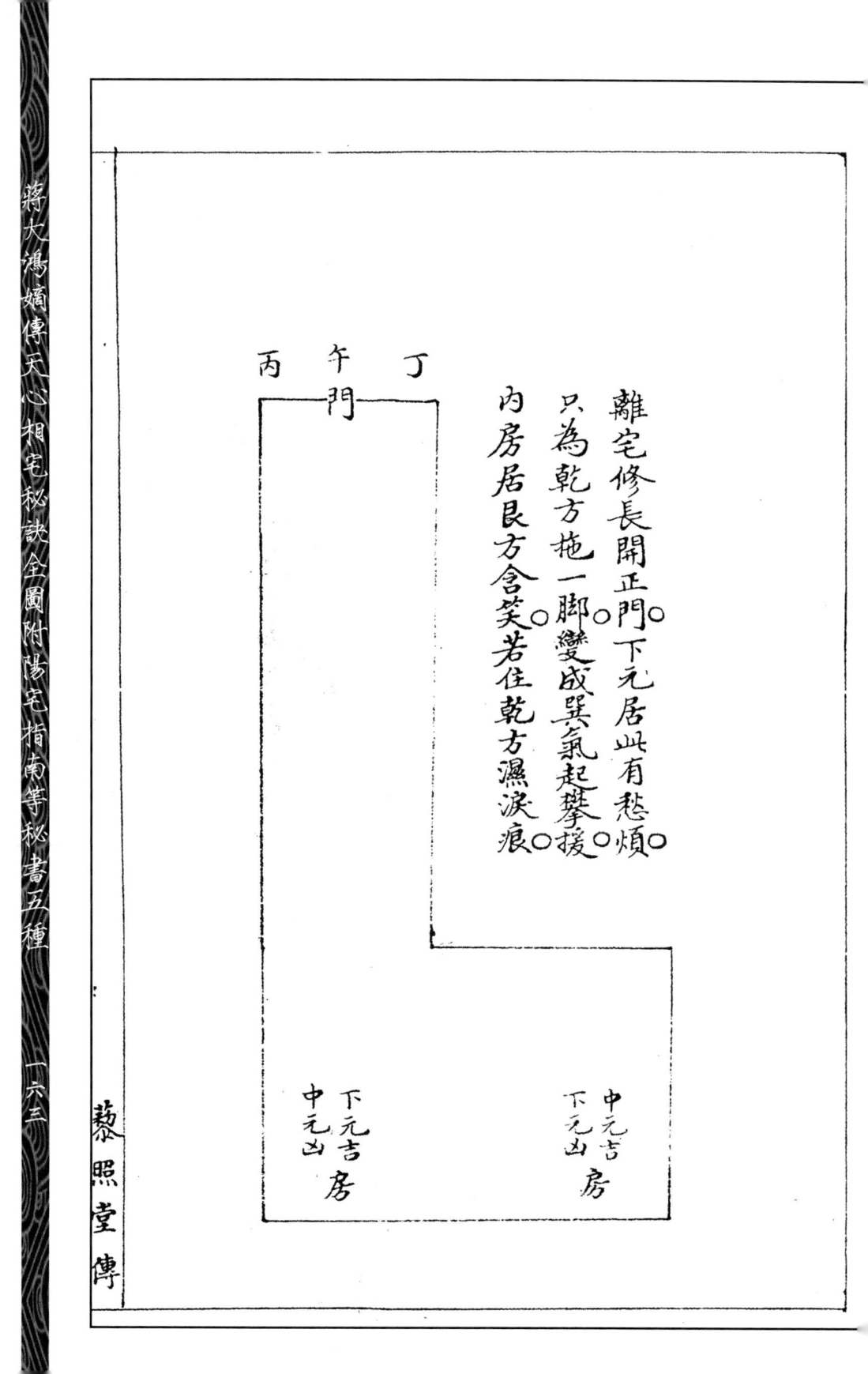

兑門節〻宅形長○此宅
中元本不良○只為東南
伸一足○變成乾氣反安
康○內房居巽尤為吉○財
祿人丁事〻強○

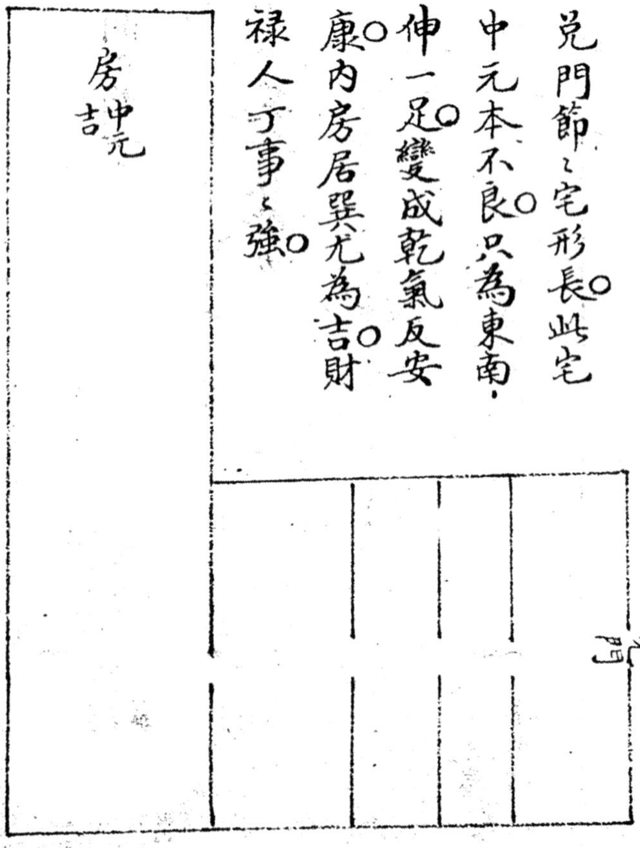

坤宅坤門七赤貧○
忽將房屋賣他人○
豈知竟變成離宅○
昨日雪消今日春○
天公妙用常顛倒○
識得玄機好放心○

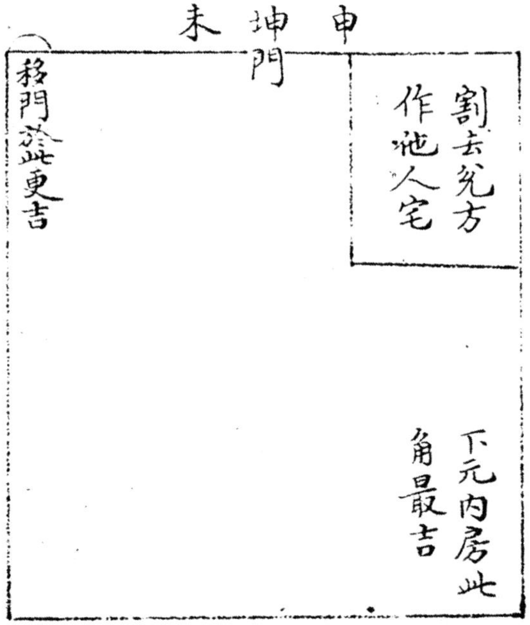

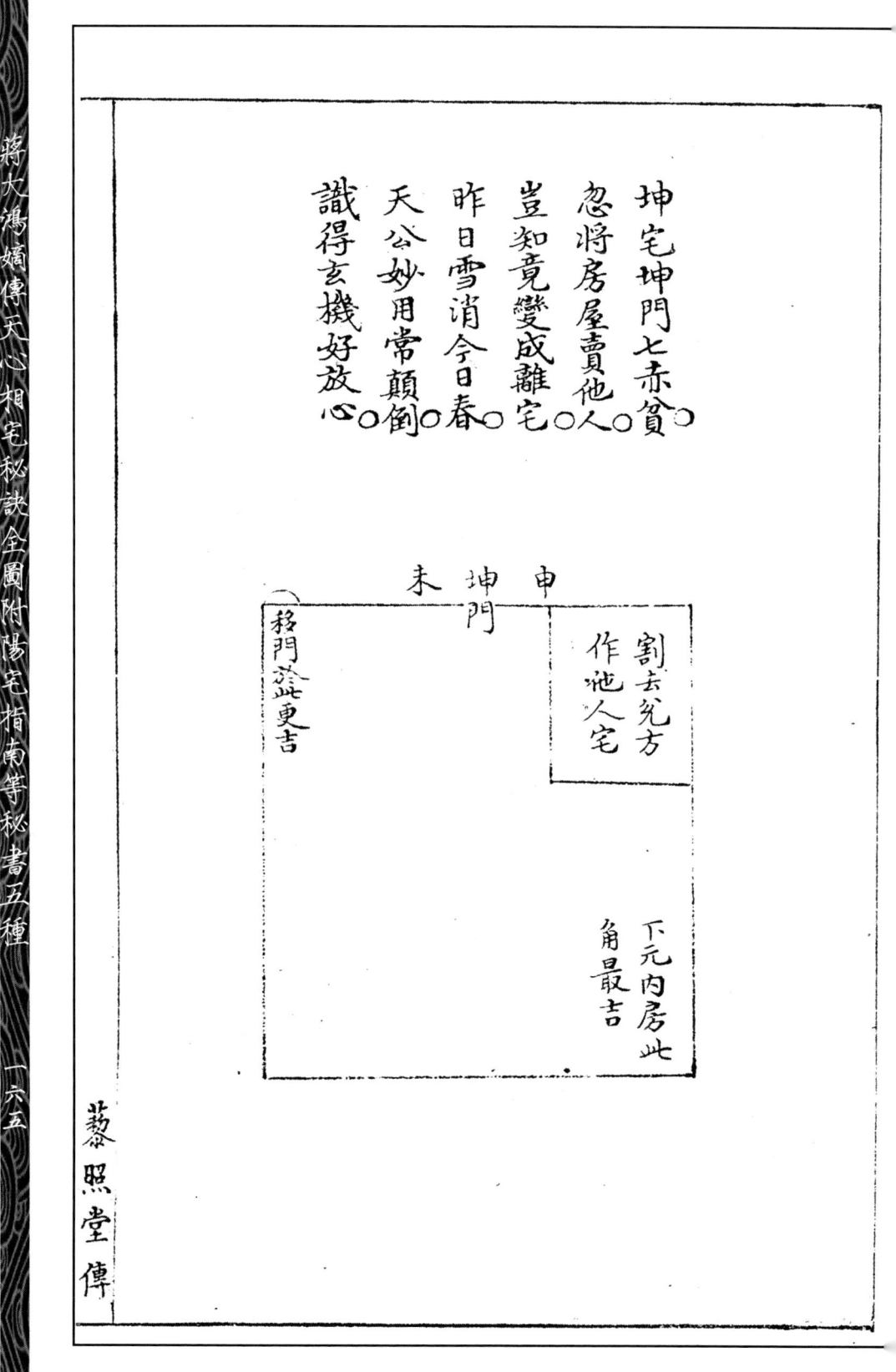

兌宅中元受苦貧○
難留屋角折為薪○
人言乾上凹風入○
豈料門闌喜氣新○
此訣時師誰會取○
教君問我謫仙人○

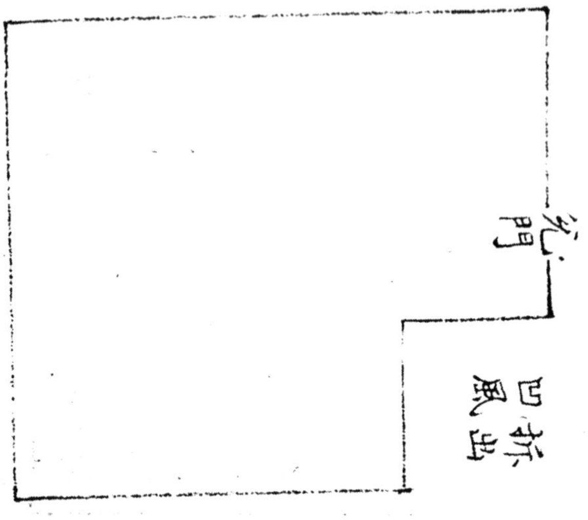

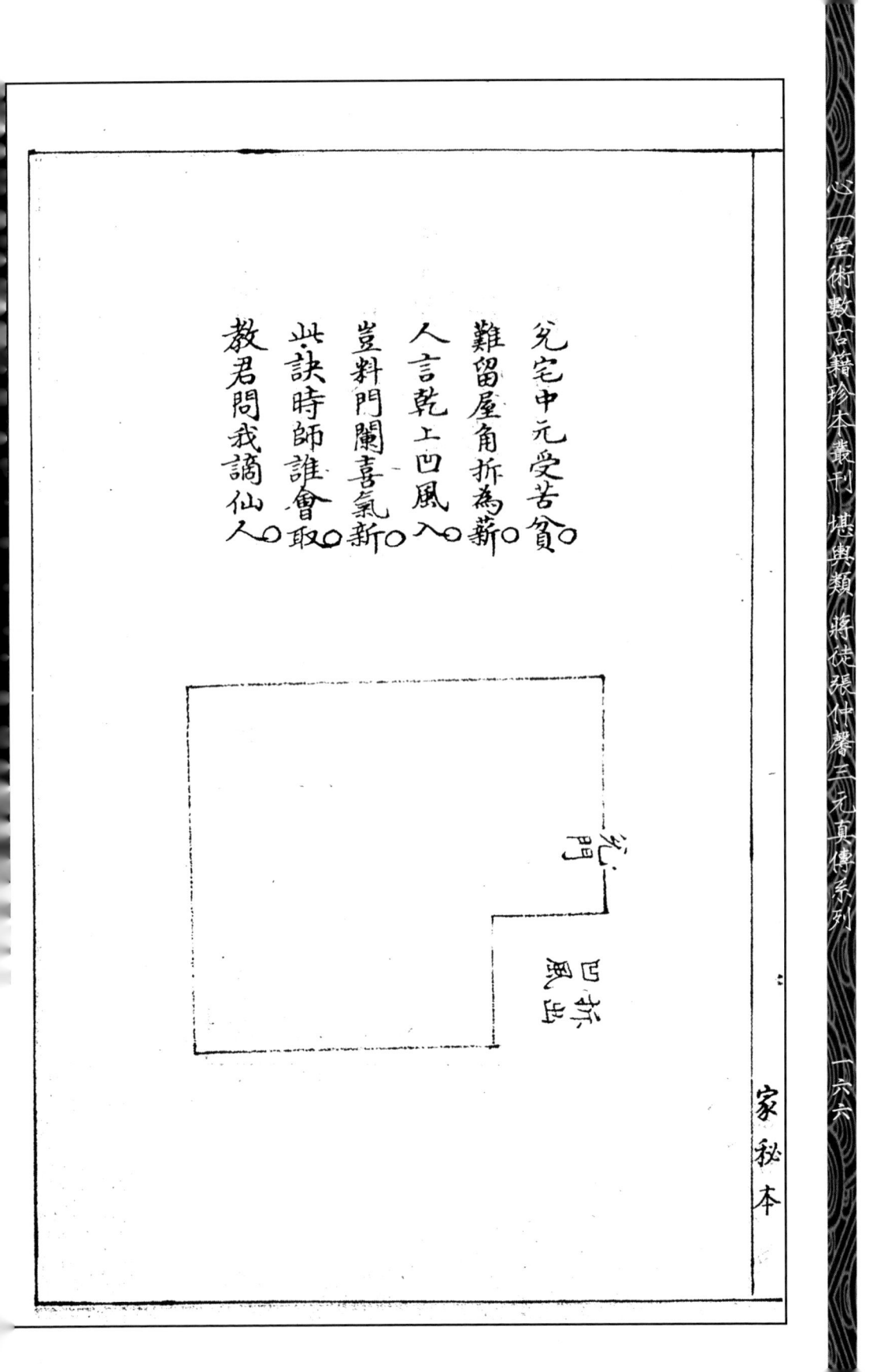

共宅同門各爨烟〇一林荊桂若
時鮮〇只緣門路宮〻變〇莫說青
囊理数偏〇長房居中離氣正〇下
元方得喜便〻〇次房變坤一百發〇
季房變巽發中元〇八宮依此輪
衰旺〇此訣分房永不傳〇

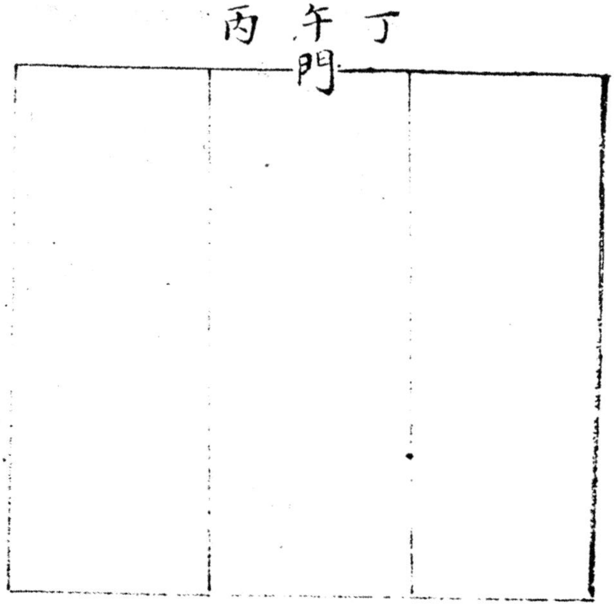

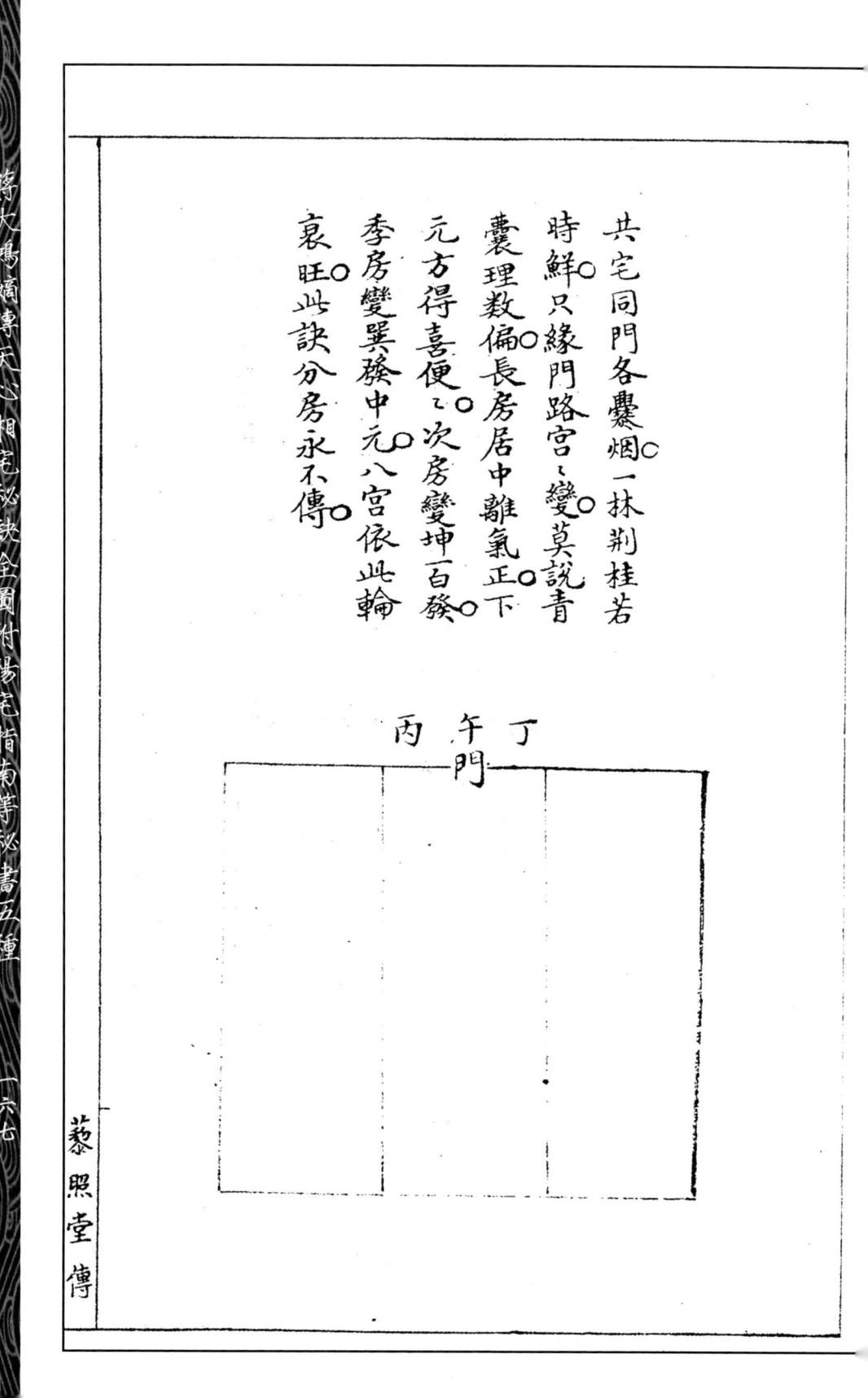

宅門只把主人量○
僕妾兒孫各有房○
一步一星隨地變○
門牕衢路要推詳○
天光落處落風色○
此事精微莫顯揚○
一宅之中災福異○
管生管死在微茫○

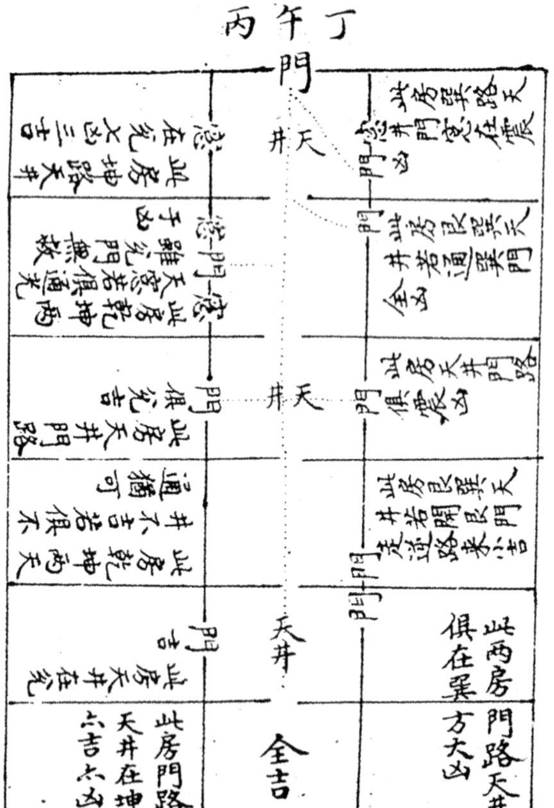

丙

巳門向

巽

此宅中元發福。若交下元。須開西南門路。房住東北角坎離吉。

此房正巽氣　中元

此房兼離氣　下元

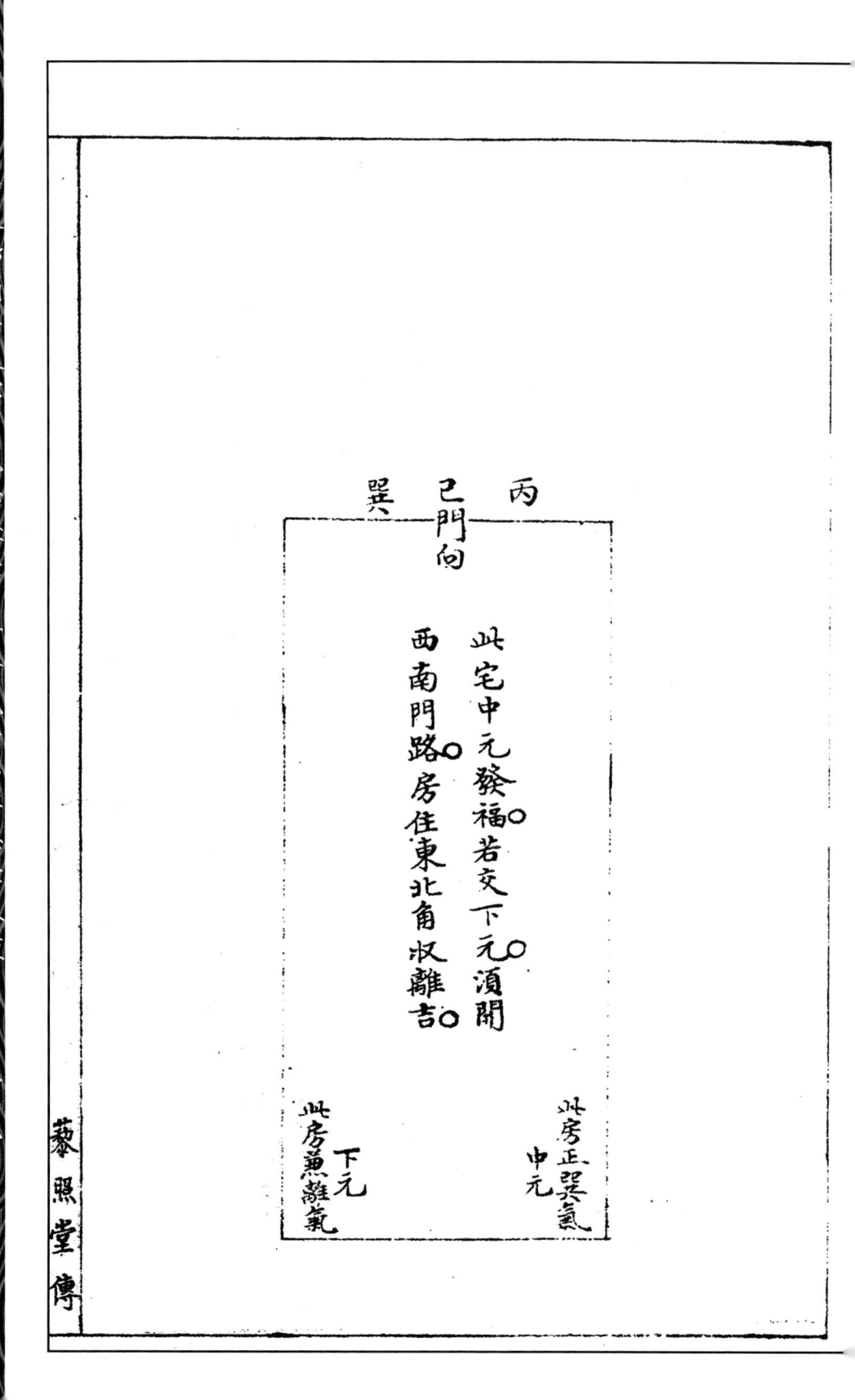

壬山丙向門開丙○
此是下元天瑞景○
宅內宜分左右房○
巽離若圂終難准○

午　丙　巳

門

此宅若在中元大門宜移至
東南四綠宮內房西北角吉

此處兼巽氣下
元作房不吉
中元吉

此處離氣真
下元作房吉

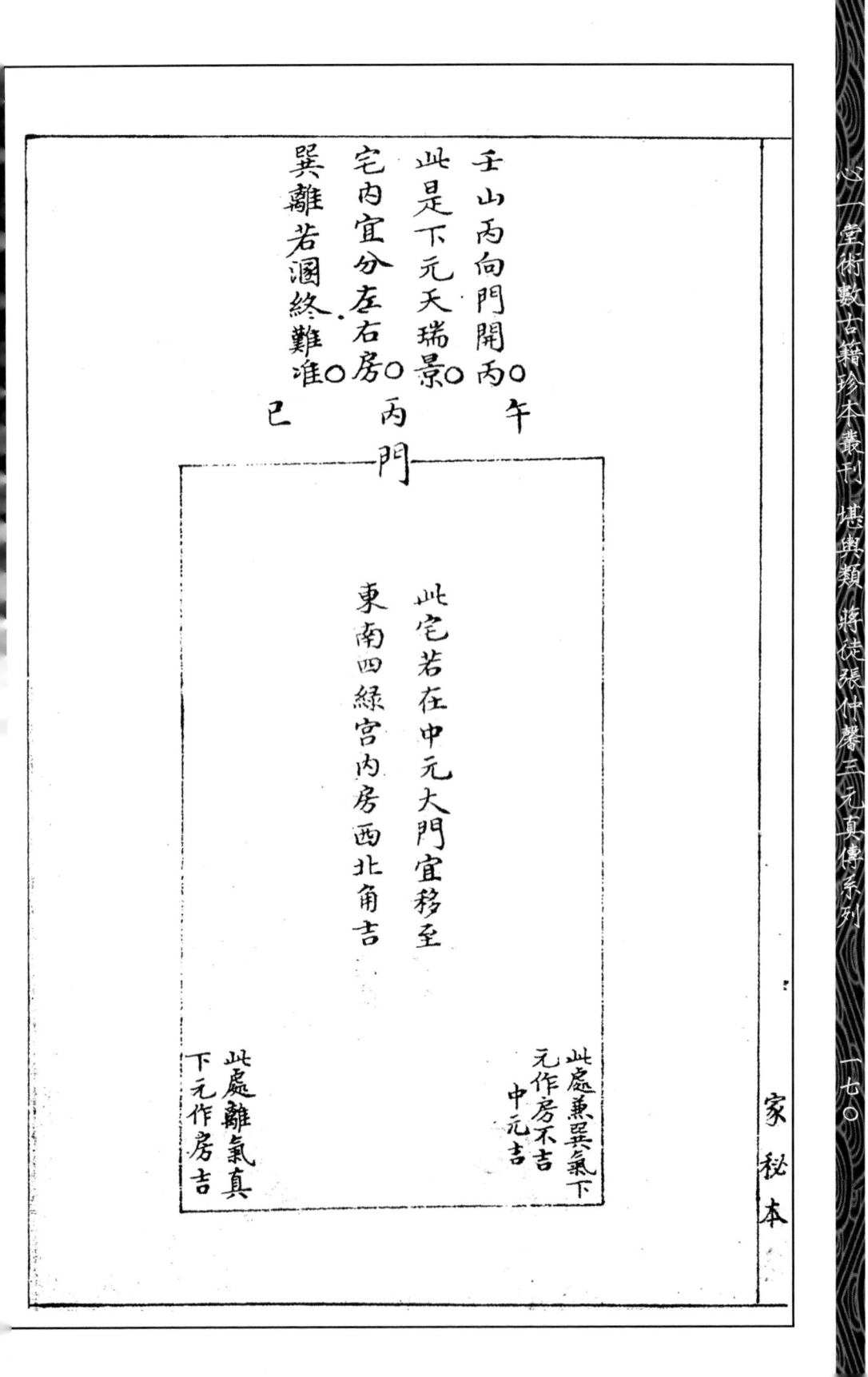

補嶠壓修方新舊起造例

宅内高房名嶠星○
兇攔風氣下門庭○
若攀旺氣隆〻起○
煞氣来時一旦傾○
東南高拱納乾風○
此宅中元瑞氣濃○
一入下元多落魄○
錦衣公子去傭工○

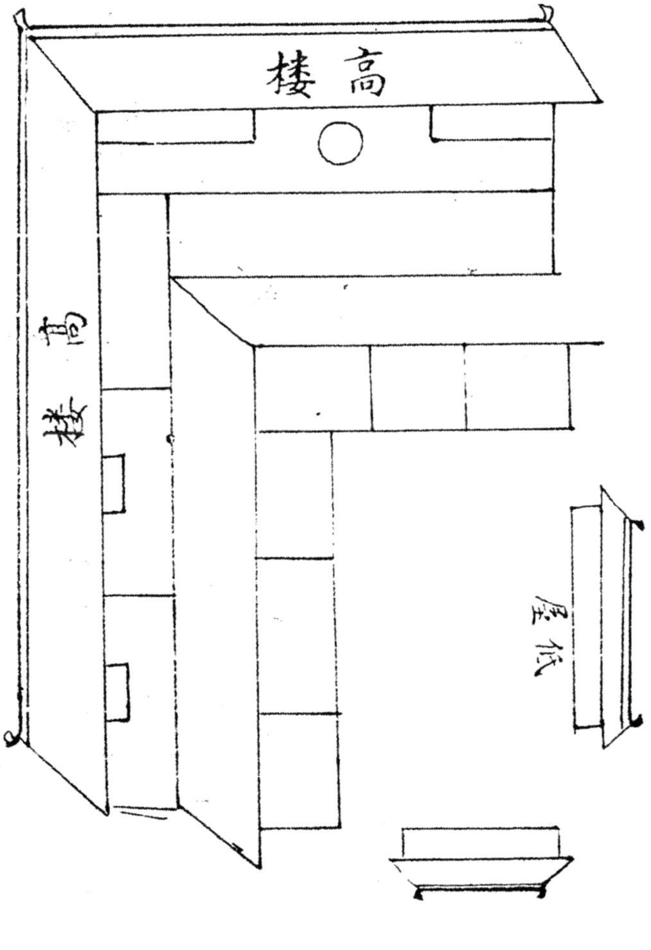

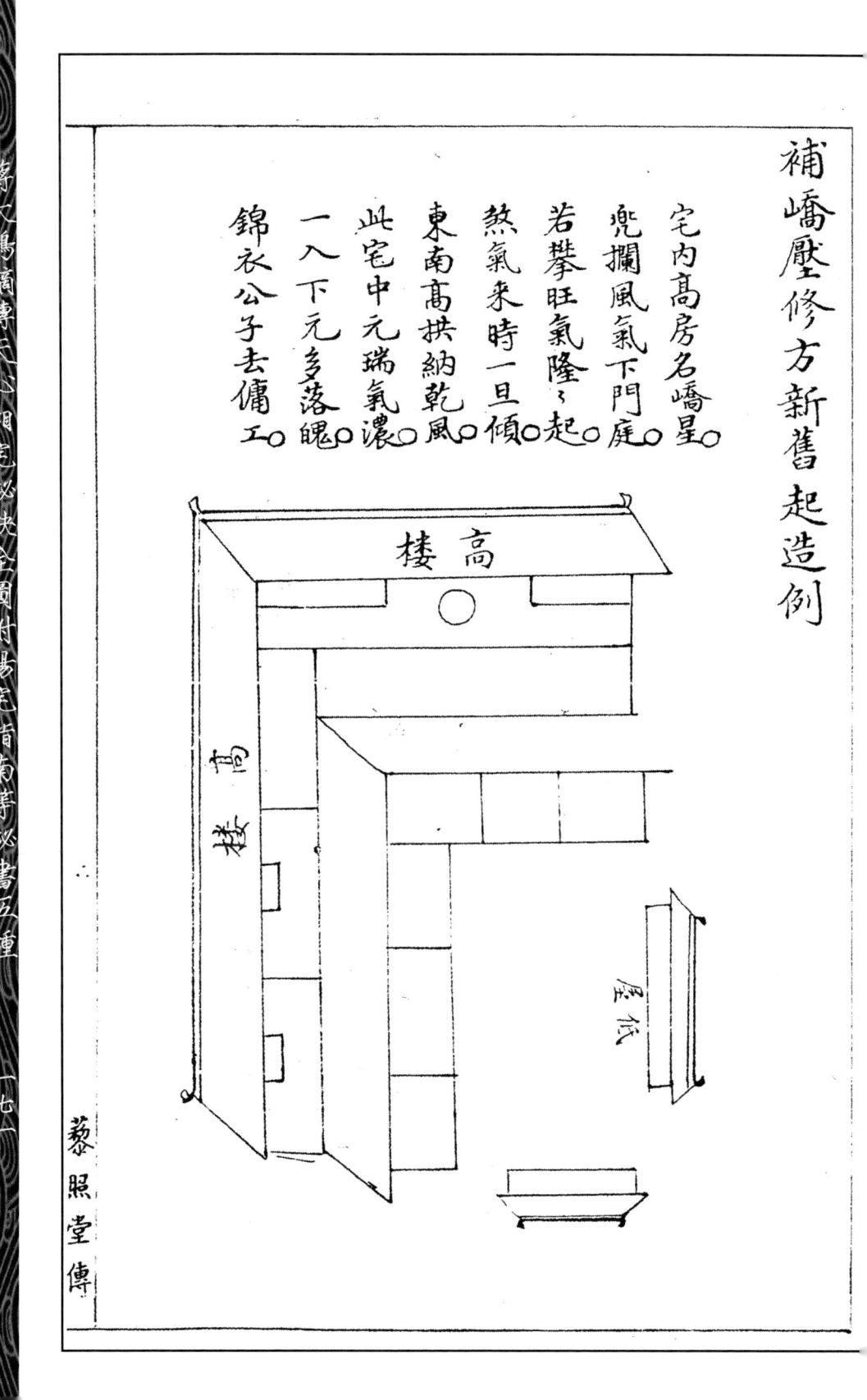

三面高樓插漢青○
只餘北面是低平○
坎風入宅元元旺○
造屋偏宜效此形○

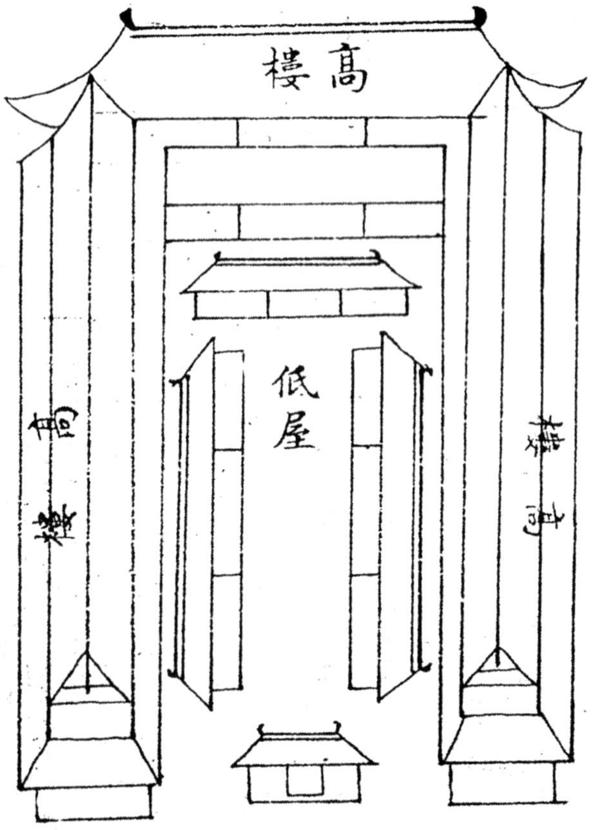

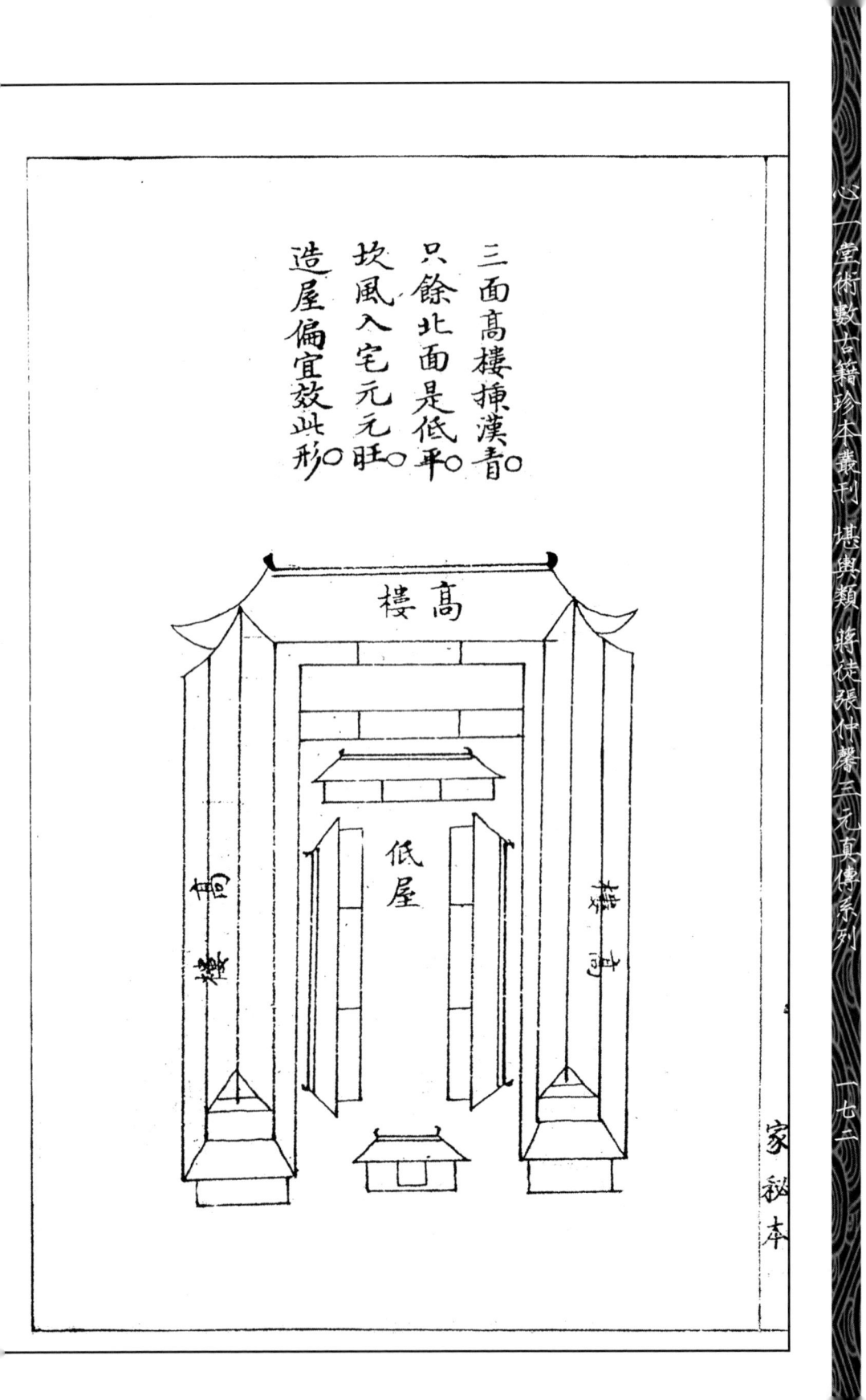

修方起造繫安危。本宅隣房一例推。動着旺方能驟發。衰方有礙甚堪悲。太歲殺方俱不論。三元局内看從違。假如巽上添新屋。中元隆起下元頹。幸得低平猶畧可。若然高大化為灰。

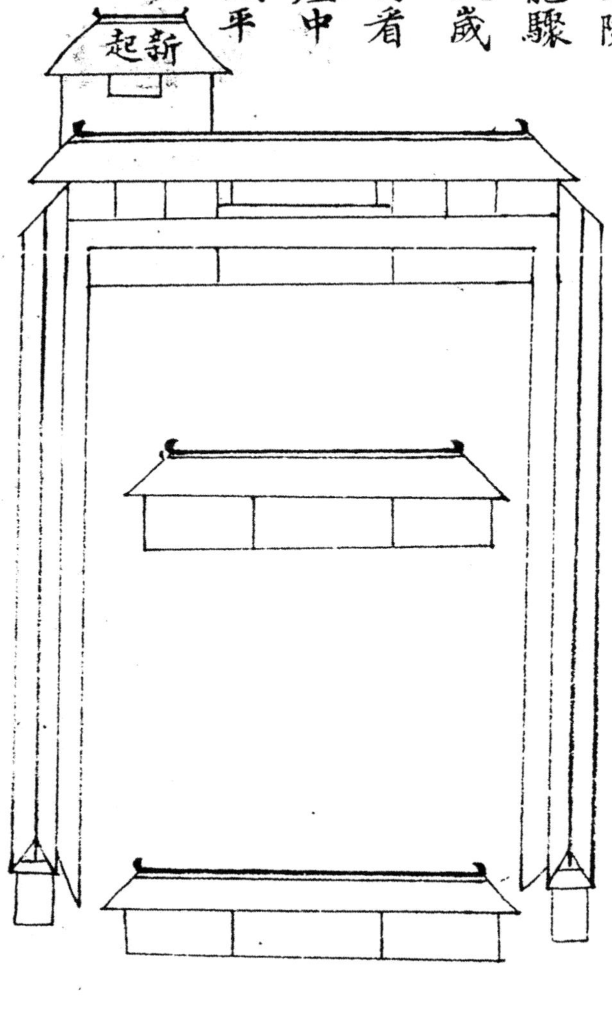

藜照堂傳

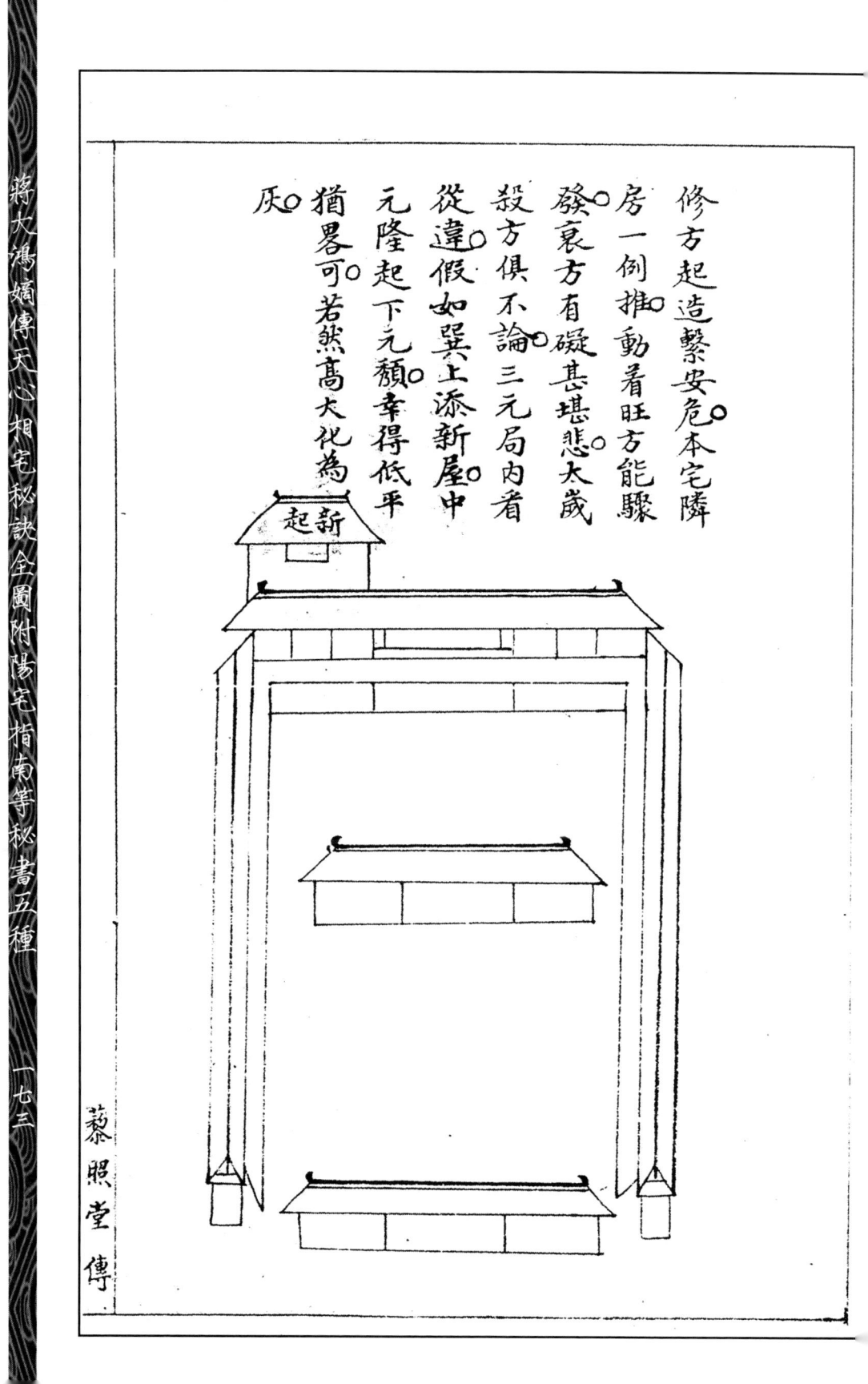

舊宅居西新宅東。莫云高聳起青龍。上中喜得添祥瑞。七赤元中災咎逢。

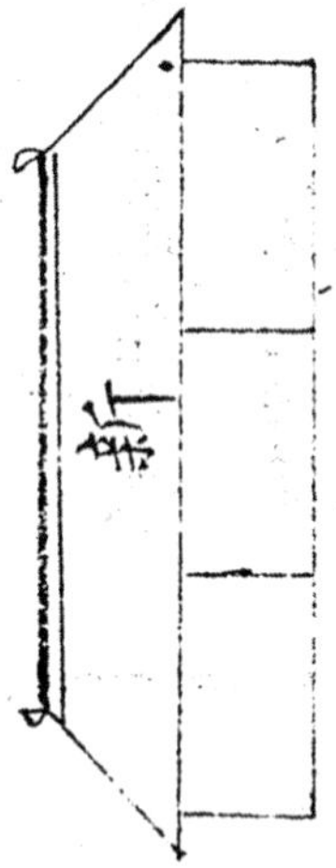

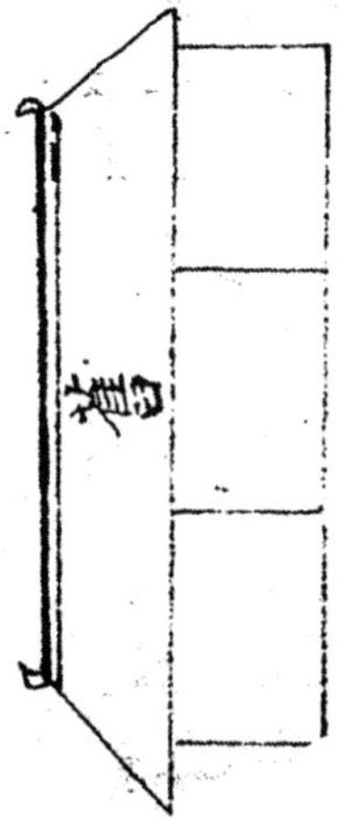

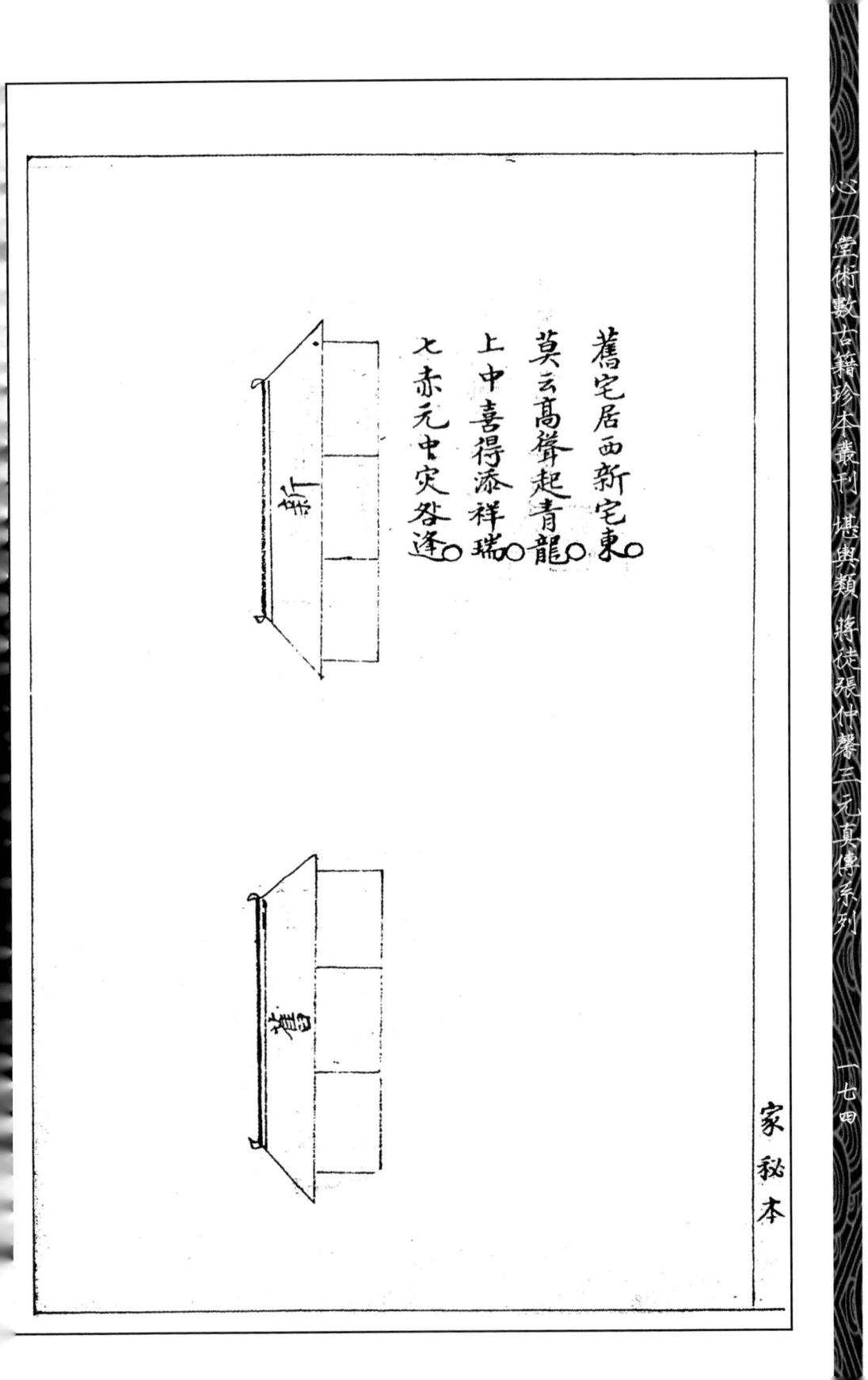

舊宅居東新宅西○莫言白虎定灾危○
中元起建多虧失○七赤興工更有餘○

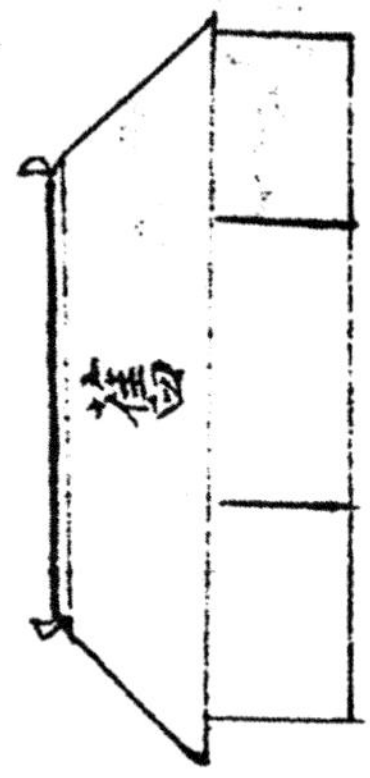

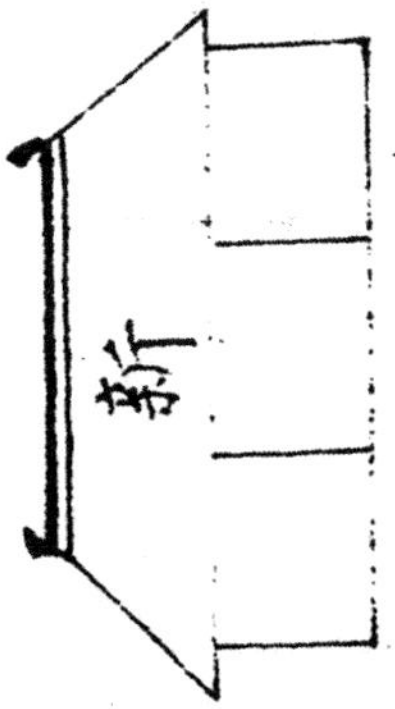

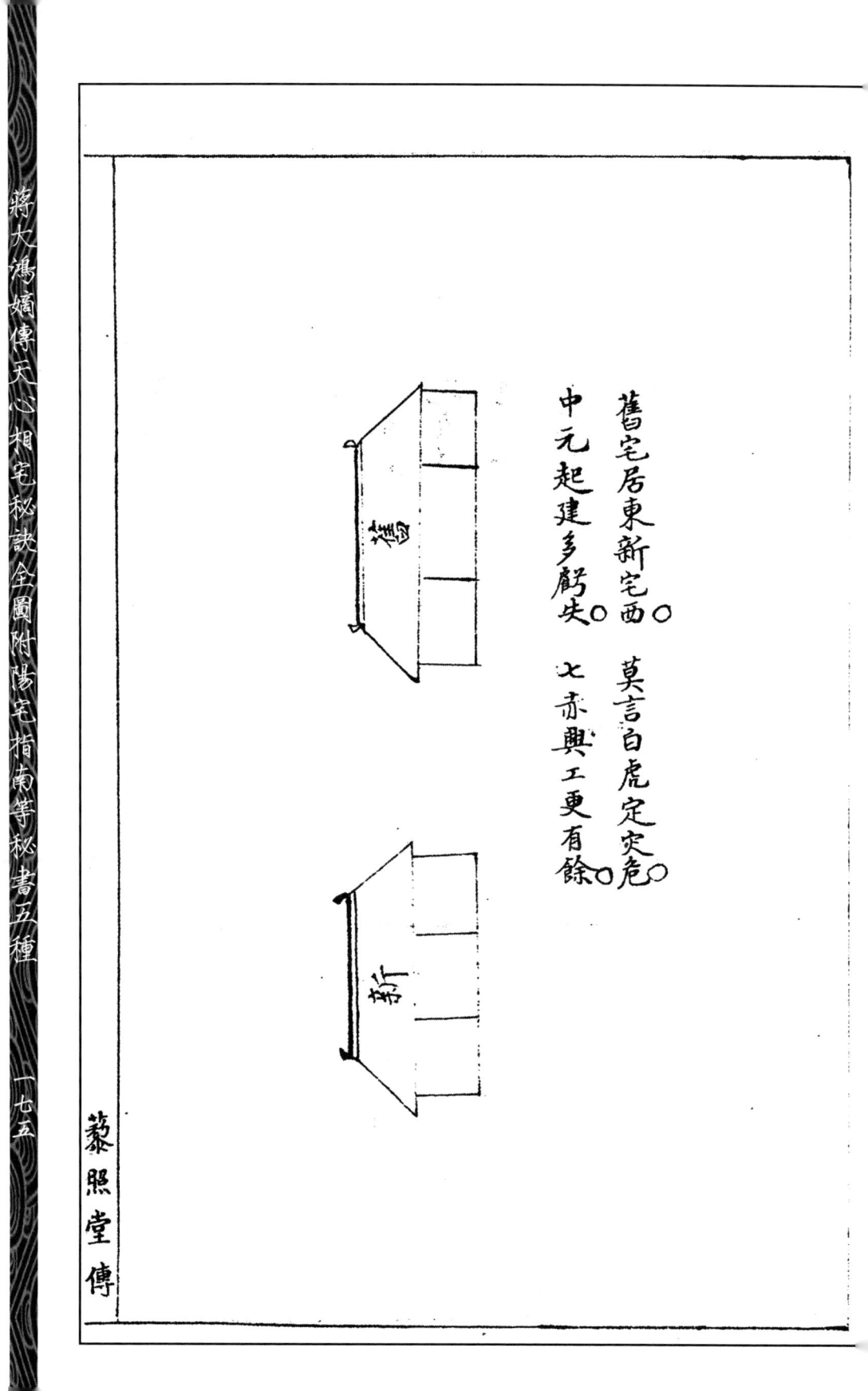

乾上他家起畫梁。
天門高起說禎祥。
誰知宅裡連〻泣。
七赤元中犯殺方。

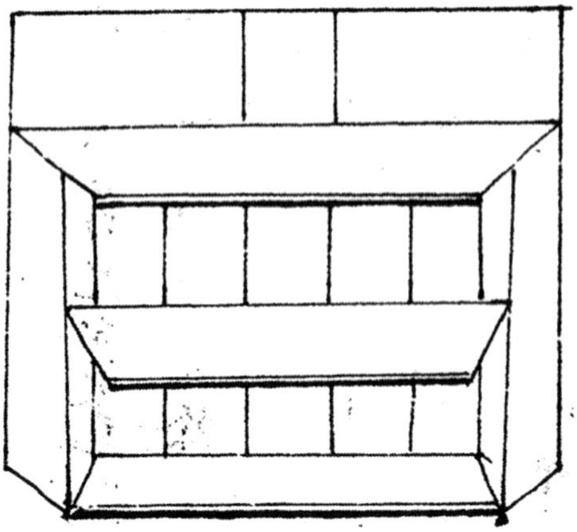

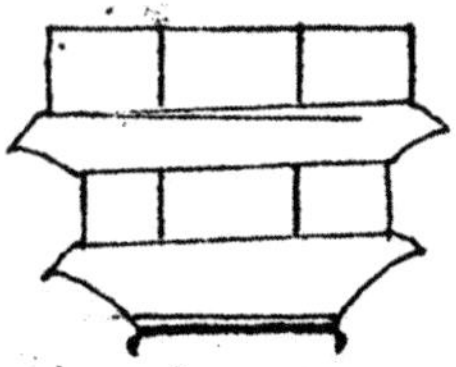

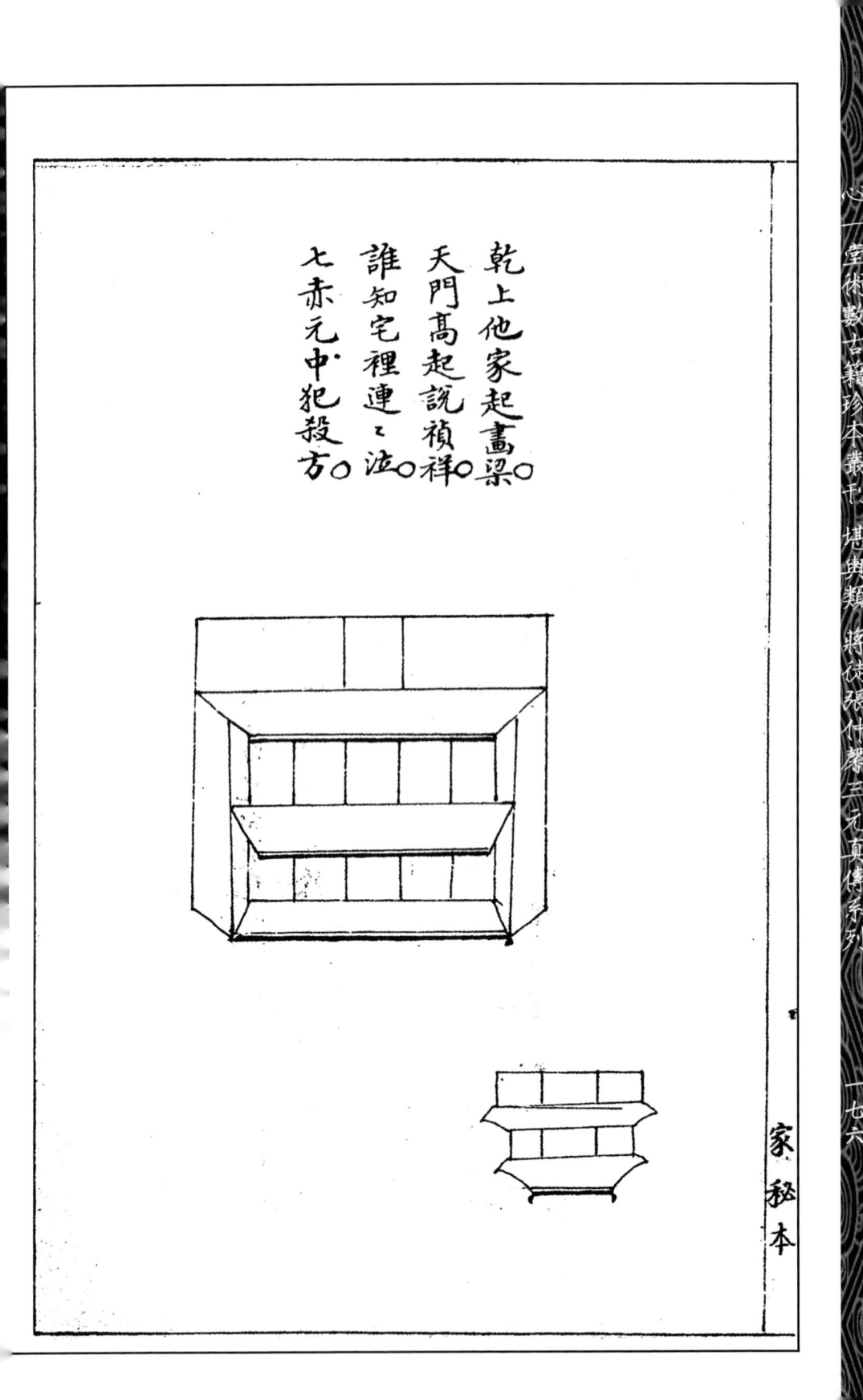

南方朱雀起高楼。
掩却陽光事可憂。
不意門前来報喜。
下元修着旺神頭。

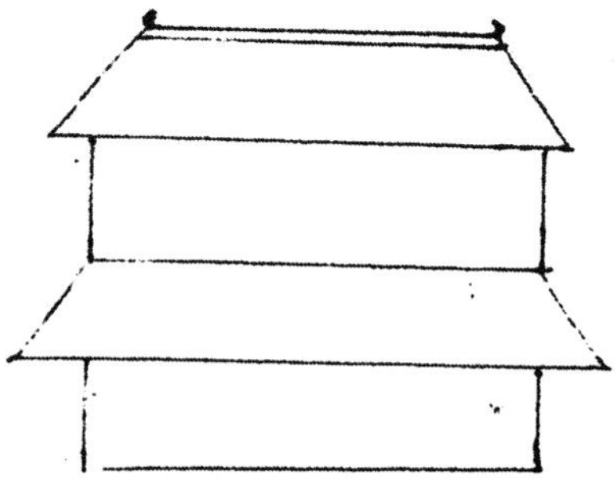

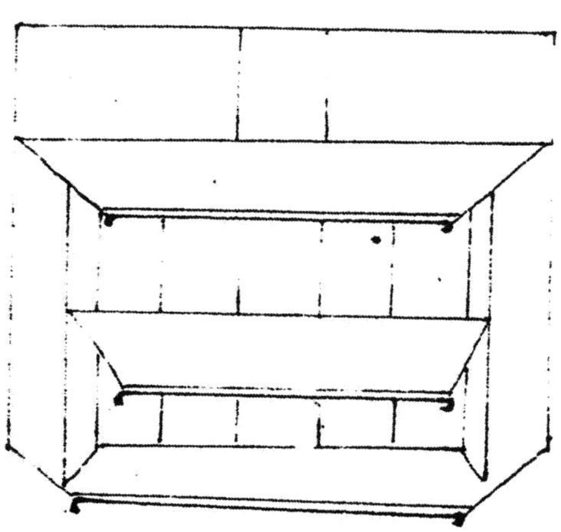

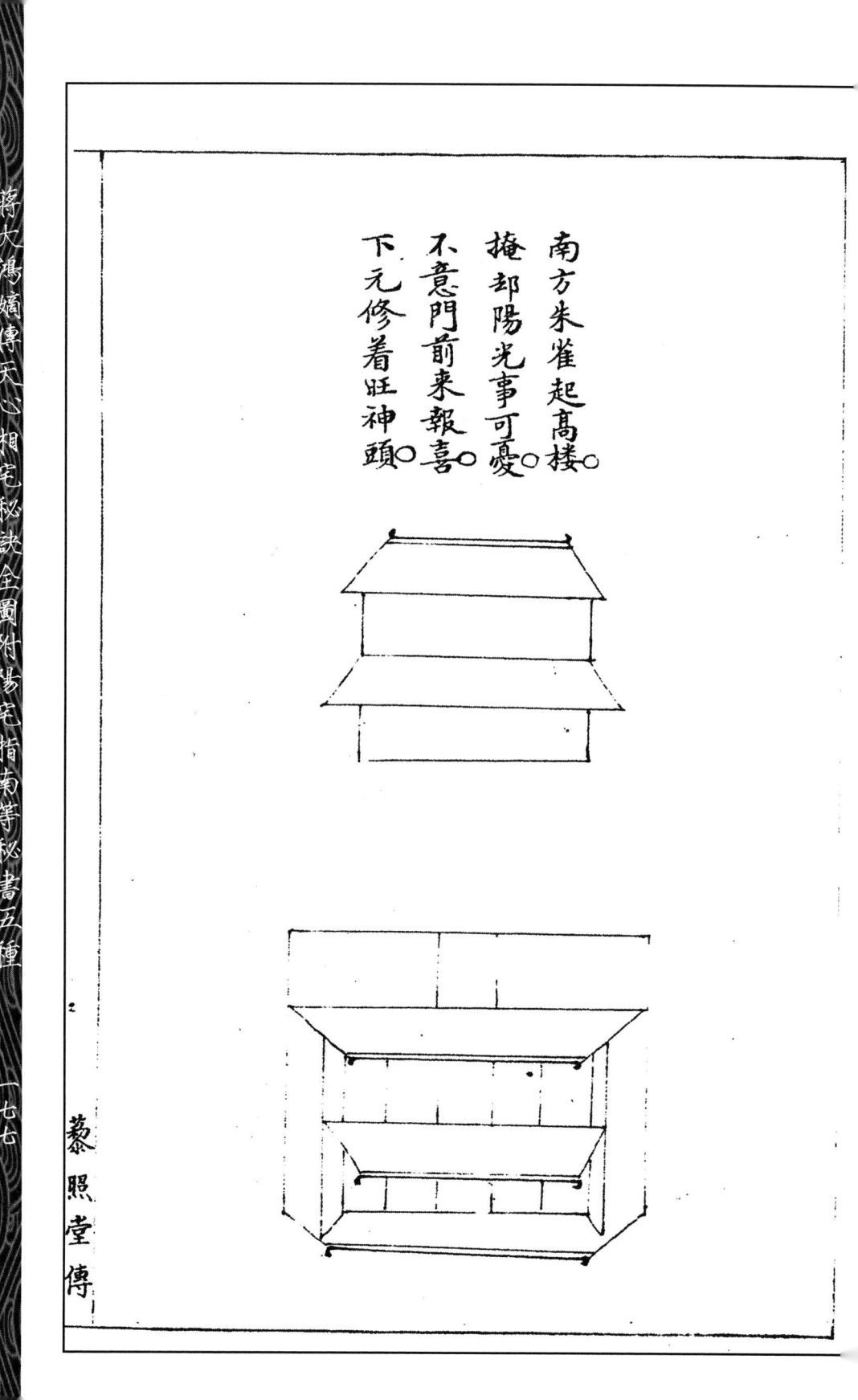

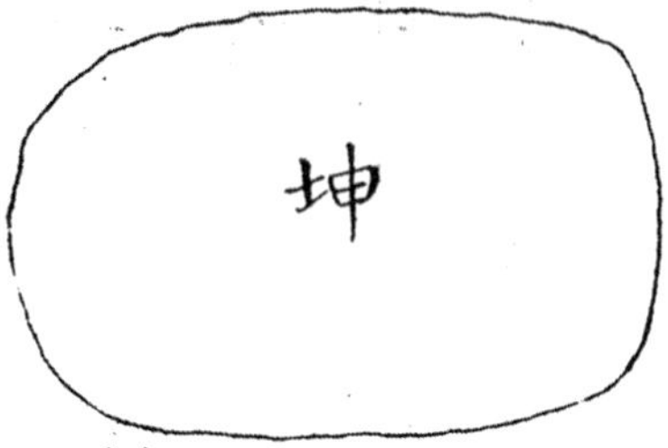

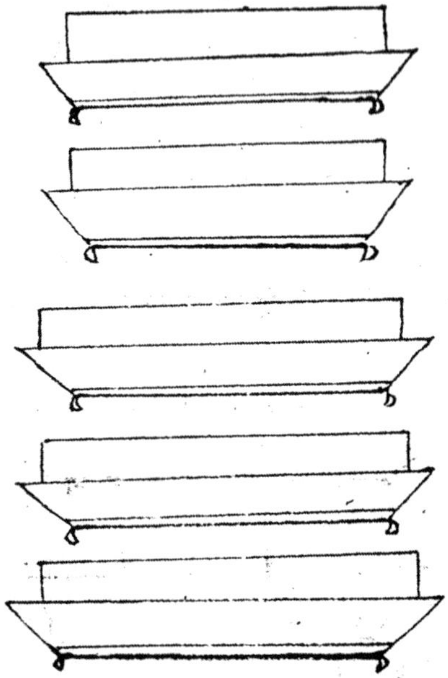

坤水門前旺下元○
飛災忽到平安宅○

偶嫌屋舊整新椽○
只為修坤殺氣纏○

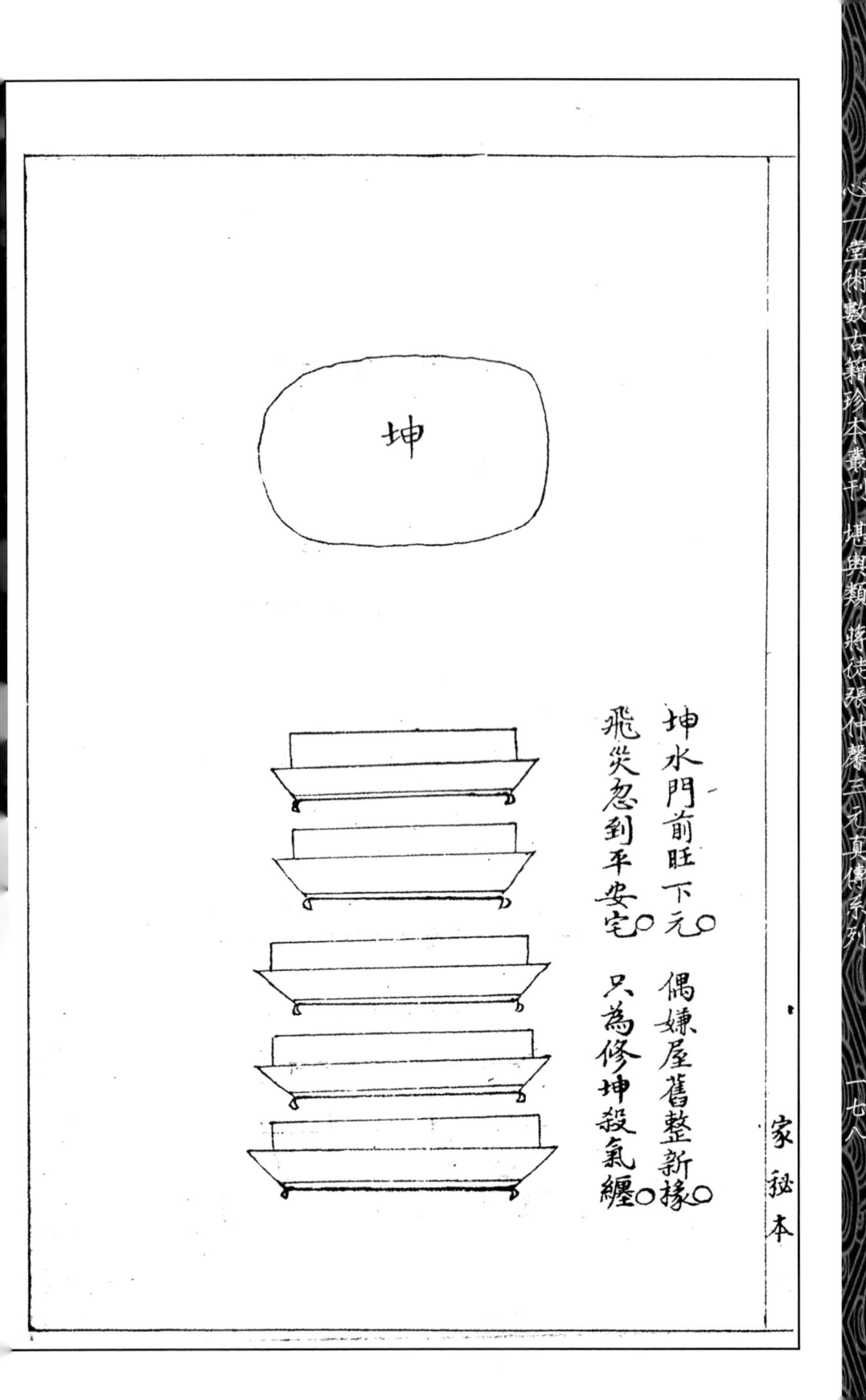

上元坎氣正興隆○宅後高楼起數重○
此是本宮添一白○愈高愈發福無窮○

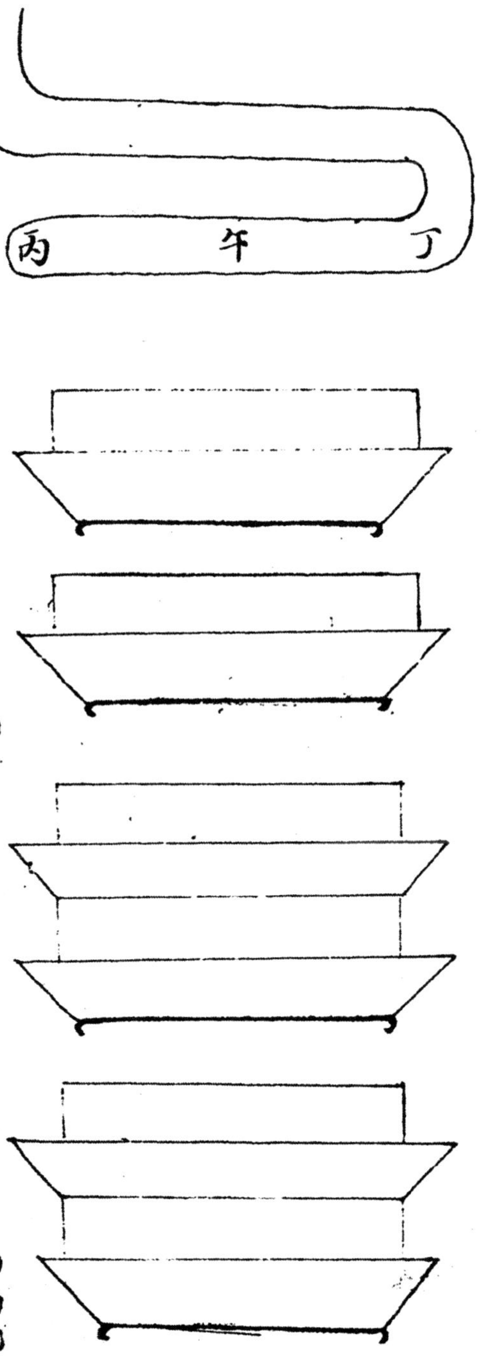

後覺子曰、上元坎位起造高楼○造時固是不礙○但我居前宅○而高楼為隣家所建則坎氣為彼障斷而非我之利○若係本家所建則內室必在於後○門路紫氣綿長○亦非所利○必面前曲水源流浩蕩○內室雖退在後○猶能收得水氣○乃為全美○學者於此等處必洞澈源流○乃能窮神

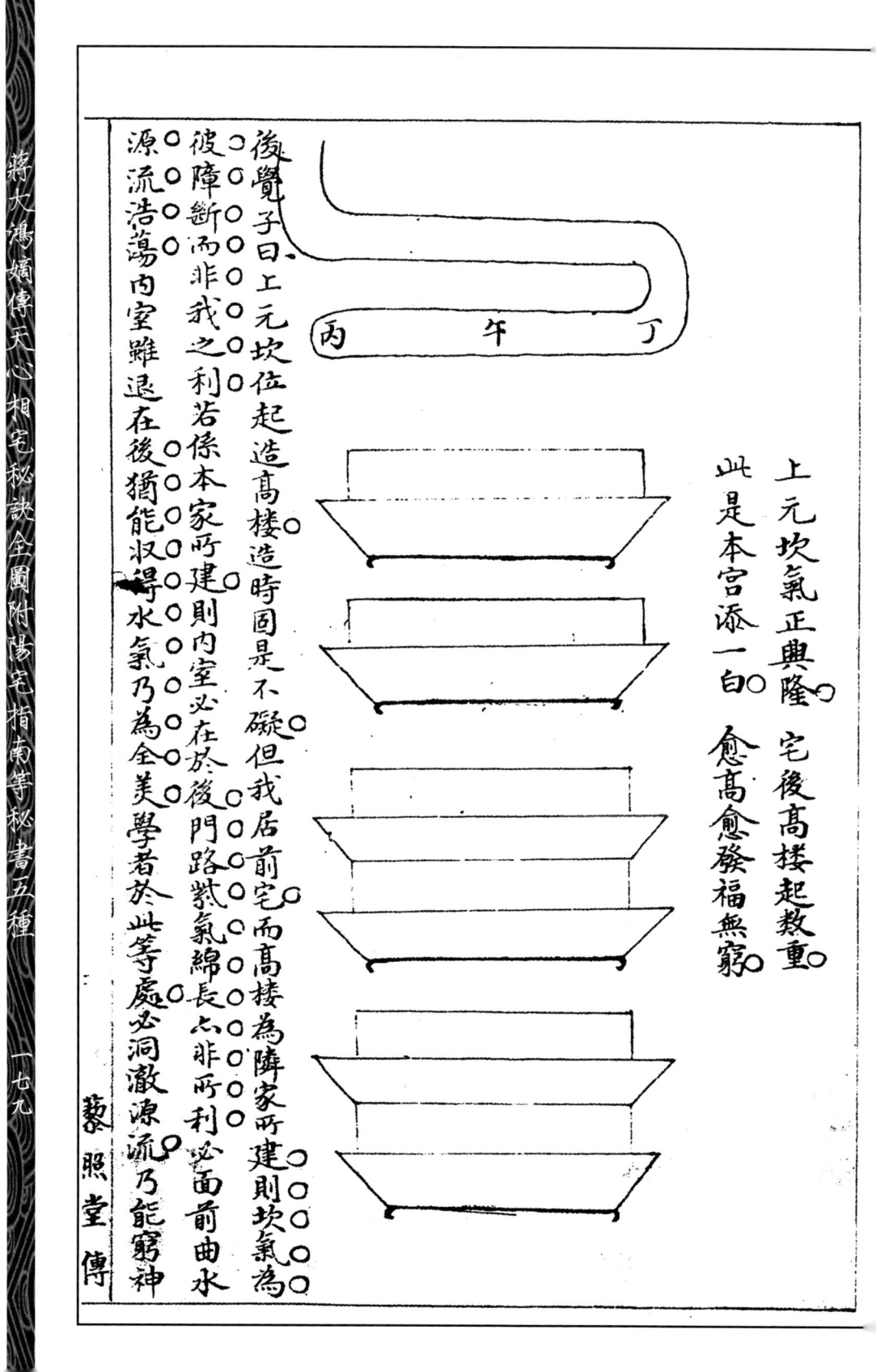

達化而無悞○若泥於一說而不知變通○則反致乖離正義○而失作者之真諦矣○

家秘本

占筮類			
1	擲地金聲搜精秘訣	心一堂編	沈氏研易樓藏稀見易占秘鈔本
2	卜易拆字秘傳百日通	心一堂編	
3	易占陽宅六十四卦秘斷	心一堂編	火珠林占陽宅風水秘鈔本
星命類			
4	斗數宣微	【民國】王裁珊	民初最重要斗數著述之一；未刪改本
5	斗數觀測錄	【民國】王裁珊	失傳民初斗數重要著作
6	《地星會源》《斗數綱要》合刊	心一堂編	失傳的第三種飛星斗數
7	《斗數秘鈔》《紫微斗數之捷徑》合刊	心一堂編	珍稀「紫微斗數」舊鈔秘本
8	斗數演例	心一堂編	
9	紫微斗數全書（清初刻原本）	題【宋】陳希夷	斗數全書本來面目；有別於錯誤極多的坊本
10－12	鐵板神數（清刻足本）——附秘鈔密碼表	題【宋】邵雍	無錯漏原版秘鈔密碼表　首次公開！
13－15	蠢子數纏度	題【宋】邵雍	蠢子數連密碼表打破數百年秘傳　首次公開！
16－19	皇極數	題【宋】邵雍	清鈔孤本附起例及完整密碼表 研究神數必讀！
20－21	邵夫子先天神數	題【宋】邵雍	附手鈔密碼表 研究神數必讀！
22	八刻分經定數（密碼表）	題【宋】邵雍	皇極數另一版本；附手鈔密碼表
23	新命理探原	【民國】袁樹珊	子平命理必讀教科書！
24－25	袁氏命譜	【民國】袁樹珊	
26	韋氏命學講義	【民國】韋千里	民初二大命理家南袁北韋
27	千里命稿	【民國】韋千里	
28	精選命理約言	【民國】韋千里	北韋之命理經典
29	滴天髓闡微——附李雨田命理初學捷徑	【民國】袁樹珊、李雨田	命理經典未刪改足本
30	段氏白話命學綱要	【民國】段方	民初命理經典最淺白易懂
31	命理用神精華	【民國】王心田	學命理者之寶鏡

32	命學探驪集	【民國】張巢雲	發前人所未發 稀見民初子平命理著作
33	澹園命談	【民國】高澹園	
34	算命一讀通——鴻福齊天	【民國】不空居士、覺先居士合纂	
35	子平玄理	【民國】施惕君	
36	星命風水秘傳百日通	心一堂編	
37	命理大四字金前定	題【晉】鬼谷子王詡	源自元代算命術
38	命理斷語義理源深	心一堂編	稀見清代批命斷語及活套
39－40	文武星案	【明】陸位	失傳四百年《張果星宗》姊妹篇 千多星盤命例　研究命學必備
相術類			
41	新相人學講義	【民國】楊叔和	失傳民初白話文相術書
42	手相學淺說	【民國】黃龍	民初中西結合手相學經典
43	大清相法	心一堂編	重現失傳經典相書
44	相法易知	心一堂編	
45	相法秘傳百日通	心一堂編	
堪輿類			
46	靈城精義箋	【清】沈竹礽	沈氏玄空遺珍 玄空風水必讀
47	地理辨正抉要	【清】沈竹礽	
48	《玄空古義四種通釋》《地理疑義答問》合刊	沈瓞民	
49	《沈氏玄空吹虀室雜存》《玄空捷訣》合刊	【民國】申聽禪	
50	漢鏡齋堪輿小識	【民國】查國珍、沈瓞民	
51	堪輿一覽	【清】孫竹田	失傳已久的無常派玄空經典
52	章仲山挨星秘訣（修定版）	【清】章仲山	章仲山無常派玄空珍秘 門內秘本首次公開 沈竹礽等大師尋覓一生末得之珍本！
53	臨穴指南	【清】章仲山	
54	章仲山宅案附無常派玄空秘要	心一堂編	
55	地理辨正補	【清】朱小鶴	玄空六派蘇州派代表作
56	陽宅覺元氏新書	【清】元祝垚	簡易·有效·神驗之玄空陽宅法
57	地學鐵骨秘　附　吳師青藏命理大易數	【民國】吳師青	釋玄空廣東派地學之秘
58－61	四秘全書十二種（清刻原本）	【清】尹一勺	玄空湘楚派經典本來面目 有別於錯誤極多的坊本

62	地理辨正補註　附　元空秘旨　天元五歌　玄空精髓　心法秘訣等數種合刊	【民國】胡仲言	貫通易理、巒頭、三元、三合、天星、中醫
63	地理辨正自解	【清】李思白	公開玄空家「分率尺、工部尺、量天尺」之秘
64	許氏地理辨正釋義	【民國】許錦灝	民國易學名家黃元炳力薦
65	地理辨正天玉經內傳要訣圖解	【清】程懷榮	秘訣一語道破，圖文并茂
66	謝氏地理書	【民國】謝復	玄空體用兼備、深入淺出
67	論山水元運易理斷驗、三元氣運說附紫白訣等五種合刊	【宋】吳景鸞等	失傳古本《玄空秘旨》《紫白訣》
68	星卦奧義圖訣	【清】施安仁	三元玄空門內秘笈　清鈔孤本 過去均為必須守秘不能公開秘密 與今天流行飛星法不同
69	三元地學秘傳	【清】何文源	
70	三元玄空挨星四十八局圖說	心一堂編	
71	三元挨星秘訣仙傳	心一堂編	
72	三元地理正傳	心一堂編	
73	三元天心正運	心一堂編	
74	元空紫白陽宅秘旨	心一堂編	
75	玄空挨星秘圖　附　堪輿指迷	心一堂編	
76	姚氏地理辨正圖說　附　地理九星并挨星真訣全圖　秘傳河圖精義等數種合刊	【清】姚文田等	蓮池心法　玄空六法 門內秘鈔本首次公開
77	元空法鑑批點本——附　法鑑口授訣要、秘傳玄空三鑑奧義匯鈔　合刊	【清】曾懷玉等	
78	元空法鑑心法	【清】曾懷玉等	
79	曾懷玉增批蔣徒傳天玉經補註【新修訂版原（彩）色本】	【清】項木林、曾懷玉	
80	地理學新義	【民國】俞仁宇撰	揭開連城派風水之秘
81	地理辨正揭隱（足本）　附連城派秘鈔口訣	【民國】王邈達	
82	趙連城傳地理秘訣附雪庵和尚字字金	【明】趙連城	
83	趙連城秘傳楊公地理真訣	【明】趙連城	
84	地理法門全書	仗溪子、芝罘子	巒頭風水，內容簡核、深入淺出
85	地理方外別傳	【清】熙齋上人	巒頭形勢、「望氣」「鑑神」
86	地理輯要	【清】余鵬	集地理經典之精要
87	地理秘珍	【清】錫九氏	巒頭、三合天星，圖文並茂
88	《羅經舉要》附《附三合天機秘訣》	【清】賈長吉	清鈔孤本羅經、三合訣法圖解
89－90	嚴陵張九儀增釋地理琢玉斧巒	【清】張九儀	清初三合風水名家張九儀經典清刻原本！